经通中外 ◆ 管汇知行
思成用谨 ◆ 想集致新

清华经管思想文库

劳动力与资本市场
国际经验与中国逻辑

LABOUR AND CAPITAL MARKETS
INTERNATIONAL EXPERIENCE AND CHINESE LOGIC

施新政　彭章◎著

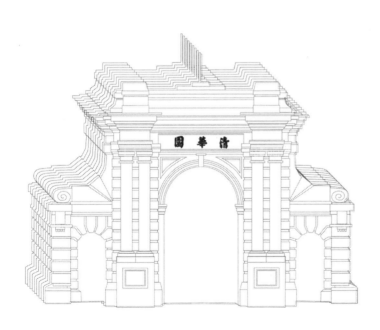

清华大学出版社
北京

内 容 简 介

近年来，人力资本重要性的提升引起了金融领域学者对劳动力与金融之间关系的关注，催生了"劳动与金融"这一新兴交叉领域的研究。本书梳理了国际、国内该领域的相关研究，结合国内资本市场、劳动力市场的制度背景与现状，探讨了我国的"劳动与金融"问题，最后联系目前数字经济与环境、社会和公司治理理念的兴起，展望未来的"劳动与金融"研究。

"劳动与金融"研究问题不仅关乎企业和资本市场的发展，更与每个劳动者的切身利益息息相关。目前，人口、就业问题是我国社会各界关注的重要话题，我国金融学者也正在积极开展以我国为背景的"劳动与金融"研究。希望本书能够抛砖引玉，激发更多、更高水平的中国特色的"劳动与金融"研究，助力我国经济的高质量发展。

本书封面贴有清华大学出版社防伪标签，无标签者不得销售。
版权所有，侵权必究。举报：010-62782989，beiqinquan@tup.tsinghua.edu.cn。

图书在版编目(CIP)数据

劳动力与资本市场：国际经验与中国逻辑/施新政，彭章著．—北京：清华大学出版社，2023.8
（清华经管思想文库）
ISBN 978-7-302-64319-7

Ⅰ.①劳… Ⅱ.①施…②彭… Ⅲ.①人力资本–关系–中国经济–经济增长–研究 Ⅳ.①F249.21②F124

中国国家版本馆 CIP 数据核字(2023)第 144368 号

责任编辑：张　伟
封面设计：汉风唐韵
责任校对：王荣静
责任印制：宋　林

出版发行：清华大学出版社
网　　址：http://www.tup.com.cn，http://www.wqbook.com
地　　址：北京清华大学学研大厦A座　　邮　编：100084
社 总 机：010-83470000　　邮　购：010-62786544
投稿与读者服务：010-62776969，c-service@tup.tsinghua.edu.cn
质量反馈：010-62772015，zhiliang@tup.tsinghua.edu.cn

印 装 者：三河市东方印刷有限公司
经　　销：全国新华书店
开　　本：170mm×240mm　　印　张：17.75　　字　数：285 千字
版　　次：2023 年 9 月第 1 版　　印　次：2023 年 9 月第 1 次印刷
定　　价：159.00 元

产品编号：096425-01

作者简介

施新政,清华大学经济管理学院经济系长聘副教授,《经济学报》副主编,入选国家级青年人才项目。主要研究领域为劳动经济学、发展经济学。曾在 *Review of Economics and Statistics*、*Journal of Development Economics*、*Journal of Environmental Economics and Management*、*Economic Development and Cultural Change*、*Journal of Comparative Economics*、*American Economic Review* (P&P)、《经济研究》《管理世界》《金融研究》《经济学》(季刊)等国内外学术期刊上发表学术论文。

彭章,中央财经大学财政税务学院资产评估系助理教授,美国密歇根大学安娜堡分校罗斯商学院金融系访问学者。研究领域为公司金融、公司治理、劳动与金融、机器学习在公司金融的应用、金融科技。在《管理科学学报》《金融研究》《南开管理评论》等期刊发表论文。曾获2021年中国金融学术年会(CFRC)最佳论文奖、中国实证研究(财经)论文大赛十佳论文奖。

前言

劳动力要素是最主要的生产要素之一,是企业核心竞争力的关键构成部分,也是国家重要的战略资源。随着科学技术的高速发展、企业间人才竞争越发激烈,人力资本已经成为第一资源,对个体公司和宏观经济的发展都起到越来越重要的作用,社会各界对于人才的重视程度也空前高涨。人力资本重要性的不断提升改变了劳动力与资本的关系,金融领域学者开始从金融的视角,重新审视与探讨劳动力与资本市场、公司金融的关系,逐渐发展出"劳动与金融"这一新兴交叉领域的研究。目前,该领域已是金融学界前沿的研究课题之一。

对我国来说,研究"劳动与金融"问题有重大现实意义。一方面,劳动力与资本市场、公司金融的关系涉及每一个劳动者的切身利益和福祉。我国是劳动力大国,拥有近 8 亿劳动人口,因此,在我国,"劳动与金融"问题的影响范围巨大。另一方面,在目前人口老龄化的趋势下,未来劳动力供给也将持续下降,深入了解劳动力对资本市场、公司金融的影响也可以帮助我们更好地认识劳动力市场变化给经济带来的影响,有助于应对人口老龄化带来的调整。然而,目前我国相关研究尚处于起步阶段,有很多问题值得深入探讨,因此本书试图对"劳动与金融"领域的前沿研究做一个系统的梳理,并结合我国实际情况就中国特色的"劳动与金融"问题展开探讨。

本书共分为四篇 10 章。第一篇(第 1 章)回顾"劳动与金融"研究的兴起背景以及发展趋势;第二篇(第 2~5 章)从企业财务风险、企业投资决策、公司治理、资产定价这四个角度,梳理国际期刊上相关研究成果;第三篇(第 6~9 章)介绍我国资本市场、劳动力市场的制度背景与发展趋势,在结合我国资本市场与劳动力市场实际情况的基础上,总结我国相关研究成果,并对我国"劳动与金融"问题作出一些研究;第四篇(第10章),联系目前数字经济浪潮和ESG(环境、社会和公司治理)理念的崛起,展望未来的"劳动与金融"研究。

感谢清华大学出版社为本书顺利出版给予的支持!受作者水平所限,本书难免有不当之处,欢迎各位专家和读者批评指正!

作 者

2023年2月

目录

第一篇 劳动与金融研究兴起的背景

第1章 劳动与金融研究概述 ······ 3
1.1 劳动与金融的起源 ······ 3
1.2 金融视角下的人力资本与企业的关系 ······ 5
1.3 劳动与金融研究的现状与趋势 ······ 10

第二篇 劳动与金融的国际研究

第2章 人力资本与企业财务风险 ······ 19
2.1 人力资本对企业财务风险的影响 ······ 20
2.2 企业财务风险对人力资本的影响 ······ 30
2.3 人力资本与企业财务风险相关文献评述 ······ 39

第3章 人力资本与企业投资决策 ······ 41
3.1 人力资本与企业有形资产投资 ······ 44
3.2 人力资本与企业创新 ······ 48
3.3 人力资本与企业并购重组 ······ 53

    3.4   人力资本与企业投资决策相关文献评述 …………………… 58

第4章　人力资本与公司治理 …………………………………… 59
    4.1   人力资本对公司治理的影响 …………………………………… 60
    4.2   公司治理对人力资本的影响 …………………………………… 72
    4.3   人力资本与公司治理相关文献评述 …………………………… 79

第5章　人力资本与资产定价 …………………………………… 81
    5.1   员工数量、员工薪酬与资产定价 ……………………………… 82
    5.2   员工技能与资产定价 …………………………………………… 85
    5.3   劳动保护、劳动力流动性与资产定价 ………………………… 86
    5.4   人力资本其他方面与资产定价 ………………………………… 88
    5.5   人力资本与资产定价相关文献评述 …………………………… 90

第三篇　中国背景下劳动经济学与金融学的交叉研究

第6章　中国资本市场的制度背景和发展趋势 ……………… 93
    6.1   中国股票市场发展情况 ………………………………………… 94
    6.2   中国并购市场发展情况 ………………………………………… 110
    6.3   中国公司治理发展情况 ………………………………………… 116
    6.4   中国债券市场发展情况 ………………………………………… 124
    6.5   中国商业银行发展情况 ………………………………………… 130
    6.6   中国资本市场评述与未来展望 ………………………………… 135

第7章　中国劳动力市场的制度背景与发展趋势 …………… 137
    7.1   中国劳动力市场制度背景 ……………………………………… 137
    7.2   中国劳动力市场发展趋势 ……………………………………… 155
    7.3   中国劳动力市场评述与未来展望 ……………………………… 164

第 8 章　中国人力资本对企业决策与资本市场的影响 …………………… 166

- 8.1　劳动力成本对企业财务决策和资本市场的影响 ………………… 167
- 8.2　劳动保护对企业财务决策和资本市场的影响 …………………… 169
- 8.3　劳动力技能对企业决策和资本市场的影响 ……………………… 183
- 8.4　劳动力激励对企业财务决策和资本市场的影响 ………………… 187
- 8.5　劳动力流动性对企业决策和资本市场的影响 …………………… 196
- 8.6　中国人力资本对企业决策与资本市场影响的研究评述 ………… 203

第 9 章　中国企业决策与资本市场对人力资本的影响 …………………… 205

- 9.1　企业财务风险对人力资本的影响 ………………………………… 205
- 9.2　企业投资决策对人力资本的影响 ………………………………… 211
- 9.3　企业治理对人力资本的影响 ……………………………………… 217
- 9.4　资产定价对人力资本的影响 ……………………………………… 227
- 9.5　中国企业决策与资本市场对人力资本影响的研究评述 ………… 229

第四篇　新时代下劳动与金融领域的研究展望

第 10 章　未来研究展望 …………………………………………………… 233

- 10.1　数字经济背景下的劳动与金融研究 …………………………… 233
- 10.2　ESG 理念下的劳动与金融研究 ………………………………… 238
- 10.3　未来研究展望总结 ……………………………………………… 241

参考文献 ……………………………………………………………………… 243

第一篇　劳动与金融研究兴起的背景

第1章

劳动与金融研究概述

1.1 劳动与金融的起源

从经济史的角度，劳动与金融(labor and finance)之间的联系起源于工业革命带来的现代企业制度的建立和资本市场的发展。第一次工业革命后，机械设备的发明与普及颠覆了农业社会的生产模式，纺织、农业等劳动密集型产业开始使用机器设备生产，生产效率大幅提高。生产模式的变革导致社会经济形态发生重大转变，由农业经济正式步入工业经济，机器设备等固定资产成为重要的生产要素。为了进行标准化生产和扩大生产规模，工厂制初步建立。大规模的标准化生产导致工厂需要大量的资金进行固定资产投资、维持日常运营，工厂对资金需求日益增加。为解决资金需求，一方面，产业组织形式发生变化，由单一业主制度的工厂逐渐演变为合伙制、股份制的企业，形成了现代企业这一组织形式。在合伙制、股份制的组织形式下，企业的所有者(股东)数量更多，能够提供的资金量也就更大。另一方面，强烈的资金需求导致资本市场迅速发展壮大，资本市场为企业提供了外部融资渠道，资本市场中的各类金融工具(如债券、股票等)为企业提供了更多融资方式，使企业从社会获得资金以支持其投资和生产。随着现代企业制度和资本市场的建立，企业的融资、投资、生产、分配过程形成了一个资金闭环：资本市场为企业提供资金，企业使用资金进行固定资产投资、雇用劳动力进行生产和销售，得到的利润一部分回报给资本市场的投资者，一部分缴税，另一部分进行再投资。自此，金融高度渗入企业经营和社会运转，成为现代经济的血脉。劳动力作为重要的生产要素，与资金、资本市场、现代企业制度、投融资这些金融要素都是该闭环的重要组成部分，有着天然联系。

从经济学理论的角度也可以发现劳动力与金融的天然联系。经典的柯布-道格拉斯生产函数（Cobb-Douglas production function）$Y = AK^{\alpha}L^{\beta}$，描述了资本（K）、劳动力（L）、技术（A）这三种生产要素的数量与产出水平（Y）的关系，α、β分别表示K和L的产出弹性系数。从柯布-道格拉斯生产函数可以看出，产出水平由投入的劳动力量、投入的资本量以及技术共同决定，而且劳动力与资本要素投资缺一不可，当任何一种要素投入为零，产出都会变为零。由于企业最大化其利润，我们假设每单位资本的成本为r（即利率），每单位劳动力的成本为w（即单位工资），企业总成本为$C = rK + wL$。假设单位产品的售价为1，企业最大化其利润$\pi = Y - C$。求解该最大化问题可以得到最优的劳动力投入量L^*与最优的资本投入量K^*之间存在比例关系：$\frac{L^*}{K^*} = \frac{\beta r}{\alpha w}$。①

从这个比例关系可以看出，劳动力投入L^*和工资w这两个劳动因素与资本投入K^*、利率r这两个金融因素存在如下联系：第一，当利率r和工资w给定时，企业的资本投入与劳动力投入呈固定比例关系；第二，当利率上升，即资本成本上升时，企业会用劳动力来替代资本，劳动力投入增加，资本投入减少；第三，当工资上升，即劳动力成本上升时，企业会用资本替代劳动力，资本投入增加，劳动力投入减少。

现实中，融资约束的存在使得上述关系更加复杂，金融因素与劳动因素之间的相互作用更加凸显。现实的经营过程中，企业能够支出的总成本是受到其融资额度限制的，即总成本$C \leq F$，这里F代表企业能够获得的融资额度。当规模报酬递增或不变，或者F小于规模报酬递减时的最优成本，即$C^* = wL^* + rK^* =$

---

① 这里如果规模报酬递减，即$\alpha + \beta < 1$，可以进一步求出最优劳动力投入量L^*与最优的资本投入量K^*；如果规模报酬递增或不变，即$\alpha + \beta \geq 1$，则L^*、K^*只需满足这个比例关系，且越大越好。

$\left[\dfrac{A\alpha^{\alpha}\beta^{\beta}}{(\alpha+\beta)^{\alpha+\beta}r^{\alpha}w^{\beta}}\right]^{\frac{1}{1-\alpha-\beta}} \geqslant F$ 时，企业的最优劳动力投入和资本投入会受到融资额度 F 的限制，存在融资约束，此时最优劳动力投入量为 $L_{\mathrm{FC}}^{*}=\dfrac{\beta F}{(\alpha+\beta)w}$，最优资本投入量为 $K_{\mathrm{FC}}^{*}=\dfrac{\alpha F}{(\alpha+\beta)r}$。①

上述简单的经济理论模型描述了劳动因素与金融因素之间存在着重要关系，这启发了"劳动与金融"领域研究。随着技术不断进步，人力资本重要性日益增强，员工不再是可以轻易被资本替代的劳动力要素，员工掌握的知识和技能对企业有至关重要的影响。自 2008 年开始，越来越多的学者开始关注劳动因素与金融因素之间的关系，从多个角度来研究"劳动与金融"问题，如财务杠杆、公司治理如何影响劳动力数量、劳动力结构、劳动保护、劳动力流动性如何影响公司投资、资产定价等。这些成果也让学术界意识到，长期以来对劳动与金融领域的分割使我们忽略了两个领域的联系。作为最基本的两类生产要素，劳动力与资本最初就是联系在一起的，而未来更应该将两者结合起来。

1.2　金融视角下的人力资本与企业的关系

企业要生产、发展，不仅需要资金来维持其运转，也需要具体的人来开展生产、管理、研发、决策工作。如果把企业比作一个生命体，那么资金就是企业的血液，人就是企业的细胞。

在传统的工业生产模式下，企业员工大多从事的是常规、低技能、重复性的劳动，往往被看作劳动力生产要素，是机器设备的附属，人的创新创造能力、知识水平受重视程度不高。目前，创新成为经济增长的主要动力，技术进步和升级不断加速，这使得知识在生产中的地位越来越高，知识经济时代已经来临。人才是科技创新的源泉，是知识的拥有者和使用者，是企业的第一资源。因此，与依靠劳动力与资本要素投入的传统模式相比，在知识经济时代背景下，劳动力中

---

① 这里脚标 FC 代表存在融资约束（financial constraint）的情况。

"人"的属性受到了更高的关注,这丰富了人力资本的内涵。员工从最基本、可以被资本替换的生产要素,拓展至核心竞争力、利益相关者、内部人等角色,也使得劳动与金融的关系更加多元。基于此,我们将根据人力资本在企业中的作用,探究和分析金融视角下人力资本与企业的内在联系。

1.2.1 员工是企业的重要生产要素

在资本、劳动力、土地、技术、管理、数据等众多生产要素中,劳动力是最根本也最重要的生产要素(Hamermesh, 1996)。这不仅是因为劳动力要素对企业产出的贡献度相对更高,更是因为缺少劳动力,任何生产要素都无法正常发挥作用(Schultz, 1990)。

员工是劳动力要素的载体,是企业进行物质资料生产的重要组成部分。作为生产要素,员工表现出更多的劳动力商品属性。员工通过出卖劳动力,获得薪资报酬,企业则通过购买劳动力,获得剩余价值,由此,员工与企业之间建立雇佣关系。事实上,雇佣关系是一种从属关系,暗含着企业与员工的不平等,即员工在形成雇佣关系后,要出让自身劳动力使用权,根据企业的安排完成工作。这表明,作为生产要素的员工往往处于被动的一方。

当员工作为生产要素时,可以从两方面对员工与企业的关系进行理解:一方面,作为劳动力商品出售者,员工对人力资本的投入意愿会影响企业发展。员工所拥有的人力资本、个人价值并非与生俱来的,而是通过后天不断的学习和积累获得的。员工的人力资本情况与企业业绩联系紧密,员工的人力资本投资意愿越强,越有助于提升企业生产效率,创造财富和价值。外部激励机制是影响员工努力程度的重要因素。效率工资理论中的礼物交换模型指出,当企业愿意通过物质激励增加员工收益时,员工也会以努力工作、对组织忠诚来回报企业,从而实现"礼物"交换(Akerlof, 1982; Akerlof and Yellen, 1990)。而当薪酬激励无法与员工自身的努力程度相匹配时,员工倾向于根据薪酬契约内容调整努力程度,以减少薪酬激励与努力程度不匹配所产生的负效用,而员工努力程度不足会改变公司经营状况,导致公司业绩下滑(Leibenstein, 1982)。另一方面,作为劳动力商品的购买者,企业需要通过优化生产要素配置,控制企业经营成本,实现利润最大化,而实现利润最大化的最优雇佣规模与劳动力价格息息相关。劳动力价格，即员工薪酬，主要由员工的价值以及劳动力市场供求状况决定，企业对员工的影响主要体现在商品交易的供求规律、价值规律中。比如受当前全球人口老龄化发展趋势影响，劳动力要素逐渐由丰富转向稀缺，员工薪酬普遍上涨，一些行业和企业因丧失劳动力价格优势，经济效益下滑，被迫进行转型。劳动力要素供求变化还会影响企业的经营策略，当劳动力要素相对价格升高时，企业倾向于选择便宜的生产要素进行替代，调整各生产要素投入比例。

1.2.2 员工是企业的核心竞争力

当今世界处于百年未有之大变局，为在新一轮科技竞争中占据制高点，世界各国开始布局科技创新发展战略。技术创新、科技发展促使经济驱动方式由传统要素驱动转向创新驱动，也使得传统的资本在经济增长中的作用逐步让位于人力资本和技术进步。在此背景下，企业追求核心能力的提高，希望通过向客户提供含有独特知识价值的产品或服务，谋求长期竞争优势（Prahalad and Hamel，1990）。知识与技能成为决定企业竞争成败的关键（Pfeffer，1994），而员工正是知识、技能的载体，这使得员工成为企业重要的核心竞争力。

拥有核心竞争力的员工具备两大特性：稀缺性与价值性。稀缺性主要是指员工专长的稀缺程度。短时间内，员工的知识技能是其独有的，且难以被竞争对手模仿。通过发挥知识才智，这类员工可以推动技术进步、创造财富。因此，知识型员工的专业知识技能稀缺程度越高，对企业的重要程度就越高。价值性则主要指人力资本的价值创造功能。具备核心竞争力的员工往往兼具资本和劳动的特征，通过投入劳动、整合资源，将资源配置效率最大化。这类员工在视野、创新能力、组织能力以及资源整合能力方面表现突出，可以通过塑造独特的企业文化引导企业发展。

核心员工的人力资本投资水平与企业生产效率、经营能力密切相关，高层次人才对企业的影响具体体现在以下几方面：其一，高层次人才能通过技术升级提高企业产出。员工在个人能力方面的优势使其胜任更具有挑战的任务，采用更先进的技术手段提高工作效率，进而帮助企业增加产出。其二，高层次人才能通过优化管理降低企业风险。优秀的人才能增强企业在组织、协调方面的优势，提高企业对环境变化的敏感程度，缩短企业的经营决策过程和时间，帮助企业把握发展机会，减小不确定性的负面影响。其三，高层次人才有助于优化企业形象。

企业的竞争演变为人才的竞争，也对员工素质提出了更高的要求。为提升自身技能水平，员工的平均受教育年限提高，员工结构也日益丰富，但从劳动力市场供求关系来看，目前劳动力市场仍存在错配，即低技能劳动力呈现供过于求，高技能劳动力呈现供不应求。

1.2.3　员工是企业重要的利益相关者

工业时代往往重资本、轻劳动，资本占主导地位，处于劣势地位的员工被迫丧失对企业的所有权，与企业形成雇佣关系，由企业对劳动力让渡的使用权支付报酬。但劳动力要素与资本要素并非从属关系，而是平等的合作关系。在生产过程中，拥有劳动力要素的员工，与资本要素的所有者一样，拥有对要素的所有权。员工参与生产、劳动力要素被占用的过程，正如资本要素所有者参与生产，机器、厂房对资金的占用一样。这表明，员工不仅应该得到薪资报酬以收回劳动力成本，还应该与资本要素的所有者一样，按照贡献大小参与企业的利润分配。随着知识经济时代的到来，人力资本重要性不断提升，劳动力要素与资本要素的相对力量发生变化，人力资本所有者拥有企业所有权成为必然发展趋势，而参与公司利润分配、拥有控制权的员工是企业重要的利益相关者。

利益相关者理论指出，企业在经营过程中应重视和平衡所有利益相关者的需求，同等对待股东和其他利益相关者。为顾全员工的利益需求，一些企业通过推行员工持股计划(employee stock ownership plans，ESOP)、员工代表(employee representation)制度、利润分享制度，增加员工的治理权和企业利润分配。满足员工的利益需求会产生两方面的影响：一方面，员工作为利益相关者可以直接参与利润分享，股权激励、分红激励等物质激励手段能增强员工的主人翁意识，员工的工作表现与利益挂钩可以显著提升员工的工作积极性和创造性，进而提高企业产出。员工享有决策权和控制权还能减少管理层舞弊行为，提高公司内部治理水平，保护股东利益。但另一方面，员工对个人效用最大化的追求会影响企业价值最大化的实现。与股东、债权人等利益相关者不同,员工追求自身效用最大化,当员工在公司治理过程中参与度得到增强时,员工有动机使公司经营决策偏向于个人效用最大化,如要求更高的薪资报酬、福利水平,更好的工作环境以及更少的工作时间,这些举措会侵占其他利益相关者的利益。此外,员工参与董事会也意味着员工可以抑制公司通过裁员、减少员工福利、增加工作强度等损害员工利益,提升股东价值的行为。

1.2.4 员工是企业的内部人

科技进步、企业制度和组织结构的复杂化共同推动了劳动力角色转变,使劳动力具备了更多"人"的属性。其中,作为企业的内部人,揭发公司违规违纪行为,参与公司治理,就是员工发挥"人"的属性的重要表现。

国内外大量员工举报事件,如2021年2月德勤前员工举报事件[①]、2021年2月中国人寿员工举报事件[②]、2015年5月德意志银行前员工举报事件[③]以及美国安然、世通公司等会计丑闻[④],均表明员工的确发挥了"内部吹哨者"的作用。由于员工直接参与企业生产过程,可以更早、更快地获得内部资料,收集和掌握企业不端的信息,故相比外部监管,员工作为企业内部人在获取企业内部信息、检举企业违规行为方面具有天然优势。目前,企业内幕交易、财务造假、偷税漏税、操纵股价问题频发,但由于现代企业组织结构和交易形式日益复杂,给外部监管部门带来了巨大挑战,投资者保护面临严峻考验。在此趋势下,由作为内部人的员工向外界提供可靠线索、发挥其信息优势,可以有效补充外部监管不足,降低社会成本。

对企业而言,员工举报是一把"双刃剑"。一方面,企业可以建立员工举报的内部自查机制,发挥员工的监督职能,尽早地发现问题,加强内部控制,提高治理水平,保护股东权益;另一方面,员工向外部监管机构或者媒体的举报会给企业声誉造成巨大的负面影响,若企业被认定有违法事实,还将面临监管部门的

---

① 详情见:http://finance.sina.com.cn/tech/2021-02-05/doc-ikftssap4335988.shtml。
② 详情见:https://news.cctv.com/2021/02/24/ARTIxSYrjvVPIJij0upaw3za210824.shtml。
③ SUN M, MICHAELS D. Deutsche bank whistleblower gets $200 million bounty for tip on libor misconduct [N]. The Wall Street Journal,2021-10-21。
④ 详情见:https://fortune.com/2019/09/27/what-is-a-whistleblower-famous-examples-business/。

行政处罚。

员工举报还通常被看作一种自发的亲社会行为，员工希望通过揭露企业违法事实，避免社会和利益相关者遭受损失。但对员工来说，举报的成本较高，可能引致失业、降薪等不良后果，因此如何保护担当"内部吹哨者"的员工、完善员工内部监督机制也是一个重要话题。以美国为例，为保护举报者，出台《萨班斯-奥克斯利法案》(简称"萨班斯法")、《多德-弗兰克华尔街改革和消费者保护法》(简称《多德-弗兰克法案》)，通过建立匿名举报渠道，明确企业报复举报者行为以及向举报者提供物质奖励，激励员工参与举报。我国提出建设内部举报制度的时间较早[1]，但目前尚缺乏具体的实施细则，制度建设方面仍处于起步阶段。因此，未来需要在规范举报程序、建立举报人奖励制度、加强举报人保护力度、严惩企业打击报复行为方面持续努力，完善内部举报机制。

1.3 劳动与金融研究的现状与趋势

劳动力与资本要素稀缺程度、相对重要性的变化，推动了劳动与金融研究的迅速发展。员工不再仅仅是简单的、影响企业生产经营的可变成本，还是承载知识资本的核心竞争力、参与利润分配的利益相关者以及重要的内部监督者。员工在企业中角色的多样性丰富了员工影响公司决策的渠道。与此同时，公司也更加关注人力资本管理，重视劳动力成本、劳动力价格、员工福利等方面。部分学者基于上述话题展开了深入探讨和分析，由此，劳动与金融领域的文献激增。为了充分了解劳动与金融这一领域的研究现状，把握未来的研究走向，我们采用统计分析方法对国内外重要期刊 2000—2021 年劳动与金融的相关文献进行统计描述。

---

[1] 目前提及内部举报制度的重要文件有：《企业内部控制基本规范》(财会〔2008〕7号)、《企业内部控制配套指引》(财会〔2010〕11号)、《劳动保障监察条例》(国务院令第423号)、《中华人民共和国劳动合同法》、《证券期货违法违规行为举报工作暂行规定》(证监会〔2020〕7号)。

文献来源限定为国内外顶尖金融、经济、会计和管理类期刊①,检索时间区间为2000年至2021年。针对中文文献,选用中国知网数据库,在中国学术期刊网络出版总库进行高级检索。检索内容设定为:模糊匹配中图分类号"F"(经济)的同时,分别将"劳动""失业""员工""工资""薪酬""人力资本""社保""劳动保护""劳动合同法""限薪令""薪酬差距""大学扩招""员工持股""职工持股""户籍制度"设定为检索词,依据篇名、摘要和关键词在目标刊物中进行精准匹配检索,保留关注劳动与金融领域的相关文献。针对英文文献,选用Web of Science核心合集数据库,分别使用Employment、Human Capital、Workforce、Employee、Bargaining、Union、Unemployment、Labor、Wage、Total Factor Productivity(TFP)、Job、Worker、Firing、Workplace、Labor Mobility、Inequality、Minimum Wages作为检索词,依据篇名、摘要和关键词在目标刊物中进行精准匹配检索后,保留关注劳动与金融领域的相关文献。根据文献的摘要和全文进行阅读与查阅,剔除无关内容后,得到中文文献194篇、英文文献376篇。

1.3.1 劳动与金融领域学术论文发表趋势

接下来,我们对2000—2021年国内外顶尖金融、经济、会计和管理类期刊的劳动与金融领域学术论文发表趋势进行统计描述。

首先,我们选取了国外10个顶尖金融、经济、会计和管理类刊物劳动与金融领域的发表成果进行分析。从文献时间分布来看(图1-1),2000—2021年,劳动与金融领域的英文文献数量呈现波动上升趋势,与中文文献发表趋势相比,劳动与金融领域研究在国外起步更早、发展更快。2001—2008年,该领域英文重要期刊的年发文数量在5~10篇;2011年,发文数量首次突破20篇;2017年以后,发文数量迅速增加,在2020年达到最大发文量41篇。

---

① 其中,中文期刊包括《管理世界》《经济研究》《中国社会科学》《世界经济》《管理科学学报》《经济学(季刊)》《金融研究》《中国工业经济》《南开管理评论》《会计研究》。英文期刊包括 Journal of Finance, Journal of Financial Economics, Review of Financial Studies, American Economic Review, Quarterly Journal of Economics, Journal of Political Economy, The Accounting Review, Journal of Accounting and Economics, Journal of Accounting Research, Management Science。

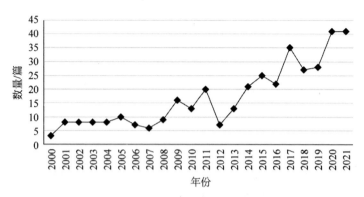

图 1-1 劳动与金融领域英文重要期刊文献发表数量趋势(2000—2021 年)

从来源期刊分布来看(表 1-1),相对于中文文献的刊载情况,2000—2021 年劳动与金融领域英文文献的刊载分布更加分散,且各期刊的刊载数量差异更大。其中,Journal of Financial Economics、Journal of Finance、Management Science 是刊载劳动与金融领域的文章数量前三的期刊,占总发表量的 50.53%,而 American Economic Review、Journal of Political Economy、Journal of Accounting Research 是位列刊载数量末三位的期刊,刊载数量仅占总发表量的 14.36%。

表 1-1 劳动与金融领域英文重要期刊刊载情况(2000—2021 年)

刊物名称	总刊载量
Journal of Financial Economics	75
Journal of Finance	59
Management Science	56
Review of Financial Studies	50
The Accounting Review	31
Journal of Accounting and Economics	26
Quarterly Journal of Economics	25
American Economic Review	21
Journal of Political Economy	18
Journal of Accounting Research	15

我们接着对国内 10 个顶尖金融、经济、会计和管理类刊物劳动与金融领域的发表成果进行分析。从文献时间分布来看(图 1-2),2000—2021 年,劳动与金融领域的中文文献数量呈现波动上升趋势,2012 年以前,每年的发文数量稳定

在 10 篇以内，且 2003 年发文数量最少，为 0 篇；2013—2018 年，《中华人民共和国劳动合同法》(以下简称《劳动合同法》)、《中华人民共和国劳动法》(以下简称《劳动法》)的修订推动了国内劳动与金融领域研究发展，发文数量明显增加；2016 年首次突破 15 篇；2019 年后，发文数量增长加速，2021 年成为发文数量最多的年份，发文数量达到 30 篇。

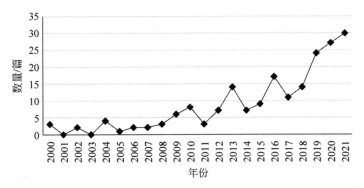

图 1-2　劳动与金融领域中文重要期刊文献发表数量趋势 (2000—2021 年)

从来源期刊分布来看 (图 1-3)，2000—2021 年，在国内 10 个顶尖金融、经济、会计和管理类刊物中，《管理世界》《经济研究》《会计研究》是刊载劳动与金融领域文章前三的期刊，占总发表量的 58.76%，而《中国社会科学》《管理科学学报》《南开管理评论》《经济学(季刊)》是刊载数量位列末四位的期刊，共计 23 篇，占比 11.86%。可以看出，各期刊刊载的数量存在明显差异，这主要与期刊的定位有关。

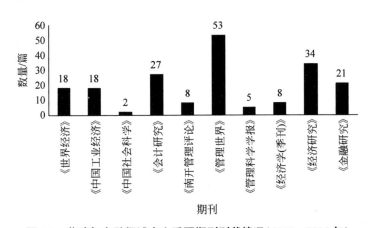

图 1-3　劳动与金融领域中文重要期刊刊载情况 (2000—2021 年)

总的来说，劳动与金融的相关研究呈现蓬勃发展趋势，研究成果日益丰富。随着社会各界对人力资本、企业社会责任的越发关注，该领域也有望引起更多学者的关注。厘清劳动力与资本市场、公司决策的关系，是提高利益相关者效用、提升公司价值的重要前提，值得未来深入分析。

1.3.2　劳动与金融领域研究的热点问题

劳动与金融领域在近10年来呈蓬勃发展趋势。那么，现有文献都聚焦了哪些话题呢？我们利用CitesSpace软件选用词频分析方法对国内外重要期刊发表的文献进行关键词共现网络聚类分析，并生成关键词时间线知识图谱，对现有文献的话题进行分析。

这里，分析时间区间设定为2000—2021年，时间切片参数设定为1年。图1-4是利用英文重要期刊数据集生成的关键词时间线知识图谱，从关键词聚类结果可以看出，国外文献从impact、productivity、cost、risk、performance、consequence、growth、incentives、firm、investment、corporate governance、wage rigidity、labor market等视角开展劳动与金融研究。从关键词的词频变化来看，上述研究话题均持续较长时间的热度，该领域相对前沿的话题是wage rigidity和labor market。同时，随着时间变化，每一聚类中的研究重点也发生了较大变化。以corporate governance类别为例，早期研究集中关注反并购(antitakeover)，然后到并购(acquisition)，而最近该分支则关注再分配相关内容(reallocation)。

图1-5是利用中文重要期刊数据集生成的关键词时间线知识图谱，通过该结果可以发现中文重要期刊在劳动与金融领域的研究热点以及研究趋势变化。从关键词聚类结果可以看出，国内劳动与金融领域比较关注"国有企业""人力资本""最低工资""薪酬差距""企业投资""养老保险""职工薪酬""员工技能"等研究主题，且各主题之间存在交叉。从研究主题的时间变化趋势来看，2010年之前，国内该领域文献主要从"薪酬差距""人力资本""国有企业"等视角进行研究和分析。2013年以后，"最低工资""养老保险""员工技能"等新兴话题的研究逐渐增多。

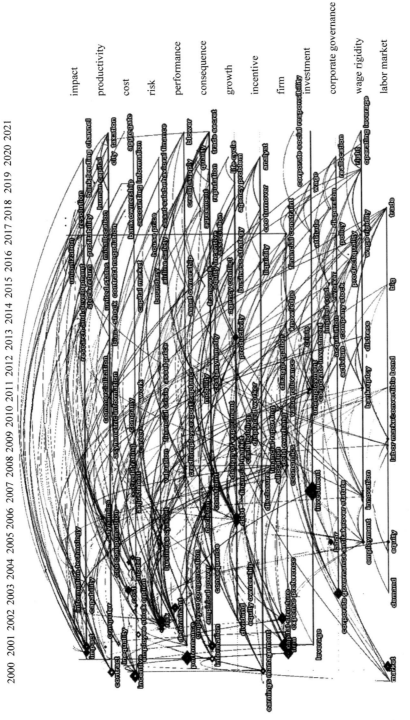

图 1-4 劳动与金融领域英文重要期刊关键词时间线知识图谱

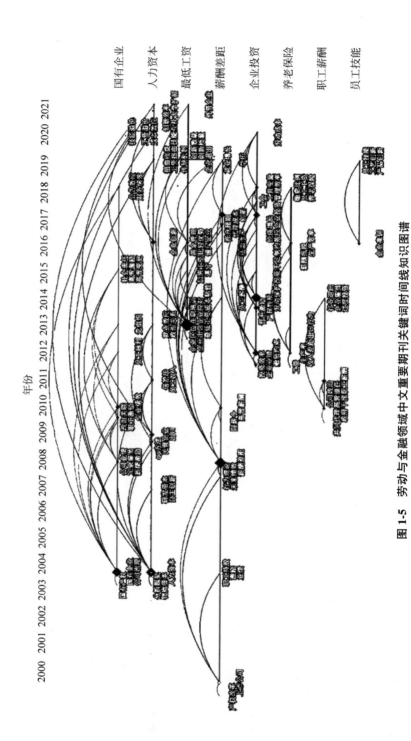

图 1-5 劳动与金融领域中文重要期刊关键词时间线知识图谱

第二篇 劳动与金融的国际研究

第 2 章

人力资本与企业财务风险

劳动与金融领域的早期研究关注了人力资本对企业财务，如资本结构、融资约束等的影响。理论上，员工会关注企业的财务状况，企业也会根据自身的财务状况调整其雇用规模、员工薪酬等人力资本相关因素。

从员工角度来看，员工作为企业的利益相关者和风险承担者，其薪酬水平和福利水平很大程度上取决于企业的财务状况。当企业财务状况良好时，员工更可能获得满意的报酬，共享企业经营的收益；而当企业绩效不佳或企业选择激进的财务决策时，企业破产风险更大，员工的就业安全感大幅下降，承受的失业风险逐渐攀升。对于员工而言，失业的代价是昂贵的。失业会造成收入减少、消费降级、生活品质下降，后果严重时，还会影响生命健康，引起焦虑、不安等情绪，引发心理疾病，甚至导致预期寿命缩短、死亡率增加。因此，从员工的角度来看，其总效用（U_e）应当是工资（w）、员工失业的损失（C_e）、失业风险（p_{unemp}）的函数，即 $U_e = U(w) - p_{\text{unemp}} C_e$。这里 $U(\cdot)$ 为单调递增的效用函数。而失业风险（p_{unemp}）随着企业财务风险（r）的增大而增大，当 w 不变时，$\frac{\partial U_e}{\partial r} = -\frac{\partial p_{\text{unemp}}}{\partial r} C_e < 0$。企业财务风险越大，员工总效用越低。为维护个人利益，员工有通过消极工作、罢工停产等方式限制企业冒险举措的强烈动机，或是通过集体谈判要求更高的失业风险溢价，进而影响企业的财务状况。此外，企业的财务状况也会影响其对人

才的吸引力。求职者通常会优先考虑财务状况良好的企业，陷入财务困境的企业对新员工的吸引力明显不足。

从企业角度来看，企业的财务状况决定了员工的工作保障情况，意识到这一点的企业也会利用负债作为其与员工集体谈判的筹码。一方面，员工薪酬是企业主要经营成本之一。企业经营利润等于总产值 Y 减去各个生产要素的成本以及相关费用。以经典的柯布-道格拉斯生产函数 $Y=AK^{\alpha}L^{\beta}$ 为例来进行说明，企业的目标是最大化其利润 π，$\pi=Y-rK-wL$。这里，L 为员工数量，K 为资本，A 为生产技术，w 为员工薪酬，r 为利率，wL 即为企业的劳动力成本。从利润函数可以看出，降低薪酬 w、减少员工数量 L 无疑可以降低劳动力成本。因此，绩效不佳的企业为了缩减成本，往往会采取削减员工福利、减薪甚至裁员等手段，从而避免企业陷入破产清算的困境。另一方面，在美国，负债是企业与工会进行薪资谈判的重要工具。当负债水平高、财务状况不佳时，企业可以以此为理由压缩员工福利，占据集体谈判中的优势地位。考虑到这一点，企业可能会策略性地提高负债水平以获取在谈判中的优势地位，降低员工对薪资的预期，进一步压低员工分享企业剩余收益的比例，保障股东权益。因此，企业的财务状况也在决定劳动力要素价格的过程中发挥了重要作用。

2.1　人力资本对企业财务风险的影响

要认识人力资本对企业财务风险的影响，必须理解其特点。人力资本的特点主要有以下三点：第一，劳动力作为特殊的生产要素，员工薪酬，即劳动力价格，是企业经营成本的重要部分；第二，劳动力成本和劳动力数量的调节难度较大，员工工资具有刚性特征，即员工工资确定之后不易变动，尤其是不易降低，同时，劳动力市场摩擦也会导致调节员工数量比较困难，雇用或解雇员工的成本很高；第三，人力资本与人不可分割，即人力资本的所有权属于员工个人，企业只有对人力资本的使用权，没有所有权。这三大特点为人力资本影响企业财务决策提供了独特视角。现有研究大多基于这三个特点来探讨人力资本要素对企业财务风险的影响。

首先，劳动力成本是经营成本的重要组成部分，也是企业主要的现金流支出之一。劳动力成本上升会导致企业现金流支出增多、盈利能力变差，进而使企业财务压力增大、财务风险升高。同时，劳动力成本的变化还会影响企业的融资需求。劳动力成本较低时，企业拥有更多的自由现金流和较强的内源融资能力。由资本结构的啄食次序理论可知，由于信息不对称和交易成本的存在，内源融资成本最低，企业会优先选择内源融资（Myers and Majluf，1984）。因此，当企业内源融资能力较强时，企业可以使用内源融资替代债务融资，满足生产经营的资金需求，企业的外部资金需求减少，财务杠杆水平相对较低，但当劳动力成本升高使企业内源融资受到限制时，企业会提高外源融资比例。因此，劳动力成本还通过改变内部资金的可用性影响财务决策。

其次，企业调整人力资源配置难度大，需要付出一定成本，即劳动力调整成本。劳动力调整成本主要包括劳动力变动产生的隐性成本，如招聘、培训、解雇员工产生的费用。劳动力市场摩擦和劳动保护政策是导致劳动力调整成本增加的主要原因。不同于可以立刻进行买卖的机器设备等生产要素，劳动力市场上的雇员-雇主匹配、员工培训都需要较长的时间。Frazis 等（2000）研究指出，企业通过招聘、筛选、面试确定一名合格候选人的时间约为 2 个月，即使招到心仪员工，在新员工正式上岗前，仍需要进行约 150 个小时培训，才能使其熟悉工作流程、发挥作用。同时，解雇员工还受到劳动保护相关法律法规的约束。以美国对劳动关系的法律制度为例，雇员可以以雇主没有正当理由终止雇佣关系为由起诉雇主。因此，对于企业而言，劳动力调整成本高于其他要素的调整成本。劳动力调整成本对企业财务决策的影响具体体现在以下两个方面：一是为应对员工主动离职导致的劳动力调整成本，企业倾向于采用更保守的财务策略。员工离职意味着企业需要再次寻找替代劳动力，重新经历招聘、培训等流程，此时，企业劳动力调整成本提高，且人力资本专用性越强，员工流失带来的摩擦性成本越高。为防范风险，企业会保持充足的借债能力应对人才流失。二是劳动力调整成本的存在会降低企业裁员的灵活性，进而影响企业的杠杆水平。裁员是企业缓解资金压力的有效手段之一，企业的解雇成本主要包括向员工提供的离职补偿金、岗位的交接成本以及职位空缺的成本，企业通常更关心离职补偿对解雇成本的影响。当解雇成本上升时，企业解雇劳动力的难度增大，劳动力调整费用增加，企业对人力资本结构的调整能力变弱。此时,劳动力成本从可变成本转变为企业的固定成本,企业经营灵活性下降,经营杠杆升高,现金流量风险升高。同时,经营杠杆与财务杠杆存在替代关系(Simintzi et al.,2015),因此经营杠杆的增加会导致企业财务杠杆的降低。此外,劳动力调整成本增加带来的经营成本升高还会导致企业违约风险增加,债权人为避免潜在损失,有强烈动机向企业要求更高的风险溢价,这将增加企业的融资成本。

最后,人力资本的不可分割性①使员工能够通过工会与企业之间的集体谈判影响企业的财务决策。人力资本的不可分割性意味着企业只能拥有员工的使用权,而非所有权。当企业激烈地进行债务扩张时,企业破产风险就会增大,员工的失业风险也随之增加。员工失业之后会面临工资损失、消费能力下降(Gruber,1997)、再就业工资下降(Gibbons and Katz,1991)、生活质量下降(Hsu et al.,2018)、死亡率增加(Sullivan and Von Wachter,2009)等一系列负面事件。这些负面事件带来的影响也被研究者看作企业财务困境的间接成本(Berk et al.,2010)。为避免企业陷入破产困境对个人造成的直接经济损失,员工会以罢工或辞职等形式要挟企业降低负债水平或是提高补偿性工资差异(compensating wage differential)。亚当·斯密在《国民财富的性质和原因的研究》(1776)中曾提到"劳动者工资会随着工作稳定与否而改变。在他受雇佣时,他的收入不但包含维持他正常生活所需的部分,还包含对那些偶尔可能发生的、会带来巨大焦虑和沮丧事件的补偿。因此,一些工人的高工资并不是因为他们的技能高超,而是对他们面临的巨大不稳定性的补偿"。可以看出,补偿性工资差异是指知识技能上相近的劳动者因工作条件和社会环境差异而产生的工资差别,其现值应该等于企业破产所带来的损失的现值。员工面临的失业风险越高,相应的失业风险溢酬越高。相关研究表明,失业风险每上升1%,员工的补偿性工资就增加约2.5%,工资补偿差异的上限可高达总工资的14%(Topel,1984)。考虑到大多数员工的可替代性较高,如果采用一对一的谈判方式,员工将处于谈判的劣势地位,这样难以改变企业决策。于是,员工形成了劳动力团体,以工会组织的形式与企业进行集体谈判。集体谈判涉及员工与企业的双方博弈,工会组织尽最大可能地为员工争取

---

① 人力资本的不可分割性是指员工的人力资本不能脱离员工个人独立存在这一特性。

更高的薪酬和更优质的就业环境,而企业则努力实现企业价值最大化,两方的立场会受到劳动力供需以及相关谈判信息的影响。当工会力量较强时,为消除员工顾虑,增加就业安全感、提高生产积极性,避免集体罢工带来的经济损失,企业会满足工会组织的涨薪需求,选择低杠杆经营(Titman,1984)。相反,当工会组织力量不足时,企业倾向于无视员工需求,继续增加负债。部分学者还观察到劳资集体谈判过程中的抽租(rent-extracting)效应。该观点认为,工会组织是企业超额利润重要的抽租者,当工会发现企业财务状况良好、拥有大量现金时,会要求企业对多余的现金流进行利益分配。若企业负债率高、资金短缺,工会的劳动者则更担心企业破产清算的不良后果,因此,他们会选择在谈判中让步。为防止工会涨薪威胁,企业将财务杠杆作为应对工会谈判的工具,通过提高负债率减少未来可用的流动资金,以此增强相对工会的谈判力,保障股东利益(Bronars and Deere,1991)。此外,债权人也关注因人力资本不可分割导致的风险,企业无法拥有员工的所有权意味着企业随时面临人才流失的潜在风险,为避免员工流失对债务合同的影响,债权人会给企业总借债水平设定一个上限(Hart and Moore,1994)。

从上述分析得知,劳动力成本、劳动力调整成本以及人力资本的不可分割性导致人力资本对企业财务风险造成影响。劳动力法律法规和劳动力市场等外部因素会引起劳动力成本、劳动力调整成本的变化。同时,劳动者本身的决策也会影响企业的财务决策。接下来,我们将从劳动保护、劳动力市场等外部人力资本因素和员工薪酬、员工技能等内部人力资本因素两方面,具体分析人力资本对资本结构、融资决策等企业财务的影响。

2.1.1　劳动保护对企业财务风险的影响

劳动保护为员工就业提供了重要保障,劳动保护的来源主要有两类:一类是政府制定的法律法规,旨在保护员工在劳动过程中的安全和健康,规范劳动力市场;另一类则是劳动保护组织为劳动力群体提供的权益保护。劳动保护相关的法律法规和劳动保护组织是劳动力市场的重要组成部分,有助于稳定员工和企业间的雇佣关系。相关文献通过研究美国劳动力市场发现劳动保护对资本结构、融资成本能够产生影响。

劳动保护相关的法律法规对企业财务的影响主要取决于法案如何影响企业的劳动力成本及劳动力调整成本。部分研究发现，劳动保护政策通过增加劳动力调整成本改变了企业的资本结构。具体地，劳动保护政策使企业裁员变得困难，企业无法再根据其投资状况、经营状况和市场环境随时调整劳动力（Messina and Vallanti，2007）。此时，企业劳动力调整成本升高，经营风险增大，经营杠杆的升高对财务杠杆产生了挤出效应，企业财务杠杆下降。利用1985—2007年21个经济合作与发展组织（Organization for Economic Co-operation and Development，OECD）成员国的跨国数据，Simintzi等（2015）研究证实了上述观点，劳动保护政策增加了工资刚性，使企业杠杆率降低，且在员工流动性较高的行业，就业保护使企业负债水平下降更多。部分学者利用不当解雇（wrongful discharge）相关法律制度的实施检验劳动保护与企业财务的关系。美国雇佣关系推崇自由原则，即雇主可以自由地解雇员工而不承担任何法律责任，不加限制的解雇权力给劳动者带来了严重损失，引起了劳动力群体的强烈反对。自20世纪30年代开始，美国国会开始针对任意解雇原则制定保护劳动者免受不当解雇的法律法规，并在司法过程中积累了一定的判例，通过规定一系列的正当性标准对企业是否存在不当解雇行为进行判断。不当解雇是指企业基于与员工的能力、行为以及企业经济状况均无关的理由进行的解雇。企业是否存在不当解雇目前主要依据三个准则进行判断，分别是公共政策例外（public policy exception）、诚实善意例外（good faith exception）、隐含合约例外（implied contract exception）。依照上述准则，当企业出现不当解雇时，员工可以向法院提起诉讼，维护合法权益。利用1977—1999年的美国数据，Bird和Knopf（2009）发现对企业不当解雇的法律裁定为员工提供了就业保护，通过限制裁员、增加解雇成本，对企业的利润率造成了显著的负面影响。利用《统一商业秘密法》（Uniform Trade Secrets Act，UTSA），Guernsey等（2020）发现加强商业秘密保护导致企业负债减少。他们解释，这是因为保密条款增加了企业与债权人的信息不对称，使企业资产的净现值减少，从而导致负债减少。Serfling（2016）研究还发现，不当解雇法案、劳动保护法通过提升解雇成本迫使企业增加现金持有，从而降低负债水平。此外，Karpuz等（2020）通过研究20个经济合作与发展组织的劳动保护法（Employment Protection Laws，EPLs）发现，随着劳动保护强度增加，为缓解财务困境、避免出现投资不足，企业现金持有量显著增多。

　　失业保险金（unemployment insurance）也是一项重要的劳动保护制度。现有研究发现，失业保险金制度通过降低劳动力成本、经营杠杆，扩大了企业提升财务杠杆的空间，这使得企业负债水平升高、财务风险增加。企业破产、员工被动失业时，失业保险金保障了员工的收入来源。失业保险金能一定程度地增加员工的就业安全感，提升员工对失业风险的承受能力，降低企业的劳动力成本。Topel（1984）研究发现，失业保险金制度的实施通过提升员工的就业安全感减少了企业风险补偿性工资。Agrawal和Matsa（2013）研究发现，失业保险金的提高使员工对高风险财务政策的接受程度升高、企业增加财务杠杆的举措遭遇的员工反对减少，这使企业更倾向于提高财务杠杆，以获取提高财务杠杆的收益。以失业保险金制度的实施度量员工失业风险的变化，Devos和Rahman（2018）还发现，员工失业风险与企业现金持有存在显著的正相关关系，这表明，增加员工就业安全感可以提高企业内部资金的利用效率。部分学者还利用最低工资（minimum wages）制度探究了劳动保护制度对企业财务的影响。利用1999年英国最低工资制度，Draca等（2011）发现最低工资的引入显著降低了企业的盈利能力。

　　工会组织作为重要的劳动保护组织，是集体谈判发生的前提。已有研究发现，工会组织对企业资本结构的影响存在两种可能：一是工会的存在会增加工资黏性，提高劳动力的调整成本和解雇成本，劳动力的不可调整提高了企业的固定性经营成本，即经营杠杆，进而挤出财务杠杆。Chen等（2011）研究证实，工会组织降低了企业人员调整的灵活性，对企业经营产生了负面影响。二是基于集体谈判的抽租理论，部分学者认为，为避免工会提出涨薪要求、分享更多收益，企业有动机增加财务管理行为，如低报收入、减少企业现金持有、提高财务杠杆等，策略性地减少企业内部现金流、缩小员工的抽租空间，同时，劳动保护增强有效降低了员工的失业风险，使员工议价能力减弱，企业有更大动机通过高杠杆获取更多收益。DeAngelo和DeAngelo（1991）利用20世纪80年代钢铁行业重组提供了相关证据，研究表明，在员工与企业进行集体谈判期间，企业会选择低报收入，使企业账面的现金流减少，以争取工会让步。Klasa等（2009）研究进一步发现，企业会通过减少现金持有应对工会谈判，通过提升企业财务风险缩小员工的抽租空间，削弱工会的谈判力。Matsa（2010）发现，企业为获取在集体谈判中的优势地位，会策略性地增加负债、提高财务杠杆。Schmalz(2018)研究发现，工会化对企业财务决策的影响具有异质性，具体地，工会化会导致大企业、不受融资约束的企业增加现金持有、降低财务杠杆，增加财务灵活性，导致小型、受融资约束的企业减少现金持有、提高财务杠杆，以应对工会谈判。

部分学者还关注了劳动保护对企业融资成本的影响，他们普遍发现，劳动保护增强提高了企业的融资成本。这是因为劳动保护增加了员工的调整成本和解雇成本，因劳动力刚性和成本黏性，企业经营弹性下降，违约风险升高。同时，劳动保护使劳资谈判中员工力量增强，这将减少企业违约后清算的现值。为避免损失，债权人有动机提高借贷成本。相关文献集中分析了银行这一特殊债权人对劳动保护引起的劳动力成本变动的反应。利用25个国家的企业样本，Alimov(2015)研究劳动保护制度对银行贷款契约条款的影响，结果显示：劳动保护增强导致更高的贷款利差、更严格的非价格合约条款和更分散的贷款所有权结构，并且该影响在劳动力周转率较高、违约风险较大的企业更加显著。这表明，为避免劳动保护带来的潜在风险，银行选择提高与企业的贷款合约标准，增加企业贷款成本。Qiu和Shen(2017)研究工会提供的劳动保护发现，工会力量降低了企业破产后银行的贷款回收率，促使银行提高企业存贷利差，增加企业向银行融资的成本。

部分学者还发现，劳动保护影响了企业融资渠道的选择，企业更多地选择向银行借款。Ben-Nas(2019)研究发现，失业保险金制度实施后，企业的银行借款增加，且这种影响在劳动密集型、资产替代风险较高的企业更显著。Ben-Nas解释，这是因为失业保险金减少了企业改变员工看法的盈余操纵，因此，企业可以选择监管更多的融资渠道。Cheng(2017)研究表明，向银行借款可以保持企业与工会组织的信息不对称，助力企业进行劳资谈判，同时，与银行直接沟通可以减少信贷市场的逆向选择，因此，拥有工会的企业更偏好使用银行贷款而非政府债券进行融资。

2.1.2 员工薪酬对企业财务风险的影响

员工薪酬不仅是企业的主要成本，也是激励和管理员工的重要工具。员工薪酬的水平和合理性是企业经营绩效的重要决定因素，也深刻影响着企业的财务状况。已有文献主要从工资刚性、员工激励、员工持股等角度对员工薪酬制度与企业财务风险的关系展开研究。

工资刚性，即员工工资在确定之后难以变动（尤其是难以下降）的特性，是劳动力成本的一大特征。Favilukis等（2020）利用员工薪酬增长衡量工资刚性、考察劳动力市场摩擦对企业财务风险影响时发现，工资增长速度与债务成本呈负相关关系，与企业财务杠杆呈正相关关系。他们解释，这是因为工资刚性通过增加经营不确定性，使企业的信用风险升高，经营风险升高对财务杠杆产生了挤出效应。

员工激励是影响其努力程度的重要因素，员工越努力，企业绩效越好，此时企业财务状况更好。从这个角度出发，很多学者研究了薪酬差距、员工持股对企业财务表现和财务风险的影响。经济学理论对薪酬差距的激励作用有锦标赛理论和社会比较理论两种观点。锦标赛理论由Lazear和Rosen（1981）提出，该理论认为更大的薪酬差距可以给员工更强的晋升激励，从而提高员工努力程度，对企业业绩产生正向影响。而由John Stacey Adams提出的社会比较理论（又称亚当斯的公平理论）则主张，员工的受激励程度来源于自己和参照对象之间报酬与投入比例关系的主观比较。当薪酬差距过大时，员工会感到不公平或被剥削。此时，员工倾向于调整其投入，降低工作努力程度，以平衡自身的不公平感。缩小薪酬差距则可以提高员工满意度，增强企业内部凝聚力。这表明，员工积极性不仅受收入影响，还与收入分配的公平性有关，而员工积极性是影响企业的生产效率和经营业绩的重要因素（Akerlof and Yellen，1990）。部分学者为上述理论提供实证证据，如Faleye等（2013）研究发现，当员工对薪酬信息了解不足且通过绩效考核晋升时，管理层和员工的薪酬差距越大，企业生产率越高，企业经营绩效、企业价值也随薪酬差距的增大而增加，这一发现支持了锦标赛理论。Rouen（2020）研究同样表明，薪酬公平性会影响企业绩效，不能够被解释的CEO（首席执行官）与普通员工薪酬差距会激起员工的愤恨，导致员工离职或者偷懒，使企业绩效下降。此外，还有部分研究关注了员工间薪酬差距对企业财务风险的影响。Dube等（2019）通过分析印度制造业企业的数据发现，若员工的薪酬差距是由个体生产力差异导致，那么这类薪酬差距并不会对企业产出产生负面影响。相反，如果员工的薪酬差距不能由生产力差异解释，这类不合理的薪酬差异会对企业产出产生负面影响。

员工持股也是反映劳动力激励的重要方面，拥有股权的员工通常更关心企业的发展情况，能在一定程度上发挥股权的激励作用，影响企业生产经营。Hochberg 和 Lindsey（2010）研究发现，员工股票期权提高了员工财富对企业绩效的敏感程度，加强了普通员工的相互监督和合作，进而提高了企业整体的经营绩效，且这种关系在员工较少、增长机会更多的企业表现更突出。部分学者从员工权力视角分析了员工持股对企业财务风险的影响，他们认为持股员工可以通过监督、管理等方式保障员工集体利益。利用企业股票波动性衡量风险，Bova 等（2015）研究发现，员工持股通过加强对管理层的监督，使企业风险承担水平降低。使用 1988—2015 年的跨国企业样本，Ellul 和 Pagano（2019）发现，员工与债权人的相对权力大小会影响企业的财务决策。具体地，只有当融资约束较小、员工在破产清算中优先级较高、员工在企业重组中优先级较低时，企业才会策略性地提升财务杠杆。

除了激励员工外，如何吸引和留住人才也是企业管理者最为关心的问题之一。许多企业利用提高员工福利的手段在劳动力市场上竞争人才。因此，部分学者关注了员工福利如何影响企业财务决策。现有研究普遍发现，员工福利更好的企业，其负债水平更低，主要原因是：承诺提供优质员工福利的企业往往更重视声誉（Maksimovic and Titman，1991），它们认为改善员工福利能树立良好的社会形象，提高企业美誉度，给企业价值带来积极影响，因此，为兑现福利承诺，企业倾向于减少借债。同时，员工福利是重要的弹性支出，重视员工福利的企业会尽量保持较低的负债水平，以避免面临财务困境时，被迫通过减少员工福利、恶化工作环境等方式削减成本。Bae 等（2011）的研究印证了上述观点。Verwijmeren 和 Derwall（2010）研究还发现，重视员工福利的低负债率降低了企业破产的可能性，且这类企业也拥有更好的信用评级。此外，通过观察 2003—2009 年的 13 752 个企业样本，Ghaly 等（2015）发现，致力于提升员工福利的企业会持有更多现金，在人力资本密集、劳动力流动性高、竞争大的行业中，该现象更明显。Bauer 等（2009）研究还发现，重视员工待遇能有效减少员工的反对意见和员工诉讼事件，这有助于提升内部现金流的稳定性，进而降低企业的债务融资成本。此外，Hannan（2005）发现，提高员工薪酬能激励员工、提升企业绩效，且与企业利润上升时相比，员工在企业利润下降时，付出了更多的努力。

2.1.3　员工技能对企业财务风险的影响

随着人力资本对企业的重要性与日俱增，一些学者关注了员工技能对企业财务风险的影响。

Fairlie 和 Robb（2008）以员工学历衡量员工技能程度，研究发现，企业所有者的受教育程度越高，企业的销售额越多、利润越高。一些学者还发现，员工技能可能提高企业对风险的敏感程度，由于人力资本具有一定的专用性，员工的某些知识和技能对企业正常运营不可或缺（Titman and Wessels，1988），这导致对应的劳动力调整成本升高，企业抵御市场风险的能力减弱。为加强风险控制，企业倾向于持有更多现金。并且，人力资本的专用性越强，员工在企业破产时面临的转移成本越高。为消除员工顾虑、提升员工生产积极性，企业也会选择更保守的财务策略、更低的负债水平（Titman，1984）。Ghaly 等（2017）研究发现，员工技能会影响企业的现金流管理，雇用更多技术型员工、更加依赖技术型员工的企业往往持有更多现金。他们解释，这是因为技术型员工的寻找成本、雇用成本、培训成本和遣散费用相对更高，企业面临财务困境时更难通过裁员调整企业劳动力成本，所以企业更关注现金流量风险。Bates 等（2020）则关注了劳动力被自动化替代的难易程度对企业财务政策的影响，发现当企业的劳动力更容易被自动化替代时，劳动力市场摩擦对企业的负面影响更小，从而允许企业采取相对激进的财务策略，如高杠杆、低现金流等。

2.1.4　劳动力市场对企业财务风险的影响

劳动力市场连接企业与员工，对企业和员工都非常重要。因此，目前人力资本与金融领域的文献也越来越关注劳动力市场对企业财务风险的影响。

劳动力流动性是劳动力市场的重要特征。理论上，劳动力流动对企业财务风险的影响具有双面性：一方面，劳动力流动性增强可以促进雇员与雇主的匹配，减少企业的招聘成本，增加预期现金流；但另一方面，劳动力流动也给企业带来了挑战，更快速的员工流动导致离职规模增大，企业招聘新员工使劳动力费用支出增多，新员工的岗位匹配度、技能熟练度会影响企业效益，这导致企业经营风险升高。同时，员工流动性增强会加大企业商业秘密泄露的风险，这类信息的泄露会削弱企业相对于对手企业的竞争优势，对企业造成重大经济损失，因此，劳动力的流动性越强，企业越可能选择更保守的资本结构、减少财务风险（Klasa et al.，2018）。目前，部分文献也从不同角度研究了劳动力流动性与经营杠杆、资本结构、绩效等财务风险相关因素的关系：Donangelo（2014）研究发现，跨行业劳动力流动性的提高导致员工工资弹性下降、企业经营杠杆升高；Klasa 等（2018）以不可避免披露原则（Inevitable Disclosure Doctrine，IDD）为背景进行检验发现，当法院可以出于保护商业机密的原因限制员工"跳槽"到竞争对手时，企业商业秘密泄露的风险更低，企业无须保留较大的借款能力以应对商业秘密泄露给竞争对手产生的损失，因此企业会选择更高的杠杆率；Li 等（2021）利用企业层面员工离职率数据还发现，员工流动与企业未来财务表现存在显著的负相关关系，且这种影响在规模较小、劳动密度较低、成立年限较短的企业表现更突出；Qiu 和 Wang（2021）运用美国上市企业年报数据构造了上市企业的高技能人才流失风险，发现企业高技能人才流失风险越高，企业杠杆率越低。①

此外，还有一些研究探讨了劳动力市场规模、劳动力市场集中度的影响：Kim（2020）发现，劳动力市场规模的扩大使员工失业造成的损失越小、失业风险溢酬越低，财务困境成本越低，因此企业会选择更高的杠杆率；Bai 等（2022）发现，当劳动力市场更为集中时，与员工相比，企业的议价能力更大，此时企业可以采用更加激进的融资策略，杠杆率更高。

2.2 企业财务风险对人力资本的影响

良好的财务状况是一家企业得以生存发展的必要条件，企业的财务决策不仅对企业本身、股东的意义重大，也从各个角度对员工产生影响。研究企业财务风险如何影响人力资本的相关文献主要从高风险财务策略、融资约束这两方面入手，阐释了企业财务风险与人力资本的内在联系。

---

① Qiu 和 Wang（2021）主要探究了人才流失风险对工资的影响，对于财务杠杆的讨论并不深入。

在以高风险财务策略为切入点的研究中，现有研究主要从三个方面对高风险财务策略如何影响企业人力资本进行了理论阐述。

第一，高杠杆的财务策略会增加企业的劳动力成本。对于企业而言，一定程度地提高财务杠杆有利于提升企业价值。资本结构的"权衡理论"指出，企业负债率升高时，债务产生的本金和利息支出可以在税前扣除，利用债务融资可以提高企业的净资产收益率，该作用被称为"税盾"，故企业有利用财务杠杆的动机。更加激进的财务政策虽然能带来更多税盾收益，但也会导致财务风险增加。因此，企业需要在两者之间进行权衡。但对于员工而言，高杠杆形成的税盾并没有带来收益，反而会降低员工的工作保障，使员工的失业风险增加，这使高杠杆财务策略对员工的影响几乎完全是负面的。因此，企业提高杠杆时，员工会要求额外的风险补偿，这将增加企业的工资成本。[①] 一些实证研究也为该观点提供了证据。例如，Hanka(1998)研究表明，企业破产风险的增加会减小企业保障员工就业的动力，裁员可能性增大。因此，企业在采取高风险财务策略时，需要向员工支付更多的补偿性工资差异。Berk 等(2010)也发现企业杠杆提升会增加招聘新员工的成本。

第二，高杠杆会限制企业进行人力资本投资。基于对负债的代理成本和最优资本结构的分析，Myers(1977)指出，负债高的企业更容易错过增加企业价值的投资机会。负债更高的企业往往现金储备不足，发展时容易受到交易成本、外部冲击的影响，错失投资机会。且这类投资不足在高成长性企业表现更为明显，即负债的代理成本对于成长性企业而言更高，这是因为成长性企业的价值更多地取决于人力资本等自由裁量性投资。当负债率较高、内部资金不足，企业无法继续增加人力资本投资时，企业的增长动力就会减少。此外，企业的高杠杆能减少管理层代理问题，通过限制管理层权力避免人力资本的过度投资。Jensen(1986)的自由现金流假说指出，当自由现金流充足时，企业往往出现过度投资现象。而采用高杠杆能减少企业内部现金流，防止高管利用自由现金流谋取私利，同时限制管理层浪费企业现金的行为，有效控制企业对人力资本进行适度投资。

第三，企业高杠杆会削弱劳工的谈判地位。企业的高负债对应着高财务风险

[①] 这种额外的风险补偿也被看作一种间接的财务困境成本(Kim，2020)。

和高破产风险,在此情况下,员工利用罢工进行谈判的可能性降低(Myers and Saretto,2016),企业降低工会成员薪资的空间增大(Perotti and Spier,1993;Benmelech et al.,2012)。

在以融资约束为切入点的研究中,现有研究从融资环境恶化、融资环境改善两方面对人力资本的影响进行了理论分析。针对融资环境恶化,学者们普遍认为,企业融资是人力资本投资的重要前提,资金支持可以提升企业内部的人力资本价值。因此,当企业外部融资受限时,因债务成本升高,资金来源减少,企业偏向于削减人力资本投资,缓解现金压力。针对融资环境改善,融资约束被认为是阻碍技术升级的重要因素(Midrigan and Xu,2014),因此,当融资约束缓解时,企业会进行大量的技术设备投资,这将间接影响企业劳动力投资。相关文献通过考察资本对劳动力的"替代效应"和"互补效应"分析融资环境改善对人力资本的影响。其中,资本对劳动力的"替代效应",是指融资约束缓解时,企业可以利用便利的外部融资进行大量机器设备投资,实现资本替代劳动力,从而减少就业;资本对劳动力的"互补效应",则是指当企业能容易地获得低廉的外部融资时,企业能够迅速扩大生产规模与提高产出水平,这将提高企业对雇用员工的需求。当资本对劳动力的"替代效应"更突出时,外部融资缓解的改善会导致企业减少人力资本投资,而当资本对劳动力的"互补效应"更明显时,企业的人力资本投入将增加。同时,缓解融资约束还能通过促进行业内、行业间的劳动力要素流动与就业分配影响劳动力。例如,外部融资通畅的企业在市场竞争中更具有优势,能吸引优质劳动力从低效率企业、行业向高效率企业、行业进行转移与集中,实现金融市场的"胜者筛选"功能(Beck et al.,2000)。

从上述理论分析可以看出,高风险财务策略对人力资本的影响存在两面性:一方面,高杠杆使员工的补偿性工资增加,推动劳动力成本升高;另一方面,高杠杆使企业在集体谈判中获得相对优势,有利于其压缩劳动力成本。融资约束影响人力资本的理论分析则表明融资约束是限制企业人力资本投资的重要因素,而融资条件改善对人力资本的影响需要结合资本对劳动力的"替代效应"和"互补效应"进一步分析。下面,结合实证研究具体分析企业财务风险对员工薪酬、员工数量及人力资本其他方面的影响。

2.2.1 企业财务风险对员工薪酬的影响

相关文献从资本结构、融资约束以及与此相关的税收负担等方面探究了企业财务风险对员工薪酬的影响。

在资本结构方面,根据上文的理论分析可知,高风险财务策略对员工薪酬的影响存在两面性,实证研究也给出了两方面的证据。关于高杠杆降低员工薪酬,Michaels 等(2019)研究发现,企业杠杆与员工薪酬之间存在显著的负相关关系,他们认为,企业利用高杠杆降低了员工对企业的盈余预期,同时,通过增加企业违约、破产的可能性,提高员工对底薪的接受程度,降低薪资成本。另外,考虑到员工的补偿性工资差异,高杠杆会增加员工报酬。Chemmanur 等(2013)研究企业资本结构与员工薪酬时发现,高杠杆显著提升了员工的平均薪酬,且杠杆引起的劳动力成本升高抵消了债务带来的税盾。这表明,企业的确为财务杠杆升高带来的风险提供了工资补偿。Graham 等(2019)通过研究企业破产事件发现,当一家企业信用评级从 AA 降至 BBB 时,随着破产风险升高,企业补偿性工资差异增加,增加幅度约为企业价值的 2.3%。

在融资约束方面,Michelacci 和 Quadrini(2005)对融资约束如何影响员工工资进行了详细的实证分析。他们认为,存在外部融资约束的企业更倾向于与员工签订长期劳动合同,该合同的特点是员工的收入与工作年限挂钩,即员工初始收入水平较低,但随着工作年限的增长而增加。因此,存在外部融资约束的企业,在初始时期会降低员工的收入。

部分研究还发现,企业税收负担会对员工薪酬产生负面影响。企业征缴所得税会减少内部现金流,抑制企业支付员工薪酬的能力。当税负增加时,企业有动机利用税收规划将税负转嫁至员工,减轻自身税收压力。Arulampalam 等(2012)研究跨国企业数据证实企业所得税规模与员工薪酬存在显著负相关关系,企业所得税每增加10%,员工工资就减少4.9%。利用德国企业数据,Fuest 等(2018)发现,员工承担了40%~50%的企业总税收负担,企业所得税每增加1欧元,员工薪酬将减少0.56欧元,且具备低技能、年龄小、女性等特征的员工受税负对薪酬的负面影响更大。

2.2.2 企业财务风险对员工数量的影响

已有研究从资本结构、企业财务状况、企业融资、企业税收负担等视角探究了企业财务风险如何影响员工数量。

资本结构与员工数量的相关研究普遍认为，高杠杆会导致员工数量减少。这是因为高杠杆会提高企业陷入财务困境的概率，当企业陷入困境，企业偏好采取裁员方式改善生产经营，保证企业渡过难关(Ofek, 1993)，这将增加被动离职的员工数量。同时，财务状况恶化使企业难以兑现员工激励、员工就业质量下降、员工黏性下降、优秀员工流出增多，这都降低了企业对新员工的吸引力。Hanka (1998)利用1953—1992年美国企业数据证实，高负债企业更可能出现裁员、雇用临时工、支付低薪和低养老金等行为。Sharpe(1994)研究表明，高杠杆企业的员工数量更容易受到总需求和金融市场情况的影响，这表明高杠杆企业将风险转嫁给员工，通过削减劳动力成本应对市场波动。Giroud 和 Mueller(2017)研究大萧条时期的企业数据也发现，杠杆率与员工流失率呈显著正相关关系。他们解释，负债较高的企业难以从外部筹集短期或长期资金以应对大萧条时期的消费需求、减小对生产经营的负面影响，因此只能靠裁员、关闭工厂、减少支出等方式应对危机。

部分学者关注了企业财务状况对员工数量的影响。相关文献发现，企业财务绩效恶化、破产申请、贷款违约、财务欺诈指控会对员工数量产生负面影响。通过研究企业财务表现，Brown 和 Matsa(2016)利用一大型在线求职平台数据证实，当企业财务状况不佳时，申请该企业职位的人数和申请人素质均有所下降，且企业杠杆水平越高、未到期债务越多，企业申请人数减少越多。通过研究企业破产申请事件，Hotchkiss(1995)发现，企业申请破产后，员工数量下降约50%。利用美国雇主-雇员关联数据，Graham 等(2019)研究进一步发现，77%的员工在企业申请破产后的3年内会主动(辞职)或被动(裁员)地离开企业，比对照组企业60%的离职率高出27%。通过研究企业贷款违约事件，Falato 和 Liang(2016)发现，为避免债权人加速到期，同时确保继续获得信贷来源，企业可能会在贷款违约后通过裁员降低运营成本，以此向债权人呈现企业快速获取现金的能力。实证结果表明，企业贷款违约导致员工数量减少10%，当经济不景气时，企业裁员的幅度会更大。Gortmaker等(2021)还发现,当企业信用恶化或即将恶化时,出于对企业未来前景的担忧,在职员工会增加在LinkedIn职业发展平台的社交联系。此外,Kedia和Philippon(2009)研究企业财务舞弊行为发现,在可疑的会计期间,企业会出现过度雇用,当财务舞弊被发现时,企业会减少劳动力。deHaan等(2022)还分析了企业财务报告发布对员工求职的影响,结果显示,若企业财务为盈利状态,当前员工的求职数量会显著增加。

部分文献关注了企业融资如何影响员工数量。企业融资环境是企业进行劳动力投资的重要前提。理想状态下,企业完全依靠内部资金获得劳动力生产要素,但现实情况是,企业的内部现金流不足以支撑企业完成人力资本的投资,因此,企业往往需要借助外部资金满足企业对劳动力的需求。企业的融资来源、资金的稳定性、债务融资和股权融资的比例均会一定程度地影响劳动力投资。我们从融资受限、融资放宽两个方面对相关文献进行梳理。关于融资受限对员工数量的影响,已有文献普遍认为企业融资约束导致员工数量减少。使用英国企业数据,Topel(1999)研究发现,企业融资约束与员工规模呈显著负相关关系。Benmelech等(2021)同样证实,融资约束对企业雇用规模产生了负面影响。随后,部分学者分析了金融危机、经济危机、债务危机如何影响融资受限企业的员工数量。比如,Campello等(2010)通过对美国、欧洲、亚洲共计1 050个首席财务官的问卷调查发现,2008年全球金融危机使融资受限的企业进行了更大规模的裁员。Chodorow-Reich(2014)对2008年金融危机进一步研究发现,由于银行与企业的借贷关系存在黏性,因此,在危机前与风险较高的贷款方存在过借贷关系的企业,在危机后更难获得贷款。其研究还发现,这类企业即使获得贷款也承担了更高的借贷成本,并且通过大规模裁员为企业生产运营提供资金,增加还款的可信度。Acharya等(2018)通过研究欧债危机时期的企业样本同样发现,危机通过减小企业获得贷款的可能性抑制企业的人力资本投资,导致雇员规模下降。Benmelech等(2019)研究1929—1933年经济大萧条时期的企业样本发现,经济危机产生的融资约束导致企业裁员10%~33%。此外,利用1990—2010年瑞典企业样本,Caggese等(2019)发现,融资约束还影响被解雇员工的类型,导致劳动力资源错配。融资受限的企业出于对现金流的重视,优先解雇了调整成本较低的新员工,但这一决策忽略了新员工对企业未来生产力的积极影响,降低了劳动力投资效率。虽然融资约束与员工数量的负相关关系非常直接,但也有部分学者发现企业融资约束增加了企业劳动力需求。Spaliara(2009)使用英国制造业企业数据进行实证检验发现,融资约束更严重的企业,其资本劳动比值对资产负债率的变动存在明显的负相关关系,他解释该现象产生的原因是:融资受限的企业不能进行最佳资本投资,因此会使用更多劳动力来满足需求。Garmaise(2008)以劳动者信息优势为切入点,以企业的贷款申请是否曾被否决判断企业是否受到融资约束,研究发现,融资受限的企业更愿意使用劳动力来替代资本,资本劳动比率较低。Garmaise 认为,这是因为员工和企业建立雇佣关系后,直接参与了企业的生产过程,对企业有更全面的认识,而资金提供者只有在生产完成后才能了解到企业信息。因此,相对于投资者,员工具有更多的信息优势,能更详尽地掌握企业家创新力、管理能力等影响企业发展的内部信息,当员工发现其任职企业的企业家具备成功的潜质时,员工愿意在创业初期作出努力,增加劳动力专用性投资,提升企业专用性技能、提高劳动力生产率。对于融资受限的企业而言,由于信息不对称,获取此类劳动力专用性投资比外部融资的效率更高、成本更低,因此融资受限的企业更愿意使用劳动力来替代资本,这使资本劳动比率降低。同时 Garmaise 也发现,这种劳动力专用性投资使受到融资约束的企业在获得成功后更难以替换员工,与没有受到融资约束的企业相比,其劳动生产率随时间递减。

另外,关于融资放宽对员工数量的影响,已有研究普遍发现外部资金可获得性提高会增加劳动力需求。将美国银行业放松管制改革作为自然实验,Boustanifar(2014)实证研究表明,银行业放松管制的改革通过取消对银行地域扩张的限制,拓宽了企业融资的可获取渠道,放松融资约束使企业员工数量和薪酬显著增加。此外,部分学者还关注了 IPO(initial public offering,首次公开募股)对员工数量的影响。利用美国企业 IPO 数据,Borisov 等(2021)实证研究发现,IPO 后企业就业人数显著增加。具体地,在 IPO 后一年,企业年雇用增长率高达 40%,更依靠高技能员工、更依赖外部融资的行业中员工人数增幅更显著。Borisov 等解释,IPO 有效缓解了企业的资金压力,同时,通过提升并购能力和战略转型的能力,增加了劳动力需求。Babina 等(2020)同样发现,企业成功上市后的 3 年内,企业员工人数明显增加,每年平均增长率约为 22%,但其进一步检验发现,IPO 后员工数量增长并不是因为 IPO 缓解了财务约束,而是 IPO 后企业所有权分散、代理问题加剧,导致企业建立帝国、开展多元业务的动机增强。此外,研究还发现,IPO后企业保持低薪酬的动机减小,导致新员工工资溢价明显升高。

部分学者还关注了企业税收负担对员工数量的影响。理论上,企业税负对员工数量的影响是不确定的。一方面,企业所得税的征收会提高企业成本、降低企业净利润,利润减少将抑制企业对劳动力的需求(Wasylenko and McGuire, 1985),同时企业所得税率提高会降低资本的边际效率,通过抑制投资降低劳动力数量(Devereux and Griffith, 1998)。另一方面,工资薪金可在所得税前抵扣等项目提供给企业一个与其雇用人数存在一定比例关系的税盾,增加劳动力投资可以提高企业的净资产收益率,因此,企业可以利用劳动雇佣增加非债务税盾进行合理避税,企业的劳动力需求增加。相关实证研究表明,所得税加征通常导致就业人数减少。比如,Harden和Hoyt(2003)发现,企业所得税增长与就业增长率存在显著负相关。部分研究通过分析美国减征所得税政策进一步证实,企业税收负担与员工数量之间存在显著的负相关关系。20世纪初,美国联邦政府主要出台了两项税收激励措施,分别是红利折旧(bonus depreciation)和第179条财产(section 179 property)。2017年,美国联邦政府出台减税和就业法案(Tax Cuts and Jobs Act, TCJA)。上述减征所得税政策的目的是通过减少税收成本,刺激企业增加固定资产投资和人力资产投资,进而增加企业的劳动力需求。Ohrn(2019)利用双重差分模型实证研究发现,红利折旧、第179条财产这两项减税政策实施后的几年内,企业劳动力数量增多,随着行业自动化发展,机器设备替代了劳动力,员工数量减少。Tuzel和Zhang(2021)研究同样表明,美国联邦政府的投资税收激励短期刺激了就业,导致企业人力资本投资增加,特别是对高技术员工的需求增加。但两年后,企业低技能员工数量明显减少。

2.2.3 企业财务风险对人力资本其他方面的影响

随着劳动经济学的发展、企业层面劳动力数据的完善,部分学者开始分析企业财务风险如何影响人力资本的其他方面,现有文献阐述了企业财务风险与员工结构、员工生产力、员工流动性、员工持股、员工工作安全性的内在联系。

企业财务风险与员工结构的相关文献对劳动力技能结构、工作种类(临时工、正式工)进行了分析。其中,部分学者认为,企业高杠杆会降低企业高技能员工比例。这主要是因为,高财务风险增加了员工薪酬、福利水平的不确定性,增大了员工失业的可能性,导致员工离职意愿增强。同时,高技能员工的流动性较强,技能特长使他们能更顺利地进入和退出一家企业。因此,当企业破产风险增加时,这类员工离开企业的可能性也随之升高。企业财务状况还会影响员工学习技能的主动性。一般而言,财务状况良好的企业,其员工积极性更高,普通员工有动力向高技能员工转变,这将增加企业的高技能员工比例,提升生产效率;但当工作环境高度不确定性时,员工可能对进一步提升技能表现出较低意愿。利用瑞典企业样本,Baghai 等(2021)研究发现,高杠杆出口企业的高技能劳动力离职概率比普通员工高 30%,这表明企业财务困境减少了企业对高技能员工的吸引力,同时也解释了为什么人才依赖度更高的企业偏好更保守的资本结构。Kim 等(2019)的研究提供了股权融资影响员工技能结构的实证证据,他们发现资本注入增加了企业技术投资,固定资产投资增多,这增加了企业对高技能人才的需求,降低了对低技能劳动力的需求,企业总员工数量下降。其研究还发现,高技能员工占比增加虽然提升了人均工资,但是增加了企业总用工成本。此外,利用意大利制造企业数据,Caggese 和 Cuñat(2008)发现,融资约束会影响工作种类的比例,融资受限的企业会提升临时工的比例,这是因为临时工解雇容易、遣散费用低,雇用更多临时工可以增加融资约束的企业的经营灵活性。

对于企业财务风险与员工生产力的关系,Wruck(1994)指出,企业可能会利用债务激励员工,高杠杆会增加财务风险,为避免失业,员工会选择努力工作,这将提升劳动生产效率。Kale 等(2019)为上述观点提供了研究证据,实证结果表明,当外部劳动力市场工作机会较少、员工离开企业难度较大时,企业的高负债率会通过增加员工失业的危机感提高员工的工作效率,以降低企业出现违约、破产和裁员的可能性。同时,债务还激励企业的管理人员更密切地督促员工认真工作,通过链条式的管理提升整个企业的生产效率。此外,一些学者从企业融资视角展开了研究。Krishnan 等(2015)将银行业放松管制作为自然实验,缓解融资约束有助于企业投资更具有生产力的项目,进而提升企业生产力。

对于企业财务风险与员工流动性的关系,Bernstein(2015)在探究 IPO 对企业创新活动的影响时发现,企业上市带来的员工流动加大了关键发明家外流的可能性,从而导致留在企业剩余发明家的生产力下降。Babina(2020)则关注了财务困境如何影响员工流动,研究表明,财务困境导致更多员工离职创业,且这种现象在高科技和服务行业更普遍;他认为,当现存企业不能抓住增长机会时,员工有动机将有价值的项目、想法或客户从财务困境企业带离,并成立新的初创企业,使资源向初创企业流动,且新企业可为陷入财务困境的企业提供约33%的员工岗位。Baghai等(2019)考察企业破产对发明家合作的影响时发现,破产导致团队合作稳定性降低,进而导致发明家的创新产出减少,而重视合作的发明家在破产后大概率一起加入同一家新企业。

对于企业财务风险与员工持股的关系,Core和Guay(2001)研究1994—1997年美国756家企业发现,当企业面临资金限制且外部融资成本较高时,企业会更多地使用员工持股计划,以减少现金补偿、留住员工。

对于企业财务风险与员工工作安全性的关系,Cohn和Wardlaw(2016)研究发现,企业融资约束、现金流冲击会提高员工工伤概率。这是因为,当内部现金流不足时,企业会减少保障员工安全的资金投入,这导致工作环境安全性下降、员工受伤概率升高,同时,员工工伤概率提高也大幅度地降低了企业价值。

2.3　人力资本与企业财务风险相关文献评述

企业财务风险问题是金融的核心问题之一,生产成本、资本结构、企业绩效等财务风险的各个方面与人力资本息息相关,大量学者也从不同角度探讨了人力资本与财务风险之间的关系。

在人力资本对企业财务风险的影响方面,大量文献直接或间接地从劳动力成本上升加大企业财务压力的角度探讨人力资本因素对财务风险的影响,这些文献体现了员工作为企业重要生产要素和利益相关者的角色;也有大量文献从员工激励制度视角出发,探讨了薪酬制度、员工持股制度等激励制度是否能够通过提升员工效率从而改善企业财务表现、降低财务风险,这里不仅仅体现了员工作为企业重要生产要素和利益相关者的角色,更加体现了员工作为企业核心竞争力的作用;还有文献从员工技能角度出发,探讨了人力资本与企业财务风险的关系,更加本质地体现了员工拥有的人力资本是重要生产要素，是企业核心竞争力的重要构成部分。

在企业财务风险对人力资本的影响方面，现有文献主要从高风险财务策略和融资约束两个切入点进行理论分析，并对资本结构、财务状况、融资行为、税收负担等财务策略、融资约束相关因素与人力资本之间的关系进行了实证分析。

总体来说，目前关于人力资本与企业财务风险关系的研究颇为丰富，这些研究从多个视角发现了人力资本与企业财务政策之间存在复杂的关系。然而，现有文献对于员工薪酬、技能等企业内部劳动因素以及劳动保护相关政策法规的研究较多，关于外部劳动力市场的研究相对较少但正在兴起。

第3章

人力资本与企业投资决策

企业投资决策是现代企业金融的核心问题。在激烈的市场竞争中,企业会进行资本、技术、设备等投资,以提升企业要素生产率。随着人才竞争愈演愈烈,人力资本在企业经营活动中的重要性日益凸显,一跃成为影响企业投资、推动企业发展的重要因素。

从直觉看,人力资本与企业投资决策之间存在相互作用。人力资本是企业实现投资收益最大化的基石,反过来,企业投资回报又通过影响企业发展,进一步作用于企业未来的人力资本投资。具体来说,一方面,员工的质量会影响企业的投资效果。平庸的员工缺乏主动性,往往对经营资源进行简单利用、简单叠加;而优质的员工重视知识创造,能促进投资过程中知识、技术的良性互动,有能力实现资源的有机组合,进而最大化投资项目的价值(Becker,1992)。可以说,人力资本是影响和决定企业投资回报的重要因素,人才是推动企业投资发展的核心力量。另一方面,企业投资会影响劳动力的资源配置。劳动力是必要生产要素,当企业进行扩大再生产时,会增加资本要素投资,并投入对应的劳动力要素,以保持合理的配比,这将影响劳动力市场的供需状况。同时,随着技术升级,企业投资会增加对高端人才的需求,减少对低技能员工的需要,这也将影响劳动力市场的员工结构。

从生产函数理论的角度看,由于企业人力资本对应着劳动力这一生产要素,投资决策对应着资本这一生产要素，因此人力资本与企业投资决策的关系是由生产函数决定的。经典的柯布-道格拉斯生产函数描述了资本、劳动力投入和产出的关系。具体地，在技术经济条件不变的情况下，产出与投入的劳动力和资本的关系可以表示为：$Y=AK^{\alpha}L^{\beta}$。其中，Y 表示产量，A 表示技术水平，K 表示投入的资本量，L 表示投入的劳动量，α、β 分别表示 K 和 L 的产出弹性。而企业的成本函数 $C=rK+wL$，其中，C 为总成本，r 为资本利率，w 为单位劳动力成本。企业最大化其利润 $\pi=Y-C$[①]，在没有融资约束的条件下可以得到最优资本要素投入 K^* 和最优劳动力要素投入 L^* 的关系：$\alpha wL^*=\beta rK^*$，该式表明企业劳动力要素投入（L^*）与资本要素投入（K^*）有固定的比例关系。由此可见，在生产函数视角下，分析人力资本与企业投资决策的关系，实际上是考察劳动力要素和资本要素的联系。

虽然上述理论模型给出了劳动力要素与资本要素的联系，但在实际中企业面对的情况更加复杂，现实中人力资本与企业投资决策的关系不会像模型中那么简洁明了。很多学者在人力资本对企业投资决策的影响方面作出了深入研究。

现有研究主要从以下三个角度进行了理论分析。

首先是从人力资本与企业资本投资存在"替代效应"或"互补效应"的角度分析劳动力要素价格（w）变化的影响。如果劳动力和资本是相互替代的关系，那么当劳动力价格上涨时，资本对劳动力的"替代效应"增强，此时，企业会选择增大对资本的投入，增加资本密集度更高的投资（Hicks，1932）。如果劳动力和资本存在互补关系，那么劳动力价格上升将减少企业对资本的使用，进而负面影响企业投资。不同类型的劳动力与资本的替代关系、互补关系也存在差异，一般而言，低技能劳动力是资本的替代品，而高技能劳动力是资本的互补品。

其次是从劳动力调整成本的角度分析员工招聘、解雇的影响。人力资本与固定资产、金融资本不同，员工的招聘、解雇都需要一定的时间成本和资金成本，这部分成本被称为"劳动力调整成本"。员工招聘、解雇难度增加时，劳动力的调整成本也会随之增加，而劳动力调整成本变化会影响企业投资决策。一方面，

---

① 这里我们标准化产品价格为1。

解雇成本上升引起的劳动力调整成本升高可能对企业投资产生积极影响。当员工被解雇的可能性降低时，员工的安全感增加、工作主动性升高，更愿意深入学习专业知识，提升岗位技能，这将促进企业人力资本升级，帮助企业进行创新投资（Belot et al.，2007）。另一方面，劳动力调整成本增加会降低企业根据外部环境调整投资项目的灵活性，这将提高投资的不可逆性，同时也会降低企业通过出售、转让等方式终止投资项目的净现值。从这一角度分析，劳动力调整成本增加对企业投资产生了负面影响。此外，劳动力调整成本变化也会产生相应的"替代效应"或"互补效应"。劳动力调整成本增加会提高劳动力价格，当劳动力与资本存在替代关系时，企业有动机利用资本替代劳动力，投资更多资本密集型项目以减少劳动力需求（Denny and Nickell，1992）。例如，投资更多节约劳动力的创新项目（Labini，1999）。当劳动力与资本存在互补关系时，劳动力调整成本的增加会降低企业对劳动力的需求，进而对企业投资产生负面影响。

最后，套牢问题（hold-up problem）也是人力资本影响企业投资决策的重要原因。套牢问题，又称"敲竹杠"，是指在交易活动中一方需要对另一方进行专用性投资且有关交易的价格条款无法事先确定、只能事后确定时，由于专用性投资难以收回，这使得投入专用性投资的一方议价能力更低，交易另一方会趁机占便宜的行为（Williamson，1985；Macleod and Malcomson，1993）。考虑到这个问题，需要进行专用性投资的一方会减少其投资，导致投资不足。在员工与企业的劳动关系中也存在套牢问题（Malcomson，1997）。劳动保护政策使得企业解雇员工成本很高，这使企业一旦雇用新员工、开展新项目就难以收回，相当于产生了专用性投资，这使得企业减少新项目的开展、减少投资。此外，套牢问题的存在引发了企业专用人力资本投资不足、生产率不高等负面效应，这也进一步影响企业投资决策。一方面，员工学习企业专用的技能、提升自身生产率等行为都是对企业的专用性投资，此时员工对企业依赖性更强、议价能力更低，这使得员工学习企业专用技能、提升生产率动力不足；另一方面，企业也会对员工进行人力资本投资，如培训等，但是由于企业无法完全限制员工的流动，员工在培训完成之后很有可能会"跳槽"到其他企业，这会直接导致企业的人力资本投资损失，企业的议价能力降低，无法获得人力资本投资应有的回报，因此企业进行人力资本投资的动力也不足（Starr，2019）。企业人力资本投资不足、生产率无法提升，也会抑制企业投资。

研究企业投资决策如何影响人力资本的学者指出，企业投资决策对人力资本的影响主要通过资本和劳动力之间的"替代效应"和"生产力效应"实现。具体地，"替代效应"是指企业通过技术投资提高了企业的生产率，降低了生产成本，使资本代替了员工，从而减少了企业对劳动力的需求。"生产力效应"是指企业增加投资带来的资本深化通过提高劳动力的边际产量，增加了企业对劳动力的需求。这表明，企业投资策略会影响劳动力资源配置。

上述内容阐述了人力资本与企业投资决策的关系，相关文献为上述理论分析提供了经验证据。接下来，我们根据投资的类型对人力资本与企业投资决策的关系展开分析。

3.1 人力资本与企业有形资产投资

有形资产投资是企业进行的实物投资，包括固定资产投资和流动资产投资。有形资产投资与企业生产联系紧密，一般而言，企业有形投资规模越大，企业的经济实力越强。部分文献从人力资本对企业有形资产投资的影响、企业有形资产投资对人力资本的影响两个视角对人力资本与企业有形资产投资的关系进行了分析，本节也将结合相关实证证据对上述两个主题展开讨论。

首先，关注人力资本如何影响企业有形资产投资。该领域文献主要从劳动保护、劳动力市场流动性、员工议价能力等方面开展了讨论。

劳动保护影响企业有形资产投资的研究成果颇丰。现有理论认为劳动保护对有形资产投资的影响可能存在两面性，相关研究主要分析了劳动保护相关的法律法规、劳动保护组织与其的内在联系。关于劳动保护相关的法律法规，部分学者认为，劳动保护政策可以促进企业有形资产投资。这一积极影响主要源自三方面：其一，受劳动力市场摩擦、工资刚性的影响，劳动保护会导致劳动力支出增加，这使劳动力价格升高，在"替代效应"作用下，企业将减少劳动力投入，转而增加机器设备等固定资产投资。其二，劳动保护政策提高了解雇成本，降低了员工的失业风险，这将有效提高员工工作的主动性，提升企业生产率和投资效率

(Nickell and Layard，1999)，进而提高企业整体投资水平。其三，劳动保护政策能有效地缓解由套牢问题带来的员工学习提升生产力的动力不强问题，从而提升员工学习技能的积极性，增强员工工作动力。员工承担了学习企业所需技能的全部成本，但仅能分享其知识技能创造的收益的极小部分，甚至在利益分配环节，还面临被恶意解雇的高风险。利益分配不均、利益分配阶段出局的情况使员工消极怠工、缺乏动力。而就业保护可以减少这类矛盾，鼓励员工增加知识技能，这将提高企业的生产效率，增加企业投资。大量文献也通过实证方法探究劳动保护与企业有形资产投资之间的关系。Autor 等(2007)以 1970—1999 年美国企业数据和各州实施不当解雇法案作为政策冲击，发现不当解雇法案通过增加员工解雇成本对企业资本投资产生了正面的影响。

但也有部分学者发现劳动保护政策会阻碍企业投资。这是因为当劳动力与资本存在互补关系时，劳动保护政策带来的劳动力价格增加将降低企业投资水平。劳动保护政策还会降低企业劳动力调整的灵活性，劳动保护限制了企业裁员，从而保留了部分低效率员工，导致企业生产率下降，阻碍企业生产性投资。同时，劳动保护增加导致投资项目的不可逆性增加、项目净现值减少。当企业投资项目表现不佳时，企业无法通过裁员方式及时止损，这使企业投资的动机下降(Pindyck，1990)、项目净现值下降(Bai et al.，2020)。此外，劳动保护政策也增加了员工的议价能力，依靠谈判优势，员工可以分享更多剩余价值，这会降低企业的投资回报，从而减少企业的投资动机。相关的实证分析为这一观点提供了证据。Besley 和 Burgess(2004)研究印度制造业企业数据发现，劳动法的实施导致了企业的低投资、低效率和低产出。Cingano 等(2010)利用欧洲跨国企业面板数据同样证实，劳动保护政策导致企业资本投资减少，并且融资约束加剧了劳动保护对资本深化的负面影响，他们认为，这是因为劳动保护增强了员工的谈判能力，使企业内部资源不能完全地用于生产性支出，导致企业投资的动机减弱。Bai 等(2020)研究美国不当解雇法案发现，劳动保护政策增加了投资项目的回收难度，降低了投资收益，这使企业的资本支出减少，导致销售增长放缓。此外，Dasgupta 和 Sengupta(1993)研究表明，高负债可以一定程度缓解由套牢问题引起的企业投资不足。

关于劳动保护组织，理论上，工会对企业有形资产投资的影响也具有两面性。工会对劳动力成本、劳动力调整成本的影响会产生相应的"替代效应"或"规模效应"。当工会抬高工资时，如果企业更偏好减少劳动力投入并以资本代替劳动力，此时，资本对劳动力的"替代效应"占主导，企业投资规模增大；但如果企业因劳动成本提高而减少成本预算和缩小生产规模，降低生产性投资，此时，"规模效应"占主导。因此，分析工会力量对企业有形资产投资的影响需要考虑两者的相对大小。此外，Odgers 和 Betts(1997)还指出，工会寻租的动机也会导致投资减少，工会组织擅长利用罢工威胁获得准租金，寻租行为不仅会减少投资者回报，同时也减少了投资可用的现金流，这使企业的投资意愿减弱。相关实证证据也表明，工会力量通常导致企业有形资产投资减少。Denny 和 Nickell(1992)研究发现，为争取工会接受，企业引入新设备的成本可能比设备成本更高，这使得企业放弃新的投资。Odgers 和 Betts(1997)通过 1967—1987 年加拿大制造业企业数据证实，工会化程度与企业投资率之间存在显著的负相关关系。将美国工作权利(right to work，RTW)法案作为工会谈判力量下降的代理变量，Chava 等(2015)分析发现，工会力量减弱降低了企业的劳动力成本，显著提高了企业的盈利能力、扩大了企业投资规模，且劳动力调整成本较高的企业，在 RTW 法案通过后投资增加更多。Hamm 等(2022)还发现工会影响了企业的存货投资决策，为应对员工谈判，企业倾向于持有过多的库存商品，通过增加运营风险提升企业在劳资谈判中的议价能力。

高流动性是人力资本的重要特征，部分学者关注了劳动力市场流动性对企业有形资产投资的影响。当劳动力流动受到限制时，劳动力与资本的互补性可能导致企业对应地提高投资率，员工流动性降低还意味着关键员工离职数量减少、新企业进入减少，这将减轻潜在的竞争压力、提高企业投资水平。Jeffers(2019)通过 LinkedIn 社交平台的雇员-雇主数据发现，美国竞业禁止协议①的使用通过降低高技能员工的离职率推动了企业投资。通过 1984—2017 年的美国企业数据，Bai 等(2021)研究却发现相反的证据：劳动力流动性对企业投资的影响在不同经济周

---

① 竞业禁止协议(Non-competition Agreements，也被称作 Covenant Not to Compete)是法律规定或用人单位通过劳动合同和保密协议禁止劳动者在本单位任职期间兼职于与其所在单位有业务竞争的单位，或禁止他们在原单位离职后一段时间内从业于与原单位有业务竞争的单位，包括劳动者自行创建的与原单位业务范围相同的企业。竞业禁止协议影响了劳动力资源的正常流动。

期存在差异，在经济扩张时期，企业投资率提高更显著；在经济低迷时期，各个企业的投资率差距缩小。Bai 等解释，经济扩张、劳动力流动性较强时，企业招聘到合格员工的好处高于失去关键员工的成本，容易扩大规模，此时，企业会选择增加投资，以提升企业绩效。

部分研究利用员工持股对员工议价能力与企业有形资产投资的关系进行了分析，实证结果尚未统一。部分学者认为，员工持股能促进企业投资。Babenko 等（2011）研究指出，员工持股为企业提供了重要的资金来源，有利于缓解内部融资约束，促进企业投资。他们还发现，相较于员工持股计划，高管持股计划对企业投资的影响更大。另有学者则认为，员工持股会抑制企业投资。支持该观点的学者普遍认为员工更关心当下工资和福利的变化，而股票期权是一种长期激励且股权价值具有高度的不确定性，因此，股权价值并不能保证员工与股东利益一致，员工仍更偏好低风险、低投资。Faleye 等（2006）研究证实，员工合理地利用股权实现了自身效用最大化，阻止了企业进行固定资产投资、创新投资和高风险投资。

接着，关注企业有形投资对人力资本的影响。相关研究表明，企业有形投资对员工数量、员工薪酬、员工技能结构产生了影响。根据理论分析可知，企业有形资产投资对人力资本的影响也存在两种情况。

第一，企业投资会产生"替代效应"。此时，企业采用新兴技术和机器设备替代了简单的劳动力生产，导致员工数量减少、员工技能结构改变。Letterie 等（2004）利用荷兰企业数据证实，企业在投资激增时倾向于减少就业人数。近年来，随着企业的自动化转型，部分学者通过研究机器人投资、自动化设备投资为上述观点提供了研究证据。通过分析 1993—2007 年国际机器人联合会（International Federation of Robotics）向 17 个国家交付的工业机器人数量的行业数据，Graetz 和 Michaels（2018）研究发现，机器人的广泛应用显著提高了劳动生产率、降低了产出价格。他们还发现，机器人的使用虽然减少了低技能员工的就业份额，但并没有减少总就业。Benmelech 和 Zator（2022）则研究发现，机器人投资对就业总量的影响很小，仅导致总就业小幅度下降。Acemoglu 和 Restrepo（2020）基于企业层面的跨国数据考察工业机器人使用量对美国劳动力市场的影响时发现，机器人数量与员工数量、员工薪酬呈显著的负相关关系，这表明机器人投资取代了工人；结果显示，每千人多一台机器人，就业人口数量降低 0.18% ~ 0.34%，员工工资降低 0.25% ~ 0.5%。

第二，企业投资会产生"生产力效应"，即技术进步带来就业增加、劳动力结构升级，改变企业内部薪酬差距。利用 1994—2015 年法国制造业数据，Aghion 等（2020）发现机器人投资对就业产生了积极影响，自动化投资通过增加企业利润、降低产品价格，提升了市场需求并扩大了生产规模，这使企业雇用更多劳动力从事生产。Koch 等（2021）利用 1990—2016 年西班牙制造企业数据研究发现，采用机器人技术后的 4 年内，企业实际产出明显增长，劳动力收入份额降低，净就业机会增加，且产出、劳动生产率表现突出，偏好劳动密集型的企业更可能采用机器人。Acs 和 Audretsch（1988）指出，企业技术发展、升级是促使劳动力结构优化升级的重要因素。Flug 和 Hercowitz（2000）利用实证研究证实，设备投资加速了劳动力结构的优化升级。Zator（2019）同样发现，自动化技术补充了高技能劳动力的稀缺，替代了低技能劳动力。Acemoglu 和 Restrepo（2018）关注了自动化技术对薪酬差距的影响，研究发现，自动化技术扩大了劳动力的收入差距，使高技能、高收入员工与低技能、低收入员工的差距进一步加大。此外，Tate 和 Yang（2015）还发现，企业的多元化经营战略提高了劳动力生产效率和劳动力分配效率，他们认为，企业多元化经营可以利用内部劳动力市场对员工进行重新分配以应对行业冲击，以降低行业间人力资本转移的交易成本，同时减少员工的潜在损失，促进内部员工的个人发展。

3.2 人力资本与企业创新

企业对无形资产的依赖程度正逐年攀升，其中，创新是企业重要的无形资产投资，是提高企业竞争力的重要战略（Falato et al.，2020）。但是，企业创新存在较大程度的不确定性，员工面临的创新风险高，劳动契约的不完全性还会影响参与创新的员工的切身利益，因此，员工往往缺乏创新动力。学术界集中关注了人力资本如何影响企业创新投资决策，并从劳动保护、劳动力市场流动性、员工薪酬、员工议价能力、员工满意度等方面展开了讨论。

已有文献利用劳动保护政策、工会组织分析了劳动保护如何影响企业创新。理论上，劳动保护增强对企业创新的影响具有两面性。

一方面，劳动保护增强可以促进企业创新，主要原因有两个：其一，劳动保护会提高劳动力成本，"替代效应"将促使企业投资于节约劳动力的创新项目（Labini，1999），企业研发投入显著增加。其二，劳动保护为员工提供了劳动保障，通过减少裁员增强了员工的稳定感与满足感，这有助于提升员工创新的积极性。并且，对于从事创新项目的员工而言，劳动保护发挥了一种承诺机制，企业承诺不惩罚短期失败的员工，这将激励员工从事更有价值的创新活动（Acharya et al.，2013）。这种保护机制对于创新投资尤其重要，因为相对于其他类别的投资而言，创新投资的风险更高，这种承诺能提升研发人员的安全感，员工有动力深入学习现有岗位的专业技能，成倍地提高项目成功的概率。相关文献为上述观点提供了研究证据。利用美国、英国、法国、德国、印度五个国家的企业样本，Acharya 等（2013）研究证实，更严格的劳动保护政策对企业和雇员追求创新具有正向作用，这种效应在创新密集型行业中更为显著。Griffith 和 Macartney（2014）利用经济合作与发展组织测度的劳动保护强度指标 EPL（employment protection legislation，就业保护立法）也提供了劳动保护正面影响企业创新的证据。通过研究美国不当解雇法案，Acharya 等（2014）发现，劳动保护政策可以限制企业恶意解雇创新成功的员工，保证员工从成功的创新项目中获得对应的高额报酬支付，这使员工创新的努力程度增加。同时，员工流失率降低使企业更多地投资于创新性强、风险高的项目。Bena 等（2021）研究发现，劳动保护政策使企业生产方法创新显著增加，作者解释，生产方法创新能促进资本替代劳动力，减小劳动力刚性对企业的负面影响。

但另一方面，劳动保护也可能阻碍企业创新。劳动保护会增加劳动力刚性，增加员工工资向下调整的难度，因此，企业会尽可能地减少需要对劳动力进行调整的这类投资。同时，当劳动保护影响解雇成本时，企业为避免裁员引起的不良后果，会进一步减少投资涉及大规模劳动力的创新项目，宁愿在技术发展缓慢、需求稳定的领域内进行投资（Bartelsman et al.，2016）。并且，在刚性的劳动力市场环境中，劳动保护组织的谈判能力增强，较强的议价能力将减少企业的创新回报（Metcalf，2002）。上述原因的综合作用下，劳动保护导致企业创新减少。

Connolly 等(1986)研究发现,工会组织的成立会降低企业的科研投入以及研发收益率。Lommerud 和 Straume(2012)研究发现,为避免技术引入导致的失业,工会有较强的动机抵制创新,而当企业提高员工薪酬时,工会接受技术变革的意愿增强。Xing 等(2016)通过研究 IPO 企业发现,工会力量会对风险投资(VC)注资企业的创新表现产生负面影响,在工会的影响下,这类创新型企业的存活率显著降低。

部分学者发现,劳动力市场流动性也会影响企业创新,他们普遍认为,劳动力流动增加会抑制企业的创新绩效。员工的专业技能是企业在产品市场中维持竞争力的关键来源(Hall,1993),劳动力的加速流动会增加人力资本波动,减少企业竞争优势的稳定性。同时,员工流动是研发产出流失的重要路径,关键员工流失会导致技术知识转移,使对手企业的创新能力得到加强(Rao and Drazin, 2002)。高离职率还会加剧企业的泄密风险。多数商业秘密诉讼都涉及了前雇员,这也表明,员工离职是企业商业秘密泄露的主要渠道。对于企业而言,保密工作是提高创新回报的有效手段,商业秘密的保护难度增大时,企业创新投资项目的净值也会相应减少。此时,企业倾向于减少对创新的重视,降低研发投入水平。相关研究从美国劳动力市场限制劳动力流动的劳动合同条款[1]入手,分析了劳动力流动性对企业创新的影响。大量劳动力流动都受到了劳动力合同条款的约束,以竞业限制协议为例[2],Starr 等(2021)调查发现,美国有 1/5 的劳动者受到竞业限制条款的约束,近 40% 的劳动者曾经被要求签署至少一份竞业限制条款。当劳动力流动受限时,来自竞争企业盗用知识的威胁减小,企业创新水平会有所提

---

[1] 美国劳动力市场限制劳动力流动的劳动合同条款主要有三项,分别是不可避免披露原则、竞业禁止协议、《商业秘密保护法》(*Defend Trade Secrets Act*)。上述劳动力合同条款禁止离职雇员在其专业领域内为原雇主的竞争对手工作,其中,第一项追加了原雇主企业对原雇员泄密的起诉权,第三项补充了前两项,加强了商业秘密的民事保护。

[2] 竞业限制条款用于阻止员工在离职之后的一段时间内加入或者建立与原企业竞争的企业,竞业限制条款中通常会明确地列出员工不能加入的一系列竞争企业或者技术领域,该条款的限制时间一般在 1 年到 2 年(Marx,2011)。竞业限制条款不仅用于限制高级管理人员和核心技术人员,一些低技术的、低薪酬的工作岗位,如发型师、三明治制作者等,也有可能会被要求签署该条款。竞业限制还导致不同类型员工的流动性下降,包括加利福尼亚州的信息产业员工(Fallick et al.,2006)、发明家(Marx et al.,2009)、CEO(Garmaise,2011)等。

高。利用竞业限制协议，Jeffers 和 Lee（2019）与 Starr 等（2018）研究表明，当劳动力流动受到更严格的限制时，企业因商业机密泄露而投资失败的可能性减小，这将促使企业增加创新投资。利用《商业秘密保护法》，Png（2017）同样证实，员工流动性与企业研发投入存在显著的负相关关系。Guernsey 等（2020）利用《统一商业秘密法》同样证实了劳动力流动性与无形资产投资的负相关关系。Conti（2014）通过研究 1990—2000 年的美国专利申请数据发现，劳动力流动受限还影响了企业研发活动的激进程度，诱使企业参与更高风险的研发项目，这是因为竞业限制协议通过限制知识外流使高风险研发项目比低风险项目更具有价值。但Samila 和 Sorenson（2011）研究却发现，劳动力流动受限削弱了风险投资对专利数量、新企业数量的积极影响。他们解释，因为创新和创业很大一部分源于现有企业的溢出效应，当劳动力受限时，风险资本对创新的推动作用也随之减弱。

  部分研究发现内部人力资本包括员工薪酬、员工议价能力、员工满意度等也是影响企业创新决策的重要原因。关于员工薪酬，已有文献普遍发现，高工资可以促进企业创新，且要素价格变动产生的替代效应是主要原因。Romer（1987）研究发现，工资增长率下降会减缓企业创新产出，减少企业知识外溢。Kleinknecht（1988）研究同样证实，低工资显著降低了企业的创新能力，因为低工资会阻止"创造性破坏"机制的发挥，抑制员工的社会需求，低需求进一步降低企业的创新来源。关于员工议价权力，相关实证研究一致表明，利用员工持股计划可以促进企业创新（Mao and Weathers，2019）。Chang 等（2015）研究发现，员工持股计划可以增加员工在创新工作中的风险承担，进而激励员工创新。Sun 和 Xiaolan（2019）同样证实，员工持股会提高企业的研发投入。他们进一步研究发现，企业的研发投入与债券融资、股票融资无关，员工持股才是企业创新投资的主要融资渠道。关于员工满意度，Chen 等（2016）研究发现，员工对工作场所的满意度越高，企业越容易取得创新成果，他们认为这是良好的工作环境提高了员工对失败的容忍度，从而鼓励员工继续创新。

  在创新过程中，企业可以通过改变员工的自主权，影响参与者的利益分配、去留（Gambardella et al.，2015），这表明，企业的创新投资可以直接影响人力资本。相关研究主要关注了创新投资对员工持股、员工流动性等方面的影响。关于员工持股，Erkens（2011）研究发现，依赖研发的企业会给予研发工人更多股权，同时企业倾向于分配成熟期较长的期权，通过降低员工离职率，减少员工流动性，避免员工泄密对企业经营造成不利影响。关于员工流动性，利用1990—2008年的人口普查数据，Babina和Howell（2019）研究发现，企业增加研发投入会导致员工流出增多。他们解释这是因为研发投入增加了部分员工的就业选择，增大了员工离职创业的可能性。Ganco等（2015）研究美国半导体行业数据发现，企业之前的专利诉讼会影响员工的流动性，因为创新诉讼事件表现了企业在知识产权上的强硬态度，所以企业涉及的发明诉讼越多，企业内部发明工作者"跳槽"的意愿越低，这会改变劳动力市场的人才分布。

部分学者还关注了采用信息技术（information technology，IT）对员工数量、员工技能结构、员工薪酬、员工生产力的影响。Bresnahan等（2002）研究发现，IT的采用、工作场所的重构、产品和服务创新是影响劳动力需求的重大技术变革，当上述投资增多时，企业的劳动力需求显著增加，特别是对高技能劳动力的需求。Jiang等（2021）考察美国金融科技对员工技能结果的影响同样发现，金融科技使企业倾向于雇用高技能、高学历水平、有丰富工作经历的人才。Babina等（2022）则关注了美国企业采用人工智能技术如何影响员工构成，结果表明，采用人工智能技术会导致企业劳动力结构年轻化和高学历化，具体表现为企业初级员工比例增加，中、高层员工比例下降；STEM专业[①]、数据分析、IT专业的员工数量明显增加。Barth等（2022）研究技术投入对员工薪酬的影响发现，企业技术投资对员工收入的影响具有异质性，具体地，技术投资导致年轻员工（25~49岁）比年长员工（50岁以上）、高薪员工比低薪员工收入增长更多。Bartelsman等（2007）考察IT应用如何影响劳动生产力时发现，应用IT改善企业劳动生产力需要企业经营策略优化、劳工关系改善、薪酬激励强化等。Bloom等（2012）研究表明，美国跨国企业利用IT进行了更严格的人员管理。

---

① 美国STEM专业包括科学（science）、技术（technology）、工程（engineer）、数学（mathematics）四大领域，STEM教育有助于培养出具备高科学素质、高创新能力的技术人才，这类人才对推动企业发展、社会进步有重要作用。

3.3 人力资本与企业并购重组

并购是企业重要的投资决策,其中,劳动力重组是收购过程中一个重要的环节。员工的特征、流动性不仅影响并购目标的确定,同时也决定了并购的最终成效(Sarala et al.,2016)。基于此,部分学者关注了人力资本对企业并购投资决策的影响,并从劳动保护、劳动力市场流动性、员工特征等视角进行探究。

部分研究发现,劳动保护会影响企业并购目标的选择和交易特征。在企业并购重组过程中,员工和股东存在利益分歧。为提高并购协同效应,并购方有较强动机通过裁员、降薪等方式削减被并购方的劳动力成本,优化并购后的劳动力资源配置。员工预期并购将损害自身利益时会阻止并购,造成并购协同效应下降和股东价值损失。更完善的劳动保护对于并购方而言意味着更高的成本,因此,劳动保护会影响并购方的目标选择,同时影响并购发生的可能性。部分研究为上述观点提供了实证。利用工作权利法案,John 等(2015)研究发现,工会力量削弱了并购的协同效应,劳动保护组织通过减少企业解雇、增加工资调整的刚性,降低了并购价值。Dessaint 等(2017)通过研究劳动保护政策发现,随着劳动保护力度的增大,企业的收购行为减少,收购的协同效应也有所降低,具体地,劳动保护增强后,企业收购公告的累计超额收益率下降2%,收购报价降低约11%。Masulis 等(2020)研究进一步发现,员工与管理层结盟会使企业参与更多降低股东价值的收购。此外,利用1991—2009年的跨国企业数据,Alimov(2015)研究还发现,目标企业所在国家更严格的就业保护导致了更活跃的跨境并购,且并购的目标往往在劳动保护较弱的国家。

部分学者发现,劳动力市场流动性也是影响并购发生的重要因素。劳动力市场流动不足时,并购是企业补充人力资本的重要手段。Ouimet 和 Zarutskie(2020)研究表明,当外部劳动力市场难以满足企业需求时,部分企业会通过并购的方式获取目标企业的人力资源,并为目标企业最有价值的员工提供高额薪水以减少人才流失。利用不可避免披露原则(简称IDD),Chen 等(2021)研究发现,企业总部所在州实施IDD后,企业被收购的可能性显著增加,且这种现象在更依赖人力资本、实施前员工流动性较强的企业更明显，IDD 的实施与收购后目标企业的关键技术人员、高管的保留率呈显著正相关。这表明 IDD 提高了竞争企业因人力资本收购其他企业的概率，收购是企业克服劳动力市场摩擦、获得宝贵人力资本的一种手段。Dey 和 White（2021）进一步研究发现，企业为应对 IDD 导致的员工激励不足，同时降低被收购的可能性，倾向于加强反收购措施来绑定员工。此外，将竞业限制协议执行力度变化作为外生冲击，Younge 等（2015）研究表明，收购方会考虑标的企业的劳动力流动性，人员流失可能性较大的企业不容易成为收购目标。

虽然并购是获取知识型人才的一种重要手段，但并购过程也存在高度不确定性。并购过程存在价值判断和契合的风险，涉及人力资本的重组和整合。人力资本与实物资本不同，其价值通常不反映在账面上，收购方企业往往难以估计标的企业的劳动力价值（Flamholtz and Coff，1994）。同时，并购后员工流失、合作分歧等不确定性会增加并购风险，降低并购成功的可能性。基于此，相关文献从员工特征入手，发现员工专业知识的相关性、人力资本重合度、员工满意度等方面会影响并购发生的可能性以及并购的目标选择和并购效果。Coff（2002）研究指出，人力资本风险会降低并购发生的可能性，当并购双方专业知识相关性较高时，并购成功概率更高。Lagaras（2017）通过手工收集的 2004—2012 年巴西雇员-雇主匹配数据研究发现，并购双方员工技能的重合度是影响并购的决定因素，且高技能员工比例和创新强度更大的企业参与合并的可能性更高；Lagaras 还发现，并购后并购双方人力资本进行了转移，目标企业高技能员工数量明显增加。Beaumont 等（2021）考察人力资本重合度对企业投资决策时发现，企业进入某新领域时，若进入行业与目前企业所在行业的人力资本重合度较低，收购企业是更优选择，而非新建企业。Ertugrul（2013）则关注了员工满意度对并购的影响，结果表明，员工满意度更高的企业会面临更少的员工反对，更容易顺利实现收购，获得较强的并购协同效应。

虽然劳动保护、劳动力市场流动性、员工特征等视角的研究普遍认为劳动力会增加收购的成本，但也有学者指出劳动力可能对并购产生积极影响。Chaplinsky 等（1998）通过研究员工收购（employee buy-out）事件即发现，员工参与收购可以利用养老金计划为收购提高资金支持，同时，员工愿意以股权替代现金劳动补偿，因此更可能出现员工薪酬下降，助力企业收购。Tate 和 Yang（2016）则关注了内部劳动力市场对并购的影响，研究表明，因并购后的内部劳动力分配可以减少企业在外部劳动力市场招聘、培训、解雇员工产生的费用，大幅降低劳动力成本，所以在人力资本转移性较高的行业中，企业发生多元化并购的可能性较高。

另有部分文献则集中探究了并购投资对人力资本的影响，结果表明，并购后的劳动力重组涉及员工数量、员工薪酬、员工工作环境等方面。关于员工数量，企业并购后员工数量的变化需要考察并购的"生产力效应"和"替代效应"。"生产力效应"是指并购后企业生产规模变动引起的劳动力需求变化。当企业并购的目标是扩大生产规模时，并购后的资金注入将扩大企业生产规模，进而提高企业对劳动力要素的需求，此时，员工数量增加。但当企业的目标是整合资源时，并购可能会导致企业精简生产，大规模地减少员工数量。"替代效应"则是指并购带来的生产技术升级对劳动力需求的影响，这类影响根据员工类型有所差异。一般来说，技术升级会增加企业对高技能劳动力的需求，减少企业低技能劳动力的数量。因此，如果并购后企业存在生产技术升级，那么企业的劳动力技术结构一定会发生变化，即高技能劳动力比例上升，低技能劳动力比例下降（Goldin and Katz，1998）。而并购对员工数量的净效应则是上述两种效应的叠加，存在不确定性，所以相关研究也呈现了不同的实证结果。Kaplan（1989）通过研究 1980—1986 年 42 次上市企业管理层收购（management buyouts，MBO）发现，并购没有导致裁员增多，但与同行业其他企业相比，其员工数量增长明显变慢。Lichtenberg 和 Siegel（1990）研究杠杆收购（Leveraged Buyout，LBO）却发现，收购显著提升了企业的全要素生产率，收购后员工人数明显减少。Ma 等（2019）研究证实，并购通过促进企业增加 IT 投资，推动了企业技术升级，技术更新减少了低技能员工，但增加了高技能员工。利用 1997—2014 年 1 043 次德国企业并购事件数据，Gehrke 等（2021）分析了并购对劳动力重组的影响，他们发现，并购导致生产规模减小，样本内 1/3 的并购涉及被并购企业的工厂关闭，被收购企业两年内员工人数显著下降。并购还导致员工流动性增加，其中，目标企业失业率攀升，目标企业为节约劳动力成本，采用裁员、员工调配等方式，目标企业员工被教育程度更高、年龄更小、工资成本更低的新员工代替，而收购方工作机会明显增多。

关注并购后员工薪酬变化的学者则普遍认为，为实现整合资源的并购目标，企业会通过违反隐性合约的方式，降低劳动力成本，减少员工薪酬(Shleifer and Summer, 1988)。相关文献为该观点提供了研究证据。Pontiff 等(1990)研究发现，并购方会通过减少养老金获取收益，使员工福利支出减少。Li(2013)通过分析1981—2002年1 430起美国企业并购事件发现，并购后，目标企业员工薪酬和员工数量明显减少，其中员工薪酬降低约0.5%，员工人数减少约2.1%。Li 进一步研究表明，收购后，目标企业资本和劳动力的利用效率升高，生产率的提高弥补了人力资本的减少，因此，整体产量并没有发生变化。He 和 le Maire(2020)通过研究高管薪酬溢价和并购的关系同样证实，目标企业被收购后，员工薪酬会明显下降。Lagaras(2019)运用2001—2017年巴西上市企业数据对工资变动进行分解，研究发现，并购后员工流失率上升是造成并购后员工总薪酬下降的原因，而仍在职员工薪酬并未发生显著变化。也有部分学者指出，并购会导致雇主集中度升高，而雇主集中度升高会对员工薪酬产生负面影响(Benmelech et al., 2022)。Prager 和 Schmitt(2021)通过研究医院并购事件发现，因并购导致的雇主集中度升高引起了员工薪酬增长放缓。Ma 等(2016)还考察了并购对薪酬差距的影响，结果表明，并购通过改变劳动力技能结构使员工薪酬差距显著增加。此外，Fulghieri 和 Sevilir(2011)考察了并购对员工创新的影响，他们发现，收购会带来就业、薪酬的不确定性，降低员工激励，进而使员工创新动力下降。

私募股权(private equity)基金是重要的机构投资者，也是并购市场的积极参与者，它们不仅仅投资企业，甚至会干预企业决策，参与企业日常运营，以其专业的管理技能帮助被收购的企业更高效地运行。现有文献集中关注了私募股权基金参与的并购对被并购方员工数量的影响。已有研究结论存在争议，部分学者研究发现，私募股权基金参与并购引起目标企业大量裁员。Davis 等(2014)通过研究1980—2005年3 200家企业的私募股权收购案例发现，私募股权基金参与并购会导致被并购企业关闭大量低生产力的分支机构、成立高生产力的新分支机构，因此企业并购当年出现大量裁员，随后员工人数显著增加，生产率和利润率也有所升高。Antoni 等(2019)研究进一步表明，收购导致员工流动性增加、员工人数减少，员工净减少量为8.96%，其中，离职率为18.75%，新增员工数量为9.79%。这表明，收购后员工进行更替。另有部分学者指出，私募股权基金参与并购有助于员工人数增长。Boucly 等(2011)通过研究法国私募股权基金参与的杠杆收购事件发现，目标企业在收购后的3年内就业率显著提高，他们认为这是因为私募股权基金通过缓解信贷约束，使企业参与到更多提升价值的投资机会中，由此创造了更多工作机会。但也有部分研究发现，私募股权基金参与收购的就业变化存在异质性。Davis 等（2021）通过研究 1980—2013 年美国私募股权收购案发现，收购类型会影响收购后的就业表现，具体地，若目标企业为上市企业，其在收购后两年内员工人数平均减少 13%；如果为非上市企业，在收购后两年内员工人数则平均增加 13%。Faccio 和 Hsu（2017）调查美国私募股权并购发现，具有政治关联的私募股权机构会影响被投资企业创造更多的就业机会，且这种现象在选举年和腐败程度更高的地区更加显著。Olsson 和 Tåg（2017）基于 1990—2011 年瑞典企业收购数据考察了私募股权基金主导的收购对不同类别员工的影响，研究表明，收购通过缓解融资约束、减少代理问题显著提升了企业的技术投资水平，而这类投资导致低技能劳动力失业数量增加。此外，Agrawal 和 Tambe（2016）基于员工技能异质性考察了私募股权投资后企业的员工薪酬的变化，结果表明，私募股权投资通过促进技术升级、提高员工生产技能，改善了员工就业前景，使员工薪酬水平显著升高。

还有部分文献发现，私募投资基金参与的收购对员工工作环境产生了影响。Bernstein 和 Sheen（2016）研究 2002—2012 年私募股权基金参与的 94 家佛罗里达州连锁餐厅收购发现，私募股权利用行业专长，优化了餐厅的运营状况，被收购的餐厅违约行为减少，场所安全性升高、清洁度提高，餐厅的价格降低、员工数量减少。利用美国上市企业数据，Cohn 和 Wardlaw（2021）研究同样表明，私募股权收购提升了员工工作场所的安全性、降低了员工工伤率。他们解释这是因为员工工作场所的改善可以增大私募股权收购者通过 IPO 离场的概率，从而使其获益。Garcia-Gomez 等（2020）利用 2007—2013 年荷兰私募股权收购数据研究发现，收购并未导致员工健康恶化，但并购是健康状况不佳员工失业的主要原因。Gornall 等（2021）还研究了私募股权投资对员工满意度的影响，结果表明，私募股权收购后，员工满意度明显降低，且员工薪酬与企业业绩的相关性更高，作者解释这是因为私募股权收购增加了经营的不确定性，增大了员工的失业风险，由此，员工的风险溢酬增加，满意度降低。

3.4　人力资本与企业投资决策相关文献评述

目前，人力资本与企业投资决策的研究非常丰富，而且，在不同的投资类型下，员工的角色和作用大相径庭，这也使得人力资本与企业投资决策的关系非常复杂。

在人力资本与有形资产投资的关系方面，现有研究大多将员工视为生产要素，从劳动力与资本的关系出发进行研究，少数研究将员工视为利益相关者，从员工与企业的博弈角度①、员工持股的角度出发进行研究。

在人力资本与企业创新方面，由于员工是企业创新的源泉，也是技术的携带者，因此大量研究不再局限于员工作为生产要素的视角，而是更多关注员工的创新动力、技术随着员工的流动产生的溢出效应等，怎样的劳动力政策能够激发企业员工创新动力是这部分文献主要关注的话题。此外，随着目前信息技术的高速发展，企业在信息技术方面的研发创新如何影响劳动力也成为热门话题。

在人力资本与企业并购重组方面，从现有文献可以看出，人力资本是企业并购重组过程中的重要考虑因素。由于并购之后需要对人力资源进行重组，员工在企业被并购之后往往面临着失业、降薪等损失，员工往往会反对被并购，这使得员工成为并购的阻力。但是，随着人力资本重要性的提升，并购成为企业快速获得人力资本的途径，此时员工成为并购的动力。

综合上述文献可以看出，随着时代的发展和技术的变革，技术创新和人力资本重要性的提升也改变了人力资本与企业投资决策之间的关系，员工在企业投资决策中发挥的作用越来越多样化，不再仅限于劳动力要素这一作用。因此在未来的研究中，可以更多将员工在技术创新中的重要价值纳入考虑范围。

---

① 员工与企业之间的"套牢"问题、工会相关的研究大多是从员工与企业的博弈视角进行分析。

第4章

人力资本与公司治理

传统的公司治理旨在保护投资者利益,认为公司治理的目标是确保公司决策始终以股东利益最大化为出发点,保护资金提供者的利益不受侵害。因此,传统的公司治理研究集中关注了由上市公司管理层与股东之间的利益冲突形成的代理问题,往往忽略了员工等其他利益主体对公司治理的影响。然而,随着公司利益相关者对公司的影响越来越大,公司治理的边界不再限于管理层与股东之间,还将政府、客户、供应商、员工等一系列利益相关者(stakeholder)纳入公司治理的范畴。目前,在政策实践中,员工已经被纳入公司治理的范畴。例如,《OECD公司治理准则》(2004版)提到员工具有重要且无关股权的合法权利(OECD,2004,pp. 12)。中国证券监督管理委员会(以下简称"证监会")发布的《上市公司治理准则》第八章第八十五条也指出:"上市公司应当加强员工权益保护,支持职工代表大会、工会组织依法行使职权。董事会、监事会和管理层应当建立与员工多元化的沟通交流渠道,听取员工对公司经营、财务状况以及涉及员工利益的重大事项的意见。"在实际公司的运作过程中,员工与公司治理也密切相关。员工会通过各类正式或者非正式①的方式参与治理,从而影响公司决策的效率,同时,公司治理的制衡结构也会影响员工权力。

---

① 正式制度包括员工代表大会制度、职工董事制度、员工持股等;非正式制度包括员工通过与管理者结成联盟影响公司治理、通过举报公司违规行为影响公司治理等。

员工是生产环节的重要参与者，其主动性和发言权是员工影响公司治理的重要途径，但员工在公司治理中的作用和角色是复杂多面的。从积极角度来说，员工对切身利益非常敏感，当公司重视员工保护时，员工更有工作动力，这将提高公司生产效率，使公司的总剩余最大化，公司治理效果大概率有所提升。但当员工利益受到威胁时，他们可能会以牺牲股东利益为代价，恶化公司治理，起到消极的治理作用。比如，员工担心管理团队的更换会削减现有工资和福利、延长工作时长，因此，他们可能反对公司更换目前的管理团队，使表现不佳的管理层继续连任。

公司治理也会直接影响员工利益，公司治理确保了权力和利益分配的对应，利益分配的偏好与员工效用息息相关。以管理层视角为例，当公司治理情况较好时，管理层会尽可能地满足股东的要求。比如，在公司经营不善时，管理层会因业绩压力通过裁员等方式，尽快改善经营状况。但当管理层认为员工权力相对重要时，他们会避免采取对员工不利的举措，保护员工，而保障员工权力往往是以牺牲股东利益为代价的，这将恶化公司治理。

由此可见，员工作为公司重要的利益相关者和内部人，在公司治理中起到重要作用。但是，员工的治理作用非常复杂，深入讨论公司治理与人力资本的关系十分重要。

4.1 人力资本对公司治理的影响

利益相关者理论是员工参与公司治理的理论基础，因此要理解人力资本对公司治理的影响必须了解利益相关者理论。利益相关者理论指出，企业的发展离不开各类利益相关者的投入和支持，因此企业的剩余索取权和控制权分散地分布于不同的产权主体(即利益相关者)，应同等对待股东和其他的利益相关者。按照该理论，员工作为企业重要的利益相关者，有权根据其对公司的贡献度获得相应的利益回报，因此员工也有权利参与公司治理来保障自身利益。

当员工为了保障其自身利益参与公司治理时，股东利益也会受到影响。由于员工薪酬大多与其业绩挂钩，员工努力工作、提高公司价值，能够同时提高员工和公司股东的收益。从这个角度来说，员工与股东的利益是一致的，即股东与员工"利益趋同"；但公司总利润一定时，员工工资福利越多也就意味着股东收益越少，此时员工与股东的利益就存在冲突，即"利益趋异"。员工和股东利益趋同和利益趋异同时存在是员工在公司治理中作用复杂的重要原因，因此大量文献就从利益趋同、利益趋异这两个方面进行理论分析。

利益趋同的核心观点认为，由于股东和员工有相同的利益目标，员工可以改善公司治理环境。该观点指出，员工在生产中为公司创造财富作出了贡献，作为受益者，员工获得报酬。如果员工能实现多劳多得，那么员工和股东的目标一致性提高，此时，员工将增加对自身人力资本的投入，发展公司需要的人力资本类型，这类知识和技能将提升公司竞争力，使公司整体的生产力提高，进而改善公司治理。

利益趋异的核心观点则认为，利益相关者的利益目标和风险偏好存在差异，这将引起利益相关者之间的利益冲突，进而恶化公司治理。具体地，利益目标方面，股东关注股权价值，管理层关注薪资和工作稳定性，员工则关心工资水平、工作福利、工作保障等内容；风险偏好方面，股东可以套现离场，更偏好冒险的公司决策，管理层重视声誉，关注决策失败的概率，员工则表现出风险厌恶，偏好更保守的公司决策，避免失业损失。从上面可以看出，各方的利益目标、风险偏好存在巨大差距，这也决定了公司在经营过程中会产生不同类型的利益冲突。比如，员工和管理层之间的利益冲突、员工和股东之间的利益冲突、员工和董事会的利益冲突等；更复杂时，人力资本对公司治理的影响还涉及各方利益主体的博弈。一般而言，利益主体之间的冲突会导致公司治理变差。

为进一步认识人力资本影响公司治理的特点，我们结合人力资本特质从三个视角进行讨论。

首先，员工投票权视角。人力资本区别于非人力资本的最显著特征是劳动力的主观意识，即员工能依据个人喜好作出判断。当员工拥有投票权时，他们可以直接影响管理层的去留，如员工通过罢工、与现任管理层结盟等方式阻止新的管理层入驻。这也意味着，员工投票权将影响管理层的公司治理机制。

其次，员工谈判视角。员工谈判赋予了员工与股东讨价还价的技能，员工可以要求降低工作时长、延长休息时间、提高福利待遇等。当员工议价能力较强时，员工可以分享公司剩余价值的更多份额。而当员工缺乏就业机会时，员工在谈判中处于劣势地位，这可以为公司保留更多剩余价值。这表明，员工谈判可以改变公司的治理结构。

最后，人力资本专用性视角。人力资本专用化，即员工学习公司需要的知识技能、发展公司专用的人力资本，意味着员工承担了与公司捆绑的风险，专用性赋予了员工诉诸利益的权力。在此情境下，员工将要求公司的分配结构向有利于员工效用最大化的方向调整，当专用性员工话语权较强时，会更大限度地侵蚀股东价值。

根据上述分析可以总结，人力资本对公司治理的影响既有积极的一面，也有消极的一面，因此大量学者从不同角度出发对两者的关系进行了研究，得到了不同结果。接下来，我们根据劳动保护、劳动力流动性等外部人力资本因素和员工监督、员工持股、员工代表制度等内部人力资本因素，具体分析人力资本如何影响公司治理。

4.1.1 劳动保护对公司治理的影响

劳动保护为员工提供了议价权力，使员工在与管理层、董事会、股东的讨价还价中更加主动。当员工占据谈判优势时，员工薪酬、员工福利表现出比提升公司价值更高的优先级。相关文献探究了劳动保护政策、工会组织提供的劳动保护对公司治理的影响。关于劳动保护政策方面，现有研究发现，劳动保护政策会恶化公司治理。Atanassov 和 Kim（2009）利用不同国家的公司数据发现，劳动保护通过加强员工与管理层形成的联盟、包庇经营不善的管理层，导致公司治理变差。特别是当投资者保护力度不足、工会力量增强时，业绩不佳的公司员工与管理层的联盟关系会得到加强。一旦公司陷入财务困境，管理层为维系与员工的联盟不会轻易裁员或降薪，而会选择变卖资产，但此类资产出售往往只能解燃眉之急，且不利于公司长期经营发展。John 等（2015）研究美国工作权利法案发现，劳动保护增强加剧了员工与股东的利益冲突，降低了并购的协同效应，减少了股东从并购项目的获利，导致公司治理恶化。Bergolo 和 Cruces（2014）通过研究乌拉圭2008年社会保险改革，还发现改革通过扩大医疗保险的覆盖范围、提升劳动就业率和参与率，引起小企业的瞒报、少报薪酬的现象明显增多。利用1990—2008

年 19 个 OECD 国家的企业样本，Banker 等（2013）研究发现，劳动保护显著提升了公司的成本黏性，这表明，劳动保护减少了管理层裁员行为。

工会组织作为一种重要的劳动保护形式，增强了员工在公司治理决策中的发言权（Faleye et al.，2006）。工会的存在使员工群体可以利用集体谈判、罢工威胁等方式阻止公司侵害员工利益。已有文献认为，工会组织对公司治理存在正、负两方面影响。

一方面，有研究认为工会组织会恶化公司治理，损害股东利益和公司利益。工会组织是员工提高薪资的重要渠道，员工薪酬的提升往往是以损失股东利益为代价；工会组织还有可能挤出增加股东财富的其他资本性支出，如投资支出（Fallick and Hassett，1999）、研发支出（Bradley et al.，2017）等。部分学者利用工会压力下管理层的公司治理决策证实了上述观点。Bova（2013）发现，工会组织影响了公司实现分析师盈余预测的意愿，相对于非工会公司而言，工会公司更难达到分析师预测的平均值。作者解释，公司无法实现分析师盈余预测这一负面信息传递给工会组织，可以提高公司的谈判地位，因此管理层会利用盈余管理故意使公司业绩表现低于分析师预测水平，同时减少管理分析师预期的努力，但这同样损害了股东权益。将工作权力法案作为工会谈判力量减弱的代理变量，Hamm 等（2022）还发现，工会力量与公司库存水平存在显著正相关关系。保持过多库存是公司的策略，通过增加公司的运营风险，以应对工会施加的谈判压力，提升公司在劳资谈判中的议价能力；同时这也是一种防御机制，过剩的库存商品可以减少工会的罢工威胁、减轻公司缺货的不良后果。他们指出，增加的囤积库存往往会导致公司盈利能力下降，因此，管理层会权衡囤积的成本和收益。此外，部分学者还发现，工会谈判压力导致公司盈余管理增加。公司的财务数据是员工判断公司发展的重要信息来源，当公司利润表现较好时，员工为获得更多剩余利润，会向管理层提出增加薪资和提高福利的要求，更甚者，员工以罢工为要挟，要求公司提高待遇。为减少此类事件的发生，管理层会使用盈余管理向下调整员工的心理预期，削弱工会谈判能力。但部分学者发现，管理者也会考虑盈余管理对劳动力成本的不良影响。员工对公司的财务状况敏感，业绩波动、收益波动可能会使员工要求更高的风险溢价，高财务风险会引起更高的员工流失率，甚至管理层可能会利用向上的盈余管理增加公司与员工之间的黏性。因此，管理层盈余管理会综合考虑工会谈判能力和员工的风险预期。Hamm 等(2018)发现,公司管理层会在避免公司剩余利润被员工分享和迎合员工风险厌恶的需求之间权衡,操作公司利润,向下盈余管理可以减少员工敲竹杠,向上盈余管理可以避免员工流失。他们构造了公司工会化程度的指标,结果表明,工会力量增强促使管理者更加频繁地平滑收益。Chino(2016)通过研究工会化与公司的股利政策发现,低盈利公司的工会化与股利支付存在负相关关系,高盈利公司的工会化与股利支付存在正相关关系。

另一方面,也有证据显示工会组织可以提高公司治理水平。部分学者发现,工会能发挥监督职能,有效减少公司避税。公司减少税收负担可以使所有的利益相关者受益,但当工会剩余索取权较大时,公司避税的边际收益递减。同时,避税增加的税后现金流会增加工会的谈判优势。因此,管理层倾向于减少避税。Chyz 等(2013)研究发现,工会的寻租行为使公司避税收益下降,因此,工会力量越大,公司避税行为越少。另有部分研究表明,工会组织通过限制 CEO 薪酬,发挥积极的治理作用。对于工会而言,削减 CEO 薪酬有两点好处:其一,缩小薪酬差距可以改善管理层和工会之间的关系,减少员工的不公平感;其二,削减 CEO 薪酬可以降低公司的劳动力成本,增加员工可分得的剩余利润。对于公司而言,削减 CEO 薪酬也是一种重要的谈判策略,减薪可以增加工会的支持度(Gomez and Tzioumis, 2006)。Huang 等(2017)实证结果表明,工会的存在降低了 CEO 薪酬水平,限制 CEO 薪酬降低了罢工的可能性。他们还发现,董事会试图通过在劳资谈判前削减 CEO 薪酬增强公司的议价能力,独立董事占比更高的公司更可能采用削减 CEO 薪酬的方式以应对劳工谈判。

此外,工会组织还可能影响公司信息披露,从而进一步对该公司治理产生影响。工会通常难以获得公司详细的生产规划和财务信息,因此他们会积极地收集和使用公司的公共信息,以制定和调整他们的谈判策略。公司主动的信息披露是工会掌握内部信息的重要来源,获取到更多信息的工会在与公司的谈判更具优势,更容易进行寻租,要求更高水平工资。因此,信息披露会削弱公司与员工的谈判优势,增加公司的劳动力成本,带来潜在损失,这解释了工会如何影响公司的披露意愿。理论上,工会力量越强,越能影响公司管理层进行信息披露的动机,管理层还可能会根据谈判进程决定是否披露、何时披露以及披露程度,进而影响员工的谈判能力。Scott(1994)分析加拿大公司数据发现,当员工罢工风险较大或行业工资水平较高时,公司会减少对养老金相关信息的披露。Hilary(2006)研究证实,工会力量增强会降低公司管理者的信息披露意愿,这增加了资本市场的信息不对称程度、使分析师覆盖率降低。

信息披露的过程还存在经典的逆向选择问题,管理层不仅会在与工会谈判时向资本市场隐瞒信息,提高公司的谈判地位,还可能向工会传递公司的负面前景,通过发布坏消息、隐藏好消息,限制员工的利润分享。Chung 等(2016)利用韩国公司样本研究表明,工会力量与公司披露频率呈负相关关系,他们还进一步研究发现,管理层在工会谈判时期会策略性地披露坏消息、隐藏好消息,在谈判结束后再逐步将好消息释放出来。Aobdia 和 Cheng(2018)研究了劳资谈判期间同行公司的披露策略,他们发现同行公司会战略性地增加信息披露以帮助竞争对手公司的工会获得更好的谈判条件,有利于工会的谈判条件将产生更不利于竞争对手公司的雇佣合同,这会降低竞争对手公司在产品市场中的份额。

4.1.2 劳动力流动性对公司治理的影响

部分学者从管理层、员工两方面关注了劳动力流动性对公司治理的影响。

在管理层方面,一般而言,出于对职业生涯的考虑,管理层会通过加强自我约束赢得在劳动力市场上的好声誉,这将有助于公司治理水平的提升(Gibbons and Murphy,1992)。因此,当管理层的流动性降低时,管理者外部工作机会减少,没有了对职业生涯和名誉的顾虑,管理者的自我约束减少,这会使公司治理水平变差。基于这个思路,Ali 等(2019)发现,不可避免披露原则(简称 IDD)[①]的采用导致管理层外部工作机会减少,而管理层担忧坏消息的披露可能使管理层失去工作,因此会更多地隐瞒公司的坏消息。管理层流动性的提升也会导致公司改变薪酬制度来留住管理人才。Na(2020)的实证结果显示,当法院拒绝采用 IDD 后,CEO 外部工作机会更多,CEO 薪酬与公司系统性绩效的敏感性更强,也就

[①] 不可避免披露原则,即 Inevitable Disclosure Doctrine,是美国法院为保护商业秘密不被潜在披露侵害而创立的禁令救济原则,主要用于禁止掌握公司商业秘密的离职雇员为公司竞争对手工作,以保护公司商业秘密。

是说公司更少地利用相对绩效①来评价 CEO 表现，但同时也会给 CEO 更多的股权激励。此外，还有部分研究考虑了董事劳动力市场对公司治理的影响，其普遍认为，董事劳动力市场就业机会是董事影响公司治理的重要机制，这是因为董事可以通过表现出对投资者友好以获得更多外部担任机会。但一些学者发现，外部劳动力市场在国家治理水平较低时，董事的良好声誉也无法带来更多外部任职机会，因此难以发挥作用(Levit and Malenko，2016)。

员工流动性与公司治理的关系则相对复杂，现有文献发现员工流动性变化可能影响公司的盈余管理、信息披露、治理结构、社会责任等。关于盈余管理，Gao 等(2018)利用 IDD 作为员工流动性的外生冲击，分析发现，留住员工是公司进行盈余管理的主要动机，当员工流动性较高时，为降低员工"跳槽"意愿、减少员工流失的负面影响，同时吸引新员工，公司会进行向上的盈余管理。关于信息披露，Aobdia(2018)运用竞业限制条款执行力度来衡量劳动力流动性限制，发现竞业限制条款执行力度越强、员工流动性越小，公司信息披露越少，他解释，这是由于员工的流动会导致信息外溢，此时公司主动披露私有信息的成本更低。关于治理结构，Dey 和 White(2021)运用 IDD 进行研究，发现公司在员工流动性更高时会为了留住、绑定员工，采用更多的反并购条款。关于社会责任，Flammer 和 Kacperczyk(2019)同样利用 IDD 进行准自然实验发现，拒绝执行不可避免披露原则所在州的公司的社会责任显著增加。他们解释，这是因为公司利用社会责任抵御公司知识信息泄露，履行社会责任降低了员工加入竞争对手公司的可能性，同时，减小了员工向新雇主披露原公司价值信息的可能性。

4.1.3　员工监督对公司治理的影响

劳动力在公司治理中发挥着重要的作用，相关研究证实，员工在公司治理中进行了有效监督。作为公司的内部人，员工拥有掌握公司内部信息的渠道，因此员工担任"吹哨人"(whistleblower)具有天然的优势，有助于员工发挥监督机制。Dyck 等(2010)对美国上市公司欺诈案例的"吹哨人"进行了统计分析，发现员工

---

① 企业绩效不仅取决于管理层的努力，也受到市场情况的影响，因此经典的高管薪酬理论认为采用相对绩效而非绝对绩效来评价管理层的表现是更好的激励机制。

是揭发公司欺诈的主力之一，员工作为"吹哨人"揭发公司欺诈的案例大约占比17%，高于审计师(10%)和监管者(7%)作为"吹哨人"的案例占比。

员工揭发主要通过两个途径发挥重要的监督治理机制。首先，员工揭发可以增加公司的透明度，监督公司运营，提升治理水平。其次，员工揭发会对管理层声誉造成不良影响，严重时会使管理人员失去工作。所以，当员工对内部监管更严格时，管理层会减少违规舞弊行为。大量实证研究证明了员工揭发对公司治理的积极影响。Bowen 等(2010)研究发现，员工揭露公司的财务舞弊行为会引起股价的负面响应，同时，员工揭发可以缓解公司的代理问题，改善公司的治理情况，比如，公司会下调董事会人数、减小董事会内部人员比例、更换 CEO 等。Wilde(2017)研究美国员工举报案件发现，员工揭发对企业产生了震慑作用，公司受指控后，财务舞弊、避税等行为大大减少。Wilde 认为员工揭发带来了更多的监督，增加了管理层不法行为的成本。Call 等(2018)研究还发现，员工揭发的财务舞弊会带来更严重的处罚。

但员工揭发的监督机制也可能失效，因为员工作为"吹哨人"揭发公司造假、欺诈等负面行为后，面临高昂的举报成本。举报成本主要来自公司的报复，如被剥夺升职机会、降职、被解雇、被起诉面临的法律费用等。举报的成本通常远高于举报的收益。Dey 等(2021)研究表明，近 80% 的员工举报都遭到了公司的报复，超过 35% 的员工在举报后被解雇。除了昂贵的举报成本，还有研究表明，管理层的有意讨好、盯防，降低了公司不良行径被发现的概率(Heese and Pérez-Cavazos，2021)。Ben-Nasr 和 Ghouma(2018)研究发现，若管理层提供良好的员工福利，可在一定程度上避免员工揭发行为，达到向外界隐瞒坏消息的目的。

为降低举报人的成本、提高员工揭发的监督效率，一些地方开始实施现金交换信息(cash for information)计划，即监管机构向举报人提供现金激励，补偿员工举报公司承担的风险。相关研究表明，实施举报补偿可以有效增强内部监督。Dey 等(2019)通过分析美国员工诉讼事件发现，执行现金交换信息计划提高了员工举报的概率。他们指出，普通员工同样向监管部门提供了大量公司不法行为的有效信息，且治理程度较低的公司更可能向员工发起报复。部分学者还发现，劳动保护制度可以加强员工揭发的治理机制。Heese 和 Pérez-Cavazos(2021)通过研究失业保险金制度发现，劳动保护政策通过降低员工揭发的报复成本，减少员工揭发后被起诉、被降职的可能性，增强了员工的举报意愿。这导致工作场所安全问题的投诉数量增加，企业受到了更多的违规处罚。此外，Heese 和 Pérez-Cavazos（2019）关注了员工揭发是否会影响公司与美国政府的合同关系，结果表明，在诉讼阶段，联邦政府并未减少与被指控公司签订的合同总额，但政府减少了政府需承担大部分风险的成本加成合同，更多地选用了承包商承担大部分风险的固定价格合同。这表明，政府利用合同降低供应商声誉的不确定性。而且，当被指控公司以和解形式结束案件时，政府提供的合同金额减少约 15%。Heese 等（2021）还通过研究 2002—2012 年 554 例员工举报案件分析美国司法部（Department of Justice，DOJ）干预的动因和后果，结果表明，司法部干预不仅使调查时间增加、诉讼胜率提高，还增加了案件追回的金钱数额。而接受司法部干预的公司通过积极改善员工关系、内部控制，增强董事会独立性，降低了潜在的举报风险。Heese 等还发现，举报人会尽量避免向司法部干预率较低的联邦机构提起诉讼。

4.1.4 员工持股和员工代表制度的治理作用

员工持股、员工代表制度是提高员工参与度的重要机制，也是影响内部公司治理的重要因素。员工持股计划在 20 世纪中叶发源于美国，早期的员工持股是为了缓解财富不均而采用的所有制形式，旨在增加劳动力要素提供者的利益，改善劳资关系。随着经济的发展，员工持股计划逐渐演变为一种奖励计划，目的是提高员工与股东的利益一致性，推动公司发展。而现代的员工持股更多源于 Louis Kelso 的员工持股计划理论，该理论认为，员工持股计划是分散所有权的重要机制，使大多数并不富有的人得到一定数量的资本，保证任何人都可以获得劳动力收入和资本收入，降低资本相对于劳动的分配优势。美国国家雇员股权中心对员工持股计划进行了以下定义：员工持股是针对一般雇员的正式制度，通过建立信托计划管理资产，投资于公司股票，员工不直接拥有股票，一般会在退休后获得收益偿付。[①] 员工持股计划结构如图 4-1 所示。

[①] National Center for Employee Ownership. *What Is Employee Ownership*? https://www.nceo.org/what-is-employee-ownership; The ESOP Association. *What is an ESOP*? https://www.esopassociation.org/what-is-an-esop.

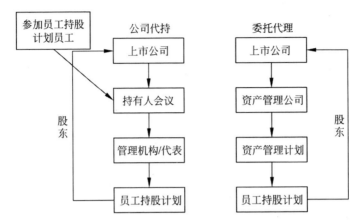

图 4-1　员工持股计划结构

员工持股对公司治理的影响主要体现在两个方面。

一方面，员工持股通过增加员工的剩余索取权和话语权，降低代理成本，提升公司治理。基于不完全契约理论，员工参加公司治理可以提高效率。员工和股东一样，是在不完全契约下的剩余索取者，员工持股通过赋予员工现金流权，增加了员工对公司利润的剩余索取，使他们与股东保持利益一致（Garvey and Swan，1994）。因此，员工持股将提高员工的工作效率，员工有动机延长工作时间，创造更多利润。员工的股权也使员工在上市公司拥有更多发言权，当员工和股东利益一致性较高时，员工对管理层谋取私利的行为进行监督，从而降低管理层和股东之间的代理成本。同时，授予员工大量期权时，每个员工的行为都会影响其他成员的财富，因此员工之间更可能进行相互合作、相互监督（Drago and Garvey，1998），这将有助于提升市场绩效、增加股东财富、改善公司治理。部分学者利用投资者对员工持股计划的反应证实了上述观点。Chang（1990）研究发现，公司公告员工持股计划时，股票呈现正的异常收益。Gordon 和 Pound（1990）研究发现，实施的员工持股计划只赋予员工分红权、而不赋予投票权时，股票有明显的积极反应。部分学者发现，实施员工持股计划会提高公司效益，影响公司经营活动。Chaplinsky 和 Niehaus（1994）分析出于反并购目的实施的员工持股计划发现，防御性的员工持股计划会对股东财富产生显著影响。Park 和 Song（1995）研究发现，员工持股计划执行的 3 年内，企业绩效包括资产回报率、托宾 Q、市净率均显著提升。Beatty（1995）进一步研究发现，员工持股计划带来的股东财富增长主要是通过节税效应。Graham 等（2004）通过研究 2000 年标准普尔 100 指数和纳斯达克 100 指数成员公司数据证实，公司利用员工持股计划减少了约 1 000 亿美元的应税收入，显著降低了公司的边际税率。Carter 和 Lynch（2004）还发现，公司重新定价员工的"水下期权"，以期权的行使激励员工留在公司，这种方式降低了员工的流失率，但这对高管的流失率没有影响。Choudhary 等（2009）研究发现，员工持股是公司进行盈余管理的重要动机之一。Oyer 和 Schaefer（2005）研究进一步表明，员工股权激励可以增大公司对新、老员工的吸引力，提升公司的竞争力，同时，将员工财富和公司价值紧密联系在一起。Kim 和 Ouimet（2014）研究发现，实施小规模的员工持股计划可以提高员工主动性，当员工规模适中、员工持股计划份额少于 5% 时，员工激励的效果更好，公司治理水平提升显著，此时股东价值显著提升。Bova 和 Yang（2017）研究表明，员工持股是节约公司内部现金流的重要工具，当市场环境竞争激烈时，公司利用员工持股降低劳动力支出，提升企业竞争力。此外，Bova 等（2015）研究表明，员工持股削弱了员工谈判能力与公司信息透明度之间的负相关关系，这是因为员工持股政策将员工利益和股东利益关联起来，增强了员工实现股权财富最大化的意识。

另一方面，Ben-Ner 等（1995）指出，员工持股并非有利无害，是否能发挥作用依赖于收益权（return rights）和控制权（control rights）的适当组合，当出现"搭便车"和个人与集体利益冲突等问题时，员工持股也可能加剧管理层和股东的代理问题，负面影响公司治理。首先，员工与股东利益目标的根本性差异使员工有动机利用员工持股谋取私利，这会导致公司治理恶化。具体地，员工的目标是自身效用最大化，更偏好保守的决策，而非股东的利益最大化。于是，当员工能影响公司决策时，员工参加公司治理可以向管理层施加压力，要求更多地改善员工福利、提高员工薪酬，这将导致公司决策远离价值最大化。比如，Faleye 等（2006）研究发现，员工拥有更多发言权会导致员工工作时长缩短，并且减少股东权益，抑制公司增长。Aoki（1982，2013）研究公司股东与员工的合作博弈发现，当员工较股东有更强的议价能力时，公司会减少投资和新岗位的配置，同时，增加员工薪酬。其次，员工持股还通过投票权影响公司治理。员工投票权是影响公司是否成为收购目标以及此类控制权竞争结果的关键因素，管理层争取到员工的支持可以有效防止恶意收购，减小被接管、被替换的风险。但员工向管理层提供的反并购保护是有前提的,只有在管理层给予员工相应的薪酬和福利承诺时,员工才会选择与管理层形成联盟,巩固管理层的控制权(Pagano and Volpin,2005)。当管理层不再担心公司的控制权问题时,他们更可能基于自身利益进行大量无利可图的并购,导致公司治理环境恶化。Masulis 等(2020)在研究员工-管理层联盟时发现,有投票权的员工会加剧管理层和股东之间的冲突。当员工投票权占比超过 5% 时,在员工-管理层联盟的荫庇之下,管理层的控制权会得到加强,公司有更大概率从事损害公司价值的并购行为。Masulis 等还发现,即便管理层作出错误决策,也不会轻易地被外部收购者接管,这使管理层有更强的动机以损害股东权益为代价谋取个人私利。

员工代表制度也是员工发挥治理作用的重要途径。在德国,员工代表制度被广泛采用[①],员工代表制度通过赋予员工进入监事会(supervisory boards)的权力,减少管理层的信息操纵行为,在管理层与员工间担当信息中介,降低代理成本,提升公司治理水平。Fauver 和 Fuerst(2006)研究发现,当员工代表具备经营公司的知识时,公司价值显著提升,公司价值还随着员工代表数量的增加显著提高。这意味着,员工代表能有效发挥监督职能,减少内部资金挪用。Lin 等(2018)进一步研究发现,员工代表参与公司治理可以降低公司债务融资成本,从而使得财务杠杆升高。Lin 等解释,该现象发生是基于员工与银行的利益非常相似,员工向公司要求的人力资本支付,即稳定的工资,这一固定索取权与债权人对公司债务享有的求偿权十分相似,员工与债权人都十分关注公司的生存状态,同时是典型的风险厌恶者,银行可以通过员工代表对公司的风险进行监控,这种监控给公司带来了更好的借贷环境。因此,员工代表制度可以缓解股东和债权人之间的代理冲突,使公司的贷款利差降低。但也有证据显示,员工代表制度起到消极的治理作用,Gorton 和 Schmid(2004)将员工代表占监事会 1/3 与员工代表占监事会 1/2 的公司进行比较时发现,员工代表制度也可能恶化公司治理。员工占比更高的公司股权价值显著降低,员工薪酬显著增加。这表明,员工代表制度减少了所有者分享的利润份额,使公司目标从股东价值最大化转向员工薪酬最大化。

---

① 我国的职工代表大会是公有制企业职工实行民主管理的制度,与监事会无关,而德国的员工代表制度是直接让员工进入监事会起到监督作用。

4.1.5　人力资本其他方面对公司治理的影响

部分学者关注了员工受教育程度、员工福利对公司治理的影响。关于员工受教育程度，Call 等（2017）研究发现，员工受教育程度与公司强制信息披露质量、自愿信息披露质量之间均存在正相关关系，他们认为这是因为高素质员工本身有利于形成高质量的披露报告，同时，高质量员工更容易发现公司财务报告的舞弊行为，能够对公司管理者实施更有力的监督。关于员工福利，Guo 等（2016）研究发现，公司采用对员工更友好的政策可以有效激励员工，进而降低内部控制缺陷与财务报表重述。Ben-Nasr 和 Ghouma（2018）通过研究 38 个国家的公司样本发现，管理者利用慷慨的员工福利计划降低员工举报的可能性，这增加了股价崩盘风险，影响了股东权益；且研究进一步表明，在劳动密集型行业、受严格监管的劳动力市场和竞争较少的产品市场中，员工福利与股价崩盘风险之间的正相关关系更显著。

4.2　公司治理对人力资本的影响

治理水平高的公司有更优秀的管理体系和更好的内部控制系统，这使得员工薪酬和激励机制更加公平合理、公司更有发展前景，因此良好的公司治理是吸引人力资本的重要因素。以往文献将公司治理机制分为外部公司治理机制和内部公司治理机制两类。接下来，结合公司治理的外部治理机制，包括信息披露、分析师关注等方面，以及公司治理的内部治理机制，包括管理层、董事会、股东等方面，具体分析各个利益主体之间的博弈，阐述公司治理中的各方如何影响人力资本投资。

4.2.1　外部治理机制对人力资本的影响

外部治理机制是指通过竞争的外部市场和管理体制对公司管理行为实施约束与控制的机制。经典的外部治理机制包括企业控制权市场、产品市场、政府部门、第三方机构如分析师、审计师、媒体等。目前，研究外部治理机制对人力资本影响的文献主要关注了信息披露、分析师关注对劳动力雇佣和员工安全的影响。

研究信息披露对人力资本投资影响的学者普遍发现，公司的信息披露能提高劳动力投资效率。信息不对称是造成投资扭曲的主要原因，当公司信息透明度较低、外部对公司管理层的监控成本高昂时，道德风险就会出现。管理者可能为声望、权力进行过度人力资本投资，也可能放弃有利可图的投资机会，选择"躺平"，享受平静生活，导致人力资本投资不足。而信息披露可以帮助内部员工和外部投资者进一步了解企业的生产经营现状、未来投资决策，通过降低信息不对称，缓解代理问题，提升劳动力投资效率。Kleiner 和 Bouillon(1988)研究发现，披露公司财务状况、生产力、未来投资计划和相对工资等信息会提升公司生产员工的薪酬、福利水平。Pinnuck 和 Lillis(2007)研究发现，公司汇报亏损后会解雇生产率低下的员工，且这种现象主要出现在更可能存在过度投资的大公司。他们解释，当公司报告盈余时，出于声誉和业绩考虑，管理层不愿意剥离导致公司生产效率低下、经营成本增加的失败项目，而公司报告亏损缓解了管理层和股东间的代理问题，此时是公司执行放弃期权、减少冗余的劳动力的最好时机。同样，Dierynck 等(2012)也研究发现，当公司业绩报告达到或超过零盈余临界值时，管理层解雇员工行为增多，劳动力成本减少，而公司业绩表现较好时，管理层会限制解雇人数，通过改变员工工作时间来应对变化。Jung 等(2014)利用财务报告质量分析了信息披露对劳动投资效率的影响，研究表明，高质量的财务报告通过减小管理层和外部资金供应者因信息不对称而产生的市场摩擦，提高了公司的劳动投资效率，有效地减少了劳动力过度投资和劳动力投资不足。此外，信息披露的声誉机制也可能激励管理层重视对员工安全的投资。Christensen 等(2017)研究美国多德-弗兰克法案(Dodd-Frank Act)发现，美国证券交易委员会强制披露矿山安全记录的要求，显著降低了公司安全事故的发生概率，同时也降低了公司的劳动生产率。出现该现象主要是因为管理层重视安全记录披露对公司价值的影响，当公司安全绩效表现不佳时，公司可能会面临罚款、舆论谴责，导致声誉受损，因此管理层改变了资源的分配决策，提高对劳动安全保护的投入。

还有少数学者探究了分析师关注如何影响人力资本投资。当公司实现盈余预测时，公司市场表现也会更积极；管理层也常常利用业绩说明会或其他可行手段管理分析师盈余预期，这表明投资者和公司均重视分析师的意见。分析师关注对公司人力资本投资的影响主要体现在两个方面：一方面，分析师能发挥监督作用。分析师具有信息优势，结合其个人知识和专业技能，分析师可以向投资者分享部分内部消息，这将减少管理层和投资者的信息不对称，降低管理层谋取私利的可能性。分析师关注还能一定程度地确保管理层利用生产性资本和劳动力开展最具生产力的项目，提升公司劳动生产率。另一方面，通过向外界提供公司增长机会的相关信息，分析师关注降低了公司获取外部资金的难度，资金增多使公司能够投资于人力资本开发和生产性资本设备，这将会影响公司的雇佣决定。利用1991—2013年美国上市公司数据，To 等（2018）实证结果表明，分析师覆盖率与公司的劳动生产率存在显著正相关关系，而且这种现象在融资约束、投资者保护较弱的公司更显著。

4.2.2 内部公司治理对人力资本的影响

1. 管理层对人力资本的影响

公司高管是公司治理的重要主体，如何激励和监督高管，使之最大化股东利益是公司治理的核心问题。管理层影响人力资本的以往文献主要从管理层谋取私利、管理层掌握控制权、管理层享受平静生活这三个视角进行理论阐述，相关实证研究发现管理层会影响劳动力投资效率、员工持股、员工薪酬以及员工安全。

管理层谋取私利视角认为，当公司治理水平较低、管理者行为得不到有效监管时，管理层可能产生投资扭曲导致劳动力投资效率降低。比如，管理层为获取更多声望、工资，进行过度劳动力投资。Landier 等（2009）研究发现，管理层会依据距离进行裁员，当需要缩减经营规模时，管理层会首先剥离那些距离总部较远的部门，他们认为这是因为管理层有意与总部附近的员工建立良好关系，并从中获取某些私人利益。Yonker（2017）研究发现，在公司治理较薄弱的企业，有家乡情结的高管会实施有利于家乡员工的策略，进行徇私。在公司需要缩减经营规模时，位于高管家乡的公司和部门，其裁员和降薪力度更小；在财务困境之后，这些公司和部门的就业与薪酬增长也相对更大。

管理层掌握控制权视角认为，管理层为巩固控制权，有动机向员工支付更高的薪酬、更多的股票份额,利用员工权力保护自己。当员工获得控制权时,管理层可以利用员工的控制权,弱化外部入侵者的接管意愿,防止外部收购者获得公司控制权,这就是管理层的"堑壕"(entrenchment)动机。Rauh(2006)研究发现,管理层利用员工持股作为抵御恶意收购的一种手段,当法律层面加强对管理层的保护时,员工持股数量呈下降趋势。Kim 和 Ouimet(2014)研究证实了管理层利用员工持股的两大动机:建立员工-管理层联盟阻止恶意收购、股权代替工资节约企业内部现金。部分学者还发现,员工持股计划在一定程度上提高了员工和股东的利益一致性。通过研究 1996—2011 年的财务虚假声明事件,Call 等(2016)发现,当公司财务报告涉及违规行为时,管理层会给予员工更多的股票期权,以避免员工向外界散布公司的负面信息。拥有股权的员工在权衡经济利益和举报成本后,也更倾向于选择和管理层合谋,不执行监督职能,避免因举报导致股价下降、自身利益受损。Aldatmaz 等(2018)研究表明,员工持股通过提升员工的归属感和忠诚度,延缓员工离职、助力企业营业额增长。此外,Bandiera 等(2007)还发现,薪酬激励会促使管理层通过采取影响现有工人生产力的行动筛选出能力更高的员工,进而提升公司整体的平均生产力。

管理层享受平静生活视角认为,对于管理层而言,薪资水平不是提高个人效用的唯一途径,管理层可能出于享受平静生活的动机,改善公司的雇佣政策,提高员工待遇。Jensen 和 Meckling(1976)讨论了与劳动力市场相关的私人利益对公司管理层的重要性,他们认为,管理层可以从更愉快的同事关系获得幸福感,管理层也可以从员工的忠诚度获得成就感,部分管理者非常重视这类由合作关系产生的效用。同时,如果非常激进地管理员工,管理层会面临来自员工的抵抗。于是,当公司治理较差时,管理层倾向于采取更宽松的雇佣政策,通过减少在工资谈判中的努力、给予员工高薪以获得更和谐的工作环境。此时,管理层与员工利益一致性较高,管理层与员工会结成联盟,共同对抗不利的改变。此外,管理层普遍风险厌恶,裁员、关闭工厂、开办新厂等活动可能会面临较大的不确定性,因此,管理层偏好延迟此类增加经营风险的决定。利用反并购法案,Bertrand 和 Mullainathan(2003)实证结果表明,当管理层不受外部并购威胁时,员工的工资水平显著提高,其中,白领工资上涨幅度更大。他们分析,当反并购法案减少外部的监督和威胁时,管理层偏离了价值最大化目标,为享受平静生活,增加员工薪酬。Cronqvist 等（2009）对 Bertrand 和 Mullainathan（2003）的研究进行了扩展，他们指出，管理者努力压缩薪酬、节约成本所带来的现金流和收益大部分都被股东收入囊中，管理者自身只能获得小部分利益。而管理者向员工提供高薪能享受更多福利，如改善与下属的关系、提高员工忠诚度、减少工会抗议等，这些与劳动力市场有关的私人利益对管理者而言具有很大的吸引力。因此，实证结果表明，高管地位越稳固，越倾向于向员工提供高薪。他们还发现，管理者持股可以削弱其提高员工薪酬的动机，不过持股带来的现金流收益仍然比不上增加员工工资带来的私人利益。

部分研究关注了管理层决策如何影响员工安全，其普遍认为，管理层有动机将业绩压力转嫁至员工，导致工作场所安全性降低、员工受伤率升高。当公司业绩表现不佳时，管理层会尽可能压缩支出、减轻财务压力。当员工的话语权较弱时，降薪、裁员的成本更低，管理层可以运用裁员降薪的方式压缩劳动力成本，提升公司利润。Caskey 和 Ozel（2017）研究发现，与未达到或轻松超过分析师预测数据的公司相比，刚好达到或刚刚超过分析师预测数据的公司的员工受伤率和致病率更高，员工的工作量也明显更多，遣散费更少。他们认为，这是管理者为了满足分析师预测而牺牲了员工利益，如：通过增加员工的工作量、迫使他们加快工作速度等方式压榨员工，使员工的伤病增多；通过削减设备维护、员工安全培训等安全保障投入，使员工工伤率增加。将公司总部和员工工作场所的通勤时间作为总部管理人员访问频率的外生变量，Heese 和 Pérez-Cavazos（2020）研究发现，总部访问能有效减少分公司管理层的违规行为，但当分公司业绩表现不佳、未能实现分析师盈余预测时，管理层违规行为会增加，员工的工作安全质量显著降低。

此外，还有部分研究关注了管理层效率、管理层特征对劳动生产率、员工薪酬、员工工作场所安全的影响。关于管理层效率，Bloom 和 Van Reenen（2012）利用印度公司数据研究发现，公司管理效率通过提高产品质量推动了公司生产率增长，采用高效管理方式的公司，次品率明显降低，第一年劳动生产率提升约 17%。Bender 等（2018）利用德国公司数据研究发现，管理效率较高的公司更倾向于雇用高技能水平的员工、引进更为先进的 IT 和生产设备，以提升公司劳动生产率。关于管理层特征，Khedmati 等（2020）研究发现，与独立董事会成员关系更密切的 CEO 会使监督变得无效，进而导致公司劳动力投资效率低下。Acemoglu 等（2022）利用美国和丹麦的数据，考察了拥有商学学位的 CEO 对员工薪酬的影响，研究表明，CEO 在商学院接受了不与员工分享利润的商业教育是公司员工薪酬、劳动收入份额下降的主要原因，而这一举措并没有提高公司业绩表现。Bizjak 等（2021）考察 CEO 政治倾向如何影响公司客流量时发现，相比更重视公共卫生安全的民主党的 CEO，具有共和党倾向的 CEO 所管理的公司更重视经济开放，这导致其所辖社区的 COVID-19（新型冠状病毒感染）传播率显著升高，也引致了更多员工进行安全投诉。

2. 董事会对人力资本的影响

董事会是公司治理的核心，其主要职责是监督和管理最高管理层。董事会的监管力量能够制衡管理者谋取私人利益：若管理者面对业绩下滑采取不作为的态度或不顾股东利益谋取个人私利，董事会可以动用职权免去管理者的职务，这种被卸职的风险能够激励管理者努力工作，这将改变公司劳动力投资结构，影响劳动力投资效率。

已有研究主要关注董事会结构与人力资本投资的关系，其普遍认为，外部董事会加剧裁员，因为外部董事与公司内部的联结更少，在股东与员工的冲突中，外部董事能更好地保护股东利益。Perry 和 Shivdasani（2005）通过研究董事会构成对公司绩效的影响发现，若董事会中外部董事占多数，CEO 在经营不善时可能进行更积极的资产重组和裁员。他们解释，该现象是因为当董事会由外部董事主导时，公司 CEO 被解雇的威胁更大，因此管理层迅速改善业绩的动机较足。利用日本公司数据，Abe 和 Shimizutani（2007）研究同样表明，当公司存在过度雇用时，外部董事更倾向于实施裁员政策，而内部董事则倾向于减少新员工的招聘，保护在职员工的利益。通过研究美国公司样本，Vafeas 和 Vlittis（2018）发现，董事会中独立董事任职比例越高，员工养老金计划被冻结的可能越大，冻结后，公司投资增多，债务增加减少。

3. 股东对人力资本的影响

从狭义来说，公司治理的目标是保护股东利益、增加股东财富，作为公司所有者，股东的议价能力是影响人力资本投资的关键因素。现有文献探讨了股东构成、股东权力两方面对劳动力投资的影响。

关于股东构成，以往文献发现不同类型的股东对公司治理的影响存在差异。Brav 等（2015）发现，机构投资者能监督公司行为，影响公司经营战略，引导公司发展，提高公司治理。实证结果显示，对冲基金入股 3 年后，目标公司生产效率大幅提高，但公司员工工作时间增加，且薪资呈下降趋势，这可能是因为对冲基金通过倾轧员工利益以增加股东价值。Dewenter 等（2001）实证研究发现，国有企业的雇员数量相对资产比率以及雇员数量相对销售收入比率均高于私有企业，企业私有化后，劳动密集程度显著下降。Olsson 和 Tåg（2021）关注了国有企业私有化对员工的影响，利用瑞典企业数据研究发现，私有化导致员工工资暂时性地减少，失业率永久性地增加。他们表示，国有企业私有化后通过违反与工人的隐含合约提升了企业价值，具体地，公司通过裁员、降低员工福利等方式减少用工成本，提高劳动生产力。其研究还进一步发现，国有企业私有化促进了员工创业，私有化后每千名工人大约有 12 名转化为企业家。Sraer 和 Thesmar（2007）通过考察法国家族企业业绩表现发现，家族企业创始人参与经营可以显著提高劳动生产力，且家族企业继承者倾向于提供更多工作保障，降低员工不安全感，减少裁员，这导致员工的补偿性工资减少，相比非家族企业，员工薪酬水平更低。Bassanini 等（2013）基于法国雇员-雇主匹配数据研究同样发现，家族企业员工薪酬相较于非家族企业更低。他们解释造成该现象的原因有两点：其一，底薪工作者更偏好家族企业，而高薪工作者更偏好非家族企业；其二，员工在家族企业的失业风险较小，因此劳动报酬更低。Ellul 等（2018）通过研究 41 个国家和地区的企业数据还发现，国家层面的社会保障与家族企业提供的就业保障存在一定程度的替代关系，当社会保障充足时，企业倾向于减少员工的保险支出。此外，Wang 等（2022）关注国家文化对公司持有者的影响时发现，若公司控制人来自崇尚个人主义的国家，公司内部的薪酬差距将显著增加。

关于股东权力，部分学者发现股东权力越集中，公司越可能通过削减隐性福利提高股东价值。股东权力更集中意味着股东背弃员工福利承诺的成本更低，在此情况下，大股东有更强的动机监督和激励管理层，通过削减工资、裁员等方式增加股东价值。Falato 等（2021）利用 1982—2015 年美国公司数据证实，股东权力会负面影响公司的就业和工资决策。具体地，当机构股东持股比例更高、更集中时，公司的劳动力数量和工资将处于较低水平。劳动力成本的减少会提高股东回报，但是同时也降低了劳动生产率。这表明，股东权力影响了利益分配，使员工价值更多地转移到股东身上。

此外，Gilje 和 Wittry（2021）利用美国煤炭公司数据研究公司上市与否如何影响公司对工作场所安全和生产力的选择，实证结果表明，相较于非上市公司，上市公司更可能通过牺牲员工工作场所安全，以提高生产率。他们认为，这是因为上市公司承受了更多来自股东方面的压力，且上市公司所有权分散能分担更多风险，因此，上市公司对应了更高的工伤和事故比例，而非上市公司则因为就近关联问题，更在乎公司在社区的声誉，因此对员工安全更负责。

4.3 人力资本与公司治理相关文献评述

从上述文献可以看出，在利益相关者理论的基础下，员工是公司治理的重要参与者，人力资本与公司治理之间存在天然的关系。

人力资本对公司治理影响的研究主要从劳动保护制度、员工监督、员工持股和员工代表制度这三方面关注了员工在公司治理中起到的作用，从劳动力流动性角度进行的研究较少。然而，从现有研究的结论来看，员工在公司治理中起到的作用存在较大争议，既可以起到监督公司、作为"吹哨人"的积极作用，也会更多考虑自身利益，可能与管理层结成联盟共同损害股东利益，起到消极的治理作用。该争议也说明人力资本对公司治理的影响是复杂的，不同的制度安排下，员工的治理作用可能有巨大差异。因此，对员工的治理作用进行更加深入的研究，从更多视角探讨人力资本对公司治理的影响是非常有必要的。

公司治理对人力资本影响的研究基本围绕员工与股东之间的利益分配问题展开，主要从劳动力成本、劳动力投资的视角来分析在更好的公司治理机制下，股东利益得到更好的保护、管理者更有动力提升公司价值时，公司的人事政策如何变化。从劳动力成本视角来看，更好的公司治理保护了股东利益，因此会减少劳动力成本，从而影响员工的薪酬以及福利待遇；从劳动力投资视角来看，为实现提升公司价值的目的，更好的公司治理导致公司试图通过雇用高技能员工、牺牲员工工作场所安全等方式来提高生产率，从而提高公司价值、保障股东利益。目前，随着人力资本价值的提升，稀缺人才在与公司的薪酬谈判中有巨大优势，这使得员工与股东之间的利益关系更加复杂。在这种情况下，如何制定好的治理机制来平衡员工与股东之间的利益关系是一个值得深入研究的现实问题。

总体来说，在利益相关者理论得到广泛共识、人力资本重要性不断上升的背景下，人力资本与公司治理之间的复杂关系也受到了越来越多学者的关注。目前，相关研究也仍然处于一个初步发展阶段，员工如何影响公司治理、公司治理机制又如何影响员工的利益仍然值得更加深入地探讨。

第5章

人力资本与资产定价

资产的内在价值是其未来现金流的现值,而人力资本是决定公司未来发展的重要因素,因此人力资本自然与公司未来现金流高度相关,能够影响公司价值,进而影响到公司的股票、债券等资产的内在价值。

虽然很多企业家将人才视为公司最为重要的资源,对公司的未来发展意义重大,但现有研究认为人力资本对公司价值的影响是两方面的。一方面,人力资本投资可能对公司价值产生积极的影响(Barnett and Sakellaris,1999)。支持该观点的学者指出,当员工获得有效激励时,员工会增加努力程度,提高公司生产效率,回馈公司,这将提升资本回报率,促进公司价值增长。具体的激励措施包括提高员工待遇、分配股权、改善员工工作环境、提升员工满意度等。从这个角度看,公司对人力资本进行投资与对固定资产、技术创新进行投资类似,都能获得价值提升。但另一方面,人力资本也可能对公司价值产生负面影响。支持这一观点的学者根据员工技能特点进行了分析:针对非技术型员工,部分学者指出对这类员工的劳动力投入会降低公司价值,主要是因为非技术型员工的可替代性强,他们的劳动力投入可等同于原材料的等资本投入,但由于员工具有主观意识,因此员工会争取更多的薪资报酬或减少工作时长,以增加个人效用,这将降低公司价值。而针对技术型员工,人才流失是这类员工影响公司价值的重要渠道。员工作为关键的人力资本,可以利用专业技能为公司创造价值,但公司并不能拥有这类员工的所有权，这使得人力资本存在不可交易性（或称不可分割性）。① 当这类员工选择离开公司时，公司找到替代者难度也很大，此时公司人力资本受到损失，公司预期未来现金流会减少、风险更大，这将对公司价值产生负面影响。

从上述分析可以看出，人力资本与固定资产、金融资产等其他资产的重要区别在于两个方面：第一，人力资本的成本会受到员工与公司之间谈判博弈的影响，而非完全由市场决定，因此公司在人力资本上的投入更多并不一定意味着能够获得公司价值的提升；第二，人力资本存在不可交易性，公司只能租用而非拥有人力资本，而且特殊人才往往难以找到替代者，这使人力资本给公司带来额外风险。

近年来，一些学者意识到人力资本除了能够直接影响公司内在价值，也可以起到信号作用，为资本市场提供信息，从而间接影响公司市场价值。从公司角度来看，当公司快速增长、有发展潜力时，对人力资本需求更大，此时会大量招聘人才，因此招聘活动可以向市场传递积极信号；从员工角度来看，员工由于掌握一手内部信息，其会通过在社交媒体上讨论公司，或者"用脚投票"离开不好的公司、加入好的公司，从而将其私有信息传递到市场上。因此，人力资本也可以为资本市场提供更多信息，从而影响资产定价。

上述分析阐释了人力资本影响资产定价的途径，大量文献也基于这些途径探讨了人力资本因素如何影响公司股票收益率等资产定价因素。但是目前关注资产定价因素对人力资本影响的研究较少，也未形成较完整的理论体系，我们将在后文结合相关实证研究对这一视角进行讨论。

接下来，本章从人力资本的四个方面，即员工数量、员工薪酬，员工技能、劳动保护、劳动力流动性，人力资本其他方面，分别分析与资产定价的关系。

5.1 员工数量、员工薪酬与资产定价

劳动力成本和数量是公司进行人力资本投资的首要考虑，人力资本与资产定价的部分文献就从劳动力成本视角入手，探究了员工数量、员工薪酬等劳动力成

---

① Eiling（2013）指出人力资本的不可交易性指公司只能交易人力资本的使用权、支配权和处置权，并不能交易其所有权。

本因素与资产价值的关系。

首先分析员工数量、员工薪酬如何影响资产价值。

在员工数量方面，相关文献集中分析了劳动力份额、员工招聘与资产价格的联系。部分学者研究发现，劳动力份额增多会提升股票期望收益率。Eisfeldt 和 Papanikolaou（2013）分析了组织资本对公司回报率的影响，组织资本是重要的生产要素，是公司成员在特定组织环境下，为公司创造价值的资本形式。其研究结果表明，组织资本更多的公司会面临更大的风险，因此，组织资本较多的公司的平均回报率相对于组织资本较少的公司高 4.6%。Donangelo 等（2019）研究发现，劳动力份额更高的公司具有更高的预期回报。他们解释，这是因为劳动力产生的经营杠杆放大了财务风险，高风险对应高报酬。Belo 等（2022）运用美国公司层面的数据发现，准固定劳动力占公司市场价值的 14%~21%，知识资本占 20%~43%，同样证实了劳动力份额对市场价值的决定作用。部分研究关注了员工招聘对公司股票市场表现的影响。招聘是公司最为重要的人力资源决策之一，招聘可以提高公司的人力资本水平，但也会增加人力成本，因此公司招聘对资产定价的影响存在不确定性。利用美国上市公司数据，Belo 等（2014）研究发现公司雇佣人数的增长率可以预测横截面的股票回报，具体地，公司雇佣率每增加 10%，公司未来股票年回报率将减少 1.5%。他们解释，这是因为雇佣率越高，劳动力的可调整性越高，这可以减小公司面临外部冲击时的负面影响，减少经营风险，减少风险报酬。一些学者还利用公开发布的招聘信息分析人力资本投资对股价的影响。公司的劳动力需求是具有前瞻性且随时间变化的，因此，在调整员工队伍时，公司会发布空缺职位信息以搜索和匹配潜在员工，公司搜寻员工的努力程度及劳动力市场状况可能包含公司现金流、预期回报等信息，这将引起股票市场反应。利用每日发布的招聘数据，Gutiérrez 等（2020）研究发现，公司在线招聘数量的增加显著提升了公司收入，且投资者对招聘信息的反应积极。他们还发现，当企业发布的招聘信息是为了增加新员工而非替代离职员工时，市场的反应更强烈。这表明线上招聘信息向外界传递了有关公司增长情况的有效信息。但 Liu 等（2021）利用公司线上招聘的季度数据作为公司搜寻劳动力的代理变量时却发现，职位空缺率与股票回报率呈显著的负相关关系，跟未来现金流呈显著的正相关关系，当劳动力市场紧缩时，这种影响更明显。Alekseeva 等（2021）通过分析线上招聘信息发现，公司对人工智能技术人才需求的增加，有助于提升公司市值、现金持有量、研发投入。此外，Kuehn 等（2017）使用 1951—2014 年的美国股票收益数据分析发现，通过劳动力市场紧缩程度能预测未来股票市场收益表现。具体而言，当公司招聘活动活跃，但劳动力市场失业人数较少时，公司面临的劳动力市场紧缩程度较高，公司的劳动力搜寻成本也随之升高，这将对股票收益产生负面影响。其研究结果显示，劳动力搜寻成本较低的公司比劳动力搜寻成本更高的公司，股票年回报率多 6%。

在员工薪酬方面，现有文献分析了劳动力成本及其变化、劳动力工资刚性对资产价格的影响。Abowd（1989）研究发现，加薪公告引起了股票价格的负面响应。Santos 和 Veronesi（2006）发现，经济环境变动引起的工资变化会引起投资者股票风险收益的变化，具体地，通过劳动收入与消费支出之比能预测股票的长期回报。Favilukis 和 Lin（2016）研究表明，工资刚性导致的劳动力杠杆①增加了公司风险，因此，高劳动力份额行业的公司对应更高的股票波动性、更高的风险报酬。Rosett（2001）也发现，工资产生的经营杠杆与市场风险、公司股权风险正相关。部分学者还考察了员工薪酬分配差距如何影响资产价格，已有研究证据存在争议。一方面，薪酬差距可以突显管理者的能力，因此，员工薪酬差距越大，意味着企业的经营绩效越好、估值越高，企业的股权回报也更高（Mueller et al., 2017）。但另一方面，薪酬差距越大，表明公司内部薪酬分配越不公平，薪酬分配不平等会引起投资者的负面效应（Pan et al., 2022）。

其次，部分学者从股票信息含量、市场贴现率、公司绩效视角入手探究资产定价对员工数量、员工薪酬的影响。在员工数量方面，Ben-Nasr 和 Alshwer（2016）研究发现，股价信息含量越高，劳动力投资效率越高。具体地，股票信息含量增加可以减少扩张期的劳动力过度投资、解雇不足以及衰退期的劳动力投资不足和过度解雇，且这种影响在工会化程度更高的行业和融资约束程度更高的行业中更明显。他们解释，这是因为股票价格向管理层提供了劳动力决策的信息来源，包括未来投资机会、市场产品需求、融资机会等信息。此外，丰富的股价信

---

① 工资刚性造成了公司固定成本更多，这会使得经营杠杆上升，这种由工资刚性导致的经营杠杆被称为"劳动力杠杆"。

息会约束管理者，对管理层进行更完善的内部和外部监督，有利于缓解管理层为业绩产生的过度投资问题，提高投资效率。股票信息含量增加还通过缓解信息不对称，减少市场摩擦，降低了公司外部融资成本，使公司更容易地进行劳动力投资，因此，劳动力投资效率提升。Hall(2017)研究发现，股票市场贴现率会影响公司雇佣率，改变劳动力市场情况。具体地，当金融市场贴现率较高时，失业率也会随之升高。这是因为当经济衰退、股票市场表现不佳时，所有的投资机会都会减少，包括就业机会，因此就业人数随之下降。同时，股票市场贴现率上升时，新员工的现值减少，公司创造就业的动力降低。在员工薪酬方面，部分学者研究了公司绩效对劳动力价格的影响。传统的观点认为，风险中性的雇主会避免让风险厌恶员工与公司业绩产生直接联系(Thomas and Worrall，1988)，工资刚性也在一定程度上减弱了公司绩效对员工薪资的影响。因此，一般的外部冲击难以改变员工基础薪酬。Guiso等(2005)研究发现，暂时性冲击对员工薪酬没有产生实质性影响，但对公司产出造成永久性影响的外部冲击改变了员工薪酬，导致员工收入波动性增加。Sockin等(2021)利用Glassdoor数据库分析发现，公司利用工资可变性将业绩收益(风险)分享(转嫁)给员工，当公司财务绩效、运营绩效表现更积极时，员工的浮动薪酬增加。

5.2 员工技能与资产定价

随着学术界对人力资本认识的加深，部分学者开始意识到劳动力存在技能的异质性，这也会影响到资产价值。基于Hamermesh(1996)对劳动力技能异质性的见解，即高技能劳动力的调整成本比低技能劳动力更高，高技能劳动力行业的工资刚性更强，调整难度更大，该领域相关文献开始关注员工技能差异在资产定价中的作用。Ochoa(2013)研究发现，高技能劳动力行业的公司比低技能劳动力行业的公司年回报率更高，在经济处于波动时期时，年回报率差异约为2.7%。Ochoa解释，这是因为高技能劳动力的调整成本更高，所以当市场出现波动时，公司面临的风险更大，风险补偿更多。Belo等(2017)在Belo等(2014)研究基础上进行了拓展，按照劳动力技术含量高低对行业进行划分，根据公司雇佣率构建的多空投资组合在高技能行业的年平均回报率为 8.6%，但在低技能行业仅为 0.9%。Zhang(2019)研究非技术型劳动力发现，非技术型劳动力份额较高的公司通过增加机器设备投资，利用技术替代劳动力的转换降低了公司对外生冲击的敏感性，从而降低了公司的系统性风险，使股票的预期回报率减少。其结果显示，非技术型劳动力份额较高的公司比非技术型劳动力份额较低的公司的股票年平均回报率约低 3.1%。Zhang 还进一步研究发现，技术替代劳动力的决策与商业周期有关，因为机器替代劳动力会中断生产，所以公司更偏好在经济下行时进行劳动力的更替。Fedyk 和 Hodson(2020)还发现，员工的技术型技能(technical skill)和社交型技能(social skill)对公司价值与经营绩效产生了负面影响。其中，技术型技能对公司价值的负面影响是因为 IT、数据分析等新技术的过度繁荣导致高技能人才薪资过高、公司利润减少；社交型技能对公司价值的负面影响是因为这些技能具有反周期的特点，这使得公司风险降低、股票收益率减少。此外，Bali 等(2021)根据劳动力技能特征相似性度量行业间的劳动力市场联结程度发现，劳动力技能具有重叠的公司会通过劳动力竞争相互影响，根据劳动力市场联结度构建的多空组合的年回报率高达 9%。他们解释，信息摩擦和套利限制可能是引起超额报酬的原因。此外，利用受教育程度衡量员工技能，Doms 等(2010)也发现，个人的受教育程度越高，其创业概率越高，公司表现也越好。

5.3 劳动保护、劳动力流动性与资产定价

劳动保护、劳动力流动性是重要的外部人力资本因素，部分文献从这一视角对人力资本与资产价值的关系进行了分析。早期研究集中关注了工会组织如何影响资产价值，普遍认为工会形式的劳动保护降低了公司的市场价值。Ruback 和 Zimmerman(1984)研究表明，工会化会降低资产价值。Hilary(2006)研究发现，面对强大的工会组织，为了在谈判中保持优势，公司会降低信息透明度，通过信息不对称获取谈判优势，资本市场的信息不对称导致股票买卖价差增大、总交易量减少、知情交易增多。Chen 等(2011)研究发现，工会导致公司运营灵活性降低，增加了股价的波动性和股权的风险，从而使公司的权益资本成本增加。Lee

和 Mas(2012)通过研究 1961—1999 年美国私营公司工会选举发现，在短期内，工会选举获胜对股票价值的影响并不显著，但从长期来看，工会选举获胜降低了公司收益，使公司市场价值下降约 10%，且工会的支持率越高，股票的收益率越低。此外，Kim 等(2021)实证研究发现，工会组织显著降低了股价崩盘风险。部分学者还关注了工会组织对债券定价的影响，但实证结果存在一定争议。Chen 等(2012)研究发现，工会组织通过减少公司的冒险投资行为，降低了拖欠债务的可能性，从而导致公司债券报酬率下降，即工会在保护员工的同时也保护了债权人权益。Campello 等(2018)研究却发现，工会组织引起的债券价值下降是劳动保护损害了债权人的权益。Campello 等指出，劳动保护使工会成员相较于债权人在破产清算中有更高的优先级，这将对债权人回收剩余价值产生不利影响。同时，工会对裁员有强烈的抵触情绪，因此，工会化往往意味着破产时间延长、成本升高，从而导致债券价值下降。

部分学者还利用劳动保护政策分析劳动保护如何影响资产回报率和资产价格。利用不当解雇法，Mahlstedt 和 Weber(2021)研究发现，劳动保护会通过两个渠道影响股东和员工的风险分配，导致不同的风险报酬：其一，劳动保护通过增加就业刚性导致公司无法利用裁员转移风险，此时，股东的风险溢酬升高，股票收益率增加；其二，劳动保护通过缓解劳动合同不完整引起的代理问题，减弱劳动力的工资刚性，此时，员工承担了更多风险，股东的风险溢酬降低，股票收益率减少。利用最低工资制度，Bell 和 Machin(2018)发现最低工资制度引起了股价的负面反应。

劳动力市场是动态的，伴随着劳动力的进入和退出。劳动力流动会对公司价值、资产定价产生巨大影响。现有文献主要从三个角度分析劳动力流动对资产定价的影响：第一，更加流动的劳动力市场有助于公司与员工实现更好、更有效率的匹配，从而提升公司基本面价值，导致公司市场价值更高。Bai 等(2021)利用 1984—2017 年美国公司层面的数据，以美国各州在执行竞业禁止协议上的差异作为劳动力流动性的外生冲击发现，更流动的劳动力市场降低了公司雇用新员工的难度，提升了雇员-雇主的匹配度，导致投资收益率、投资水平提升，最终对企业估值产生正面影响。第二，部分学者提出，劳动力流动性提升导致公司留住熟练工人或高技能人才难度增加，这使得公司的风险增大、知识产权保护难度增大，从而导致公司系统性风险上升、价值下降。Donangelo（2014）使用1990—2011年美国劳工统计局数据研究发现，若某一行业的劳动力技能是多行业通用的，即该行业劳动力能跨行业流动，那么该行业就面临较大的劳动力供给弹性和较强的工资刚性。这意味着，当公司遭受负面冲击时，该行业公司无法迅速调整工资水平。同时，因为员工可以随时离开寻求外部发展，公司难以将风险转嫁至工人。此时，公司的系统性风险水平升高，为了补偿投资者承担的这种风险，股票的期望报酬率升高。Israelsen 和 Yonker（2017）研究发现，人力资本流失给公司带来了更多风险，使股票波动率升高，且关键员工离职公告前后，公司价值平均下降约4%。Qiu 和 Wang（2018）通过分析IDD发现，实施IDD后，员工流动性下降，总部位于该州的公司表现出正的股票异常回报，拒绝采用IDD的州会导致公司负的异常回报，且这个结果在高科技行业、研发强度更高、专利数量更多的公司更显著。Shen（2021）利用美国绿卡分配机制分析发现，放松劳动力流动性约束会损害企业价值。他解释，高技能人才的雇用和培训需要更高的前期投入，这部分人才也往往掌握着企业的核心技术和知识，当流动性约束放松促进高技能人才流动时，会通过抑制企业投资、增加劳动力成本对企业价值产生负面影响。第三，劳动力的流动具有信息效应，从而影响资产定价。Agrawal 等（2021）分析2005—2010年上市公司员工个人简历数据发现，普通劳动力流动可用于预测异常股票收益，具体地，员工流入增加对应未来股价的正面响应，员工流出增加对应未来股价的负面响应。通过做多净劳动力流出较低的公司、做空净劳动力流出较高的公司，该策略每月产生的投资回报约0.42%。

5.4 人力资本其他方面与资产定价

员工满意度、员工福利、员工生产力、员工持股也是重要的人力资本组成部分，一些学者发现了上述内部人力资本因素对资产价值的影响。关于员工满意度，理论上，员工满意度对公司价值的影响存在两面性：一方面，提高员工满意度能促进企业价值增长。当员工受到正面激励、满意度升高时，员工有较大可能性认同公司并将其目标内化，从而引发努力，这将转化为更高的企业业绩，增加股东财富。提升员工的满意度还能吸引有价值的新员工、新客户,提升公司声誉,助力企业销售增长。同时,员工满意度提高能降低罢工的可能性。另一方面,员工满意度可能负面影响企业价值。通常情况下,员工满意度的提升需要牺牲公司效率,如增加工资水平、减少工作时长。同时,如果表现差劲的员工因对公司环境感到满意而留下,这种情况下,员工满意度的正面激励可能被差劲员工的"搭便车"行为所抵消。现有文献主要为员工满意度促进公司价值增长提供了实证证据。Merz 和 Yashiv(2007)发现,员工满意度通过提高员工努力程度、增大员工留任可能性显著提升了公司价值。Jiao(2010)利用 KLD 数据库数据构建了非股东利益相关者福利指数,对员工、客户等非利益相关者的福利水平进行评分,研究表明,该指数越高,公司估值越高。Edmans(2011)利用"美国最适合工作的 100 家公司"构建的加权投资组合研究员工满意度和股票长期回报的关系,结果表明,在 1984—2009 年,该投资组合的因子比行业基准高出 2.1%,他认为,这因为股票市场未能将无形资产如员工福利等完全纳入股票估值。Sheng(2021)研究 Glassdoor 网站的近百万条员工评论文本数据发现,员工对雇主业务前景的看法可以预测公司未来的股票回报,员工对公司的业务看法越积极,公司的回报率越高,基于员工前景的多空投资交易策略的年化回报率为 8%~11%。关于员工福利,Liu 等(2021)发现,在女性人才相对稀缺的劳动力市场,公司倾向于提供更丰富的产假福利以吸引女性就业者,这类福利可以增加企业价值。关于员工生产力,İmrohoroğlu 和 Tüzel(2014)研究发现,公司全要素生产率与同期的月度股票收益呈显著正相关关系,与未来的超额收益和事前贴现率呈显著的负相关关系。同时,他们发现,在接下来的一年时间内,低生产率公司的超额收益比高生产率公司平均高出 7.7%,且两者在经济收缩期的收益率差距是经济扩张时期的 3 倍。关于员工持股,Jones 和 Kato(1995)研究发现,员工持股计划提高了普通员工的经营参与度,有效提升了公司的决策效率,引起公司股价的短期正面响应。Huddart 和 Lang(2003)发现,高管和普通员工行权较多时,公司股票的未来投资回报率出现负收益;而行权较少时,则公司未来股票回报率表现较好。这表明,普通员工的决策可以一定程度地传递公司内部信息。

  部分学者关注了资本市场如何影响劳动生产力。比如 Larrain 和 Stumpner(2017)利用 1996—2013 年 10 个东欧国家的企业样本研究发现,资本账户开放可以通过减少融资约束，促进企业生产力提高，企业总生产力提高 10%～16%。Bennett 等（2020）利用知情交易概率和股票价格非同步性数据证实，股票信息含量会影响员工生产力，具体地，股票价格信息含量越高，公司的劳动力生产率越高。他们发现，CEO 更替是股价信息影响公司人力资本投资的重要渠道，当公司股价信息含量升高时，股东和董事会在评估 CEO 表现时会增加股价信息的权重，根据股价表现决定 CEO 去留，这使 CEO 重视股价表现，进一步促进企业提高劳动生产力。

5.5　人力资本与资产定价相关文献评述

从现有文献可以看出，随着人力资本重要性的提升，人力资本对于公司价值、资产收益率的影响越来越受到学术界的关注。现有研究不仅将人力资本视作一种生产要素，也考虑了人力资本的特殊性，如人力资本具有不可交易性、可以起到信号作用等，这使得人力资本在资产定价中的作用是多元的，值得深入探讨。

同时，我们也发现对于资本市场等资产定价相关因素如何影响公司人力资本仍然缺乏研究。资本市场是公司融资的重要渠道，公司股票、债券等资产价格和回报率也会影响公司融资能力，这势必会影响公司人事政策、影响公司对人力资本的需求。例如，京东数科上市失败后立刻传出裁员 30% 的消息。[1] 而且，目前越来越多的公司采用员工持股计划等方式给予员工股权，作为员工薪酬的一部分，资本市场情况势必也会直接通过员工持股影响员工的收益。因此，在未来的研究中，可以更多关注资产定价因素如何影响公司的人力资本配置和员工利益。

---

[1] 详情见：https://baijiahao.baidu.com/s?id=1703437352401721724&wfr=spider&for=pc。

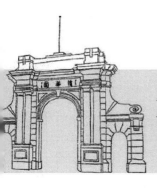

第三篇 中国背景下劳动经济学与金融学的交叉研究

第6章

中国资本市场的制度背景和发展趋势

资本市场是企业等资金需求方面向投资者(即资本提供方)进行中长期融资的场所,起到资本要素市场化配置的功能。从企业的角度来说,企业的运营与发展离不开融资,资本市场的发展程度直接影响了企业是否能够获得融资以及融资成本,从而影响企业的经营发展;从投资者的角度来说,找到好的投资机会才能实现资本保值增值,而资本市场为投资者提供了大量的投资选择,资本市场的发展程度也直接影响了投资者的财富水平。因此,要实现资本要素的优化配置,促进社会财富的增长和经济高质量发展,离不开一个高效的资本市场。

在计划经济体制下,资本要素配置都由政府来决定,这时并不需要资本市场。但是,自改革开放后,市场经济被引入我国,特别是1992年确立中国特色社会主义市场经济体制以来,行政干预资本要素配置逐渐减少,更多地由市场决定资本要素配置,资本市场应运而生。随着社会主义市场经济体制的建立健全、市场化改革的不断深入,我国资本市场不断发展和完善,为我国实体经济的发展壮大作出了巨大贡献,资本市场在我国经济中的重要性也不断上升。党的十九届五中全会明确提出"构建高水平社会主义市场经济体制",意味着我国社会主义市场经济体制建设进入新的阶段。作为社会主义市场经济体制的重要组成部分,资本市场也在持续深化改革中。

为了更加深入理解我国人力资本与资本市场的相互关系,必须了解我国资本市场的制度背景和发展历程。因此，本章从股票市场、并购市场、公司治理、债券市场、商业银行五个方面，总结自改革开放这40余年来我国资本市场的制度变革和发展趋势。

6.1 中国股票市场发展情况

6.1.1 中国股票市场制度背景

中国股票市场是在经济体制改革过程中产生和发展起来的，40余年来，中国股票市场从最初的小型区域性市场迅速发展为全国性市场，其法律体系、制度安排、交易规则、监管框架日益与国际接轨。改革开放以来中国股票市场的发展大致可以划分为四个阶段。

1. 中国股票市场萌生阶段(1978年12月—1992年9月)

实施改革开放基本国策后，经济建设速度加快。在深化国有企业改革的背景下，为缓解财政负担、增强国有企业活力，政府开始在国有企业实施股份制。1984年7月，北京天桥百货股份有限公司成立，并向社会公开发行股票，成为我国第一家股份制国有企业。1986年12月，国务院发布《国务院关于深化企业改革增强企业活力的若干规定》(国发〔1986〕103号文)，指出"各地可以选择少数有条件的全民所有制大中型企业，进行股份制试点"。随着股份制改革范围扩大，越来越多的企业开始半公开或公开地发行股票，股票一级市场开始出现。

为满足流通需要，股票的柜台市场陆续出现，1990年11月26日与1990年12月1日，上海证券交易所(以下简称"上交所")和深圳证券交易所(以下简称"深交所")先后成立并运营，成为我国最早的全国性场内交易场所。随着市场发展，上交所、深交所的交易品种不断增多，交割方式也发生了转变。1991年，上交所、深交所开始实施创建无纸化交易、结算制度，并于当年底实现证券交割的自动化，大大提高了成交效率。与此同时，服务债券和股票场外市场交易的一大批证券公司成立。1992年10月，经中国人民银行批准，华夏证券股份有限公司、国泰证券有限公司、南方证券股份有限公司三大全国性证券公司成立，助力我国证券的场外流通。

这一阶段，伴随着企业股份制改革实施，中国资本市场初步形成，交易规模不断扩大，但因缺乏统一监管、存在明显的制度空缺，秩序较为混乱。

2. 中国股票市场初步发展阶段(1992年10月—1998年)

1992年10月，以国务院证券委员会(以下简称"国务院证券委")和证监会的成立为标志，资本市场开始被纳入统一监管，全国性市场逐步形成。一系列法律法规陆续出台，包括1993年颁布的《股票发行与交易管理暂行条例》(国务院令第112号)、《禁止证券欺诈行为暂行办法》(国函〔1993〕122号)、《中华人民共和国公司法》(以下简称《公司法》)以及1996年颁布的《证券经营机构股票承销业务管理办法》(证委发〔1996〕18号)、《证券经营机构证券自营业务管理办法》(证监〔1996〕6号)，集中对市场交易中的乱象进行了整顿。为避免证券市场盲目扩张，监管部门还对证券发行资格、发行额度和发行定价等方面进行了规定，主张采用审核加额度的方式、以固定价格发行，发行价通过税后利润和相对固定的市盈率确定。

此外，随着对外开放水平的提高，为吸引境外资金投资，我国在1991年底进行了人民币特种股票(简称B股，又称境内上市外资股)试点。这是以人民币标明面值，以外币认购和买卖，面向服务境外投资者，在上交所、深交所交易的股票。同时，境内企业也开始在美国、伦敦、新加坡等证券市场发行上市，主动寻求境外市场资金。上述筹资方式一定程度地缓解了企业生产资金短缺和外汇短缺问题。

这一阶段，我国资本市场规范化程度、对外开放程度显著提高，但行政管理过度、投机交易过多的问题仍然突出。

3. 中国股票市场规范发展阶段(1999—2007年)

1999年7月，《中华人民共和国证券法》(以下简称《证券法》)的正式实施标志着中国资本市场的法律地位正式确立，在证券发行和交易、投资者保护等方面基本实现有法可依。随后，资本市场的法律体系逐步建成，投资的法制环境改善，证券违法的成本进一步提高，资本市场的统一监管增强。为加速制度体系建设、推进发行制度市场化，2001年3月开始，我国新股发行开始实施核准制。随着保荐制度的推出,我国初步形成以保荐制度、发行审核委员会制度、询价制度构成的发行监管制度。发行价也开始采用市场定价方法,不再限制发行市盈率。

为解决股票市场存在的遗留问题、制度性缺陷和结构性矛盾,国家开始逐步推进各项资本市场改革。2004年,《国务院关于推进资本市场改革开放和稳定发展的若干意见》(以下简称"国九条")印发,指明了这一阶段资本市场改革目标。首先,"国九条"明确提出要"积极稳妥解决股权分置问题"。2005年印发的《关于上市公司股权分置改革试点有关问题的通知》标志着我国以对价(consideration)为核心的股权分置改革正式开始。改革期间,非流通股股东为获得股份流通资格向流通股股东支付了一定对价,成功解决了股权分置引起的股权分割问题。其次,"国九条"表明未来要"积极稳妥地推进对外开放",为此,我国先后建立合格境外机构投资者(Qualified Foreign Institutional Investor, QFII)与合格境内机构投资者(Qualified Domestic Institutional Investor, QDII)机制①,以提高资本开放程度。在"建立多层次股票市场体系"方面,2004年,深交所推出中小企业板,通过放宽上市门槛,改善了中小企业的融资环境。2006年,在代办股份转让系统的基础上设立报价转让系统,为中关村科技园区非上市股份公司提供股份转让服务,全国中小企业股权转让系统(简称"新三版")初步形成。

这一阶段,股票市场的改革具有针对性,在法制化建设、股权分置改革、对外开放、市场体系建设等方面取得了重大进展,适应了当时资本市场发展需要。

4. 中国股票市场改革发展新阶段(2008年至今)

2008年金融危机后,我国加速推进资本市场市场化。2010年,融资融券业务启动,使投资者可以向证券公司提供担保物,借入资金买入证券(即融资交易)或借入证券并卖出(即融券交易)。融资融券制度补充了我国股市"做空"机制的空缺,推动资本市场进入双边交易阶段。2014年5月,《国务院关于进一步促进资本市场健康发展的若干意见》(简称"新国九条")印发,从九个方面对资本市

---

① 合格境外机构投资者是指取得证监会资格批准、国家外汇管理局额度批准,可以参与中国证券市场投资的机构投资者,其通过汇入一定额度的外汇资金,转换为当地货币,在严格监管的专门账户投资当地证券市场。合格境内机构投资者是指允许投资境外资本市场的股票、债券等有价证券投资的我国境内机构。

场发展新阶段的改革进行了全面部署。① 其中,在发展多层次股票市场方面,截至 2022 年,我国已构建并完善了涵盖主板、创业板、科创板、北交所、新三板、区域性股权交易市场的多层次资本市场体系,市场结构明显优化,融资效率明显提升。在扩大资本市场开放方面,"沪港通""深港通""债券通"等互联互通机制相继推出,大大促进了资本市场的双向开放,深化了我国资本市场对外开放程度。

这一阶段,我国在建设多层次的资本市场体系方面取得明显进展,市场对外开放的广度和深度不断提高,但与成熟的资本市场相比,还需要进一步完善制度建设,强化资本市场投融资功能。

从诞生至今,中国股票市场用 30 年时间完成了西方发达国家股票市场 200 多年的发展历程。回顾历史,我国股市起源于企业股份制改革,历经国企改革、股权分置改革,目前进入全面深化改革阶段。其中,多层次资本市场体系构建、注册制改革以及股票市场对外开放是近年来股票市场改革的重点,也是推动股票市场发展、完善市场环境的重要制度安排。因此,我们从这三个话题对股票市场制度建设和发展进行分析。

1) 中国多层次资本市场体系构建历程

20 世纪 90 年代,为满足股票交易需求,上交所和深交所先后成立,我国资本市场正式形成。2003 年,党的十六届三中全会首次提出"建立多层次资本市场体系,完善资本市场结构",开启了我国多层次资本市场体系建设道路。2004 年,深交所先行设立中小企业板,通过放宽上市门槛,强化了资本市场对中小企业的融资能力,为推出创业板奠定基础。此外,为解决全国证券交易自动报价系统(STAQ 系统)、全国电子交易系统(NET 系统)②挂牌公司流通股的转让问题,2001 年,代办股份转让系统设立。2002 年,主板市场退市公司股票的流通和转

---

① 《国务院关于进一步促进资本市场健康发展的若干意见》在以下九个方面明确了资本市场健康发展的总体要求和具体任务:一是坚持市场化和法治化取向,维护公开、公平、公正的市场秩序,紧紧围绕促进实体经济发展,激发创新活力,拓展资本市场广度深度,提高直接融资比重,积极发展混合所有制经济,促进资本形成和股权流转;二是发展多层次股票市场;三是规范发展债券市场;四是培育私募市场;五是推进期货市场建设;六是提高证券期货服务业竞争力;七是扩大资本市场开放;八是防范和化解金融风险;九是营造资本市场良好发展环境。

② STAQ 系统和 NET 系统分别于 1990 年 12 月和 1993 年 4 月开始运行,主要服务公司法人股流通。

让被纳入代办股份系统。2006年，在代办股份转让系统基础上，正式启用中关村科技园区非上市股份公司股份报价转让系统，自此，新三板雏形初见。

2009年，为丰富小市值、高成长公司融资渠道，深交所宣告推出创业板。公司在创业板上市后，股份流动性明显增加，这为私募股权投资基金和创业投资基金的退出拓宽了渠道。2012年8月，证监会发布《关于规范证券公司参与区域性股权交易市场的指导意见（试行）》后，各省份区域性股权市场（简称"四板"）快速成型，逐步实现全国覆盖。区域性股权市场通过向当地企业提供挂牌、登记、托管、转让、展示以及各类股权、债权、金融产品服务解决初创期和成长期小微企业融资难问题，同时作为小微企业的孵化平台，推动挂牌公司实现转板上市。2012年9月，新三板注册成立，原代办股份转让系统和报价转让系统挂牌的公司转入新三板。2013年，国务院印发《国务院关于全国中小企业股份转让系统有关问题的决定》，新三板正式运营，并成为全国非上市股份有限公司的股权交易平台、中小型企业的价值投资平台，中小企业的融资渠道再次拓宽。2016年，《全国中小企业股份转让系统挂牌公司分层管理办法（试行）》实施，新三板开始使用分层管理，分为基础层企业和创新层企业，通过差异化的制度安排，降低投资者信息收集成本。

2019年，随着科创板设立，我国多层次资本市场改革进入新阶段。同年10月，证监会启动全面深化新三板改革，改革内容包括：通过允许创新层企业向不特定合格投资者公开发行，优化发行机制；设立精选层，完善市场分层；建立了挂牌公司转板上市机制，允许符合条件的精选层企业直接转板上市，促进市场间联结。2021年4月，经证监会批准，深交所主板与中小板合并，形成了"主板+创业板"的市场格局，这项改革使企业上市择板更加明确、板块定位更加明晰。为加大中小企业创新发展的支持力度，2021年9月，北京证券交易所（简称"北交所"）注册成立，首批北交所的股票从新三板的精选层平移而来，后续上市公司从新三板创新层挂牌公司产生，打通了中小企业实现A股上市的"快速通道"。自此，我国多层次资本市场体系基本完善，涵盖沪深主板、创业板、科创板、北交所、新三板以及区域性股权交易市场的基本架构初步形成（表6-1）。

表 6-1　我国多层次资本市场体系

市场层次	场外市场			场内市场			
融资平台	区域性股权交易市场	新三板基础层	新三板创新层	北交所	创业板	科创板	沪深主板
企业发展阶段	初创期	初创与成长期		成长期			成熟期
门槛	低			中低	中	中高	高
企业定位	中小微企业	创新型、创业型、成长型中小企业		"专精特新"中小企业	"三创四新"企业	高新科技企业和战略新兴企业	中大型成熟企业

多层次资本市场体系为不同发展阶段、不同类型的企业提供了对应的融资平台。其中，区域性股权交易市场为中小微企业提供转让和融资服务；新三板基础层、创新层重点服务创新型、创业型、成长型中小企业；北交所主要服务具有"专业化、精细化、特色化、新颖化"（简称"专精特新"）特征的中小企业；创业板强调"三创四新"，即上市企业要符合"创新、创造、创意"的趋势，或者是传统产业与"新技术、新产业、新业态、新模式"深度融合，推动传统产业的创新升级；科创板主要服务符合国家战略、突破关键核心技术、市场认可度高的科技创新企业，坚持面向世界科技前沿、面向经济主战场、面向国家重大需求；沪深主板主要面向成熟期的中大型企业，上市门槛较高，发行周期较长。

不同板块差异化的定位和功能满足了资本市场上资金供求双方多层次化的需求，实现了风险的分层管理，板块间转板机制的落地也促进了市场的互联互通。此外，多层次的资本市场体系也有助于筛选出真正有发展潜力的企业，进而推动产业成长，促进经济转型升级。

2）中国注册制改革历程

我国股票市场形成以来，新股发行制度经历了由审批制到核准制、再到注册制的变化（图6-1）。在审批制、核准制等发行制度下，上市要求过高、发行时间过长、发行效率低下等体制性问题，造成我国资本市场直接融资功能不足。为建设更高效的资本市场，近年来，我国不断推进股票发行注册制改革。

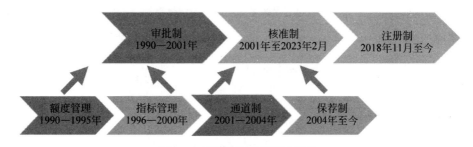

图 6-1 我国股票发行制度演化

2013年11月，党的十八届三中全会首次将推进股票发行注册制改革写入中央文件。2019年6月，科创板开板并试点注册制，标志着注册制改革正式落地实施。2020年3月，新证券法的实施确立了注册制的合法地位。新证券法将证券发行条件从"具有持续盈利能力"改为"具有持续经营能力"，在证券发行程序上，取消发审委制度，证券监管机构对证券发行申请由核准转变为注册，同时授权国务院规定证券公开发行注册的具体办法。2020年4月，《创业板改革并试点注册制总体实施方案》通过，意味着注册制改革由增量市场迈向存量市场。创业板借鉴科创板经验的同时，结合自身定位和特点，在跟投机制、盈利要求、投资门槛等方面进行了调整。2021年9月3日，试点注册制的北交所成立，并于同年11月15日开市，注册制试点范围进一步扩大。科创板、创业板、北交所的注册制改革试点为全面实行股票发行注册制积累了大量经验。2022年1月，证监会召开2022年系统工作会议，强调要以全面实行股票发行注册制为主线，深入推进资本市场改革。2023年2月1日，证监会就全面实行股票发行注册制涉及的《首次公开发行股票注册管理办法》等主要制度规则草案公开征求意见，紧接着在2月17日发布并实施全面实行股票发行注册制相关制度规则。这意味着我国股票发行注册制已经全面铺开，资本市场全面进入注册制时代。

从2020—2021年的注册制改革效果来看，由于盈利能力不再是判断公司能否上市的必备条件，注册制为尚未盈利甚至处于亏损状态的优质公司拓宽了融资渠道，使公司上市速度明显加快。注册制的低门槛还使市场容量扩大，导致壳资源大幅贬值，加上市场化的定价机制，上市公司的估值逐渐步入合理区间。只有真正具有成长价值的公司才能获得市场青睐，"打新"成为过去式，IPO破发成为常态(表6-2)。

表 6-2　注册制板块 IPO 首日破发数量统计　　　　　　　　　次

年　份	科 创 板	创 业 板	北 交 所
2020	0	6	—
2021	12	30	5

此外，为实现股票市场的动态平衡，建立和健全公司的退出机制，我国开始完善和加强上市公司退市制度。其实，在 1993 年出台的《公司法》就已明确规定，上市公司在一定条件下应暂停上市和终止上市，但当时并未真正落实。1998 年 4 月，上交所和深交所提出对财务状况与其他状况出现异常的上市公司股票进行"特殊处理"（special treatment），标识为 ST，并对此类公司作出涨停 5% 的限制。1999 年 7 月，《证券法》实施后，上交所和深交所公布规则，对连续 3 年亏损的公司暂停上市，并对其股票实施"特别转让"（particular transfer，PT）服务。如果 PT 后又连续 3 年亏损，则终止上市；相反，若在 PT 后 3 年内的某一年扭亏为盈，则可申请恢复上市交易。设计 ST、PT 制度的初心是实现公司自由退出，但从实施效果来看，退市制度并没有落到实处。不严格的退出机制不但拉低了上市公司的整体质量，由于上市资格的稀缺，ST、PT 制度甚至造成了投资者对劣质公司的追捧。于是在 2001 年 2 月，《亏损上市公司暂停上市和终止上市实施办法》取消了 PT 制度，规定连续 3 年亏损的公司暂停上市，证券交易所不再提供转让服务，暂停交易后第一个会计年度公司仍未扭亏的，将直接终止上市。2001 年 4 月，"PT 水仙"成为 A 股首家退市公司。2012 年，上交所、深交所先后建立了财务类、交易类、规范类退市指标体系。2014 年 10 月，证监会发布《关于改革完善并严格实施上市公司退市制度的若干意见》，确立了主动退市制度，并将重大违法纳入强制退市范畴。2018 年 11 月，上交所、深交所分别发布《上海证券交易所上市公司重大违法强制退市实施办法》和《深圳证券交易所上市公司重大违法强制退市实施办法》，细化了重大违法强制退市情形，明确上市公司涉及欺诈发行、重大信息披露违法、涉及"五大安全"的违法行为均予以强制退市。此后，上市公司退市明显加快速度，但整体上仍进多退少。在这期间，虽然退市标准不断修改、完善，但我国退市制度的多重缓冲以及借壳上市制度的存在削弱了退市制度的效果，上市公司退市率远低于发达国家。

注册制改革全面推开的同时,需要更完善的退市制度与之配套。一方面,注册制从根本解决了上市难问题,但发行易、退出难的新问题会加剧股票市场流动性不足,加大投资者变现难度。因此,亟须完善退出机制,提高市场流动性。另一方面,注册制通过降低上市门槛、缩短上市周期削弱了壳资源价值,导致借壳上市现象大幅减少(图6-2),让没有成长性的垃圾股真正退出市场。

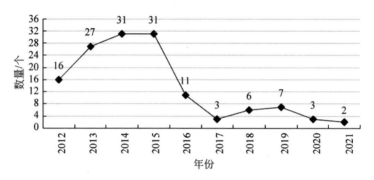

图6-2 我国借壳上市成功案例数量(2012—2021年)

为健全A股常态化退市机制,2020年12月31日,上交所和深交所颁布了新修订的《上海证券交易所股票上市规则》《深圳证券交易所股票上市规则》《上海证券交易所科创板股票上市规则》《深圳证券交易所创业板股票上市规则》等多项配套规则,建立了交易类、财务类、规范类、重大违法类四类强制退市指标,简化了退市流程。2021年9月,北交所发布《北京证券交易所股票上市规则(试行)》也制定了同样的退市规则。自此,新的退市规则被应用到A股市场所有板块,退市效率显著提升(图6-3)。

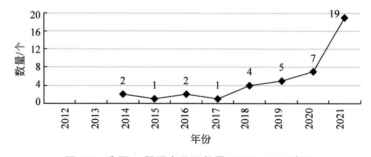

图6-3 我国A股退市公司数量(2012—2021年)

注册制改革的全面推行、常态化退市机制的不断完善将提高我国上市公司质量，提升我国资本市场的投资价值，有利于中国资本市场早日迈向成熟。

3) 中国股票市场对外开放历程

中国股票市场对外开放的起点是 B 股的发行。1992 年 1 月 15 日，中国发行的第一只 B 股——上海真空电子器材股份有限公司 B 股在香港、上海等地认购。2001 年 2 月，经国务院批准，证监会宣布境内居民可以用合法持有的外汇开立 B 股账户以及交易 B 股。

为进一步引进外资，2002 年 12 月，合格境外机构投资者（Qualified Foreign Institutional Investor，QFII）制度正式实施，QFII 制度允许经过审核的境外机构投资者，在一定限度内，按照规定将外币资金转换为人民币，投资于我国证券市场。QFII 制度在资格认定、资金监控、投资范围、投资额度等方面进行了严格限制，以减少境外资金对我国证券市场的冲击，QFII 制度的建立推进了我国资本市场进一步对外开放。2006 年 5 月，我国建立了与 QFII 制度对应的 QDII（合格境内机构投资者）机制，QDII 制度则允许我国的机构投资者在经过批准之后，投资境外资本市场的股票、债券等有价证券。QFII 制度和 QDII 制度使得我国资本市场和国际资本市场资金双向流动。2011 年，人民币合格境外机构投资者（RMB Qualified Foreign Institutional Investor，RQFII）推出，允许境外人民币通过境内基金公司、证券公司的香港子公司投资 A 股，进一步拓宽投资者渠道，加速人民币国际化。虽然境外投资者的准入门槛、投资额度、覆盖范围不断优化，但交易限制还是造成了供需紧张、租借额度、出售额度的乱象，甚至一度影响了境外投资者的热情。

2016 年以后，我国对 QFII 机制和 RQFII 机制实施了新一轮改革，放松了投资额度、投资比例等限制，加大了 QFII 和 RQFII 的开放程度。2016 年 2 月，国家外汇管理局放宽了单家 QFII 机构的投资额度上限，并将锁定期从 1 年缩短为 3 个月。同年 9 月，证监会取消了 QFII 和 RQFII 股票投资比例限制，取消股票配置不低于 50% 的要求，允许 QFII 灵活对股票债券等资产进行配置。2018 年 6 月，监管进一步放开，取消 QFII 每月资金汇出不超过上年末境内总资产 20% 的限制以及 QFII、RQFII 本金锁定期的要求。为进一步扩大我国金融市场对外开放，2019 年 9 月，国务院批准决定取消 QFII 和 RQFII 投资额度限制，同时取消 RQFII

试点国家和地区限制，境外投资者的进入通道再优化。2020年9月，国务院批准《合格境外机构投资者和人民币合格境外机构投资者境内证券期货投资管理办法》，明确规定QFII、RQFII资格和制度规则合二为一，放宽准入条件，取消委托中介机构的数量限制，同时，稳步优序扩大投资范围。消除额度和准入限制、丰富境外投资者投资选择的一系列改革措施使境外机构进入我国资本市场更加便利，有助于加速境外投资者入场。

除QFII、QDII、RQFII机制外，为进一步丰富跨境投资方式，扩大资本市场对外开放程度，我国建立了交易所之间的双向开放通道——"沪港通""深港通""沪伦通"。2014年11月，上海证券交易所与香港联合交易所(以下简称"联交所")互联互通机制——简称"沪港通"——正式启动。"沪港通"允许两地投资者通过当地证券公司买卖规定范围内的对方交易所上市的股票和股票ETF(交易型开放式指数证券投资基金)，包括"沪股通"和"港股通"两部分，最初试点的交易范围包括上交所的上证180指数、上证380指数的成分股，以及联交所的恒生综合大型股指数成分股、恒生综合中型股指数成分股以及"A+H股"中的H股，在之后"沪港通"标的证券不断扩容。两地投资者可以通过当地证券公司交易对方交易所内的"沪港通"标的证券。2016年12月，借鉴"沪港通"的成功经验，"深港通"正式启动，在深交所与联交所建立连接。2018年10月12日，证监会发布《关于上海证券交易所与伦敦证券交易所互联互通存托凭证业务的监管规定(试行)》，为启动"沪伦通"准备。2019年6月，"沪伦通"机制正式运行，通过存托凭证间接持有对方股市股票完成交易，实现上海证券交易所与伦敦证券交易所(以下简称"伦敦证交所")的互联互通。实际操作中，上交所的上市公司通过在伦敦发行全球存托凭证(GDR)筹集新资金，或以存量股票为基础发行GDR；伦敦证交所的上市公司仅限于向沪市投资者出售以现有股票为基础的中国存托凭证(CDR)。这一制度在产品挂牌模式、交易品种和交易模式等方面取得了新进展，进一步打通了海外融资渠道，同时解决了人民币输出和回流的问题，推动了人民币国际化进程。具备成本低、结算灵活、机制灵活特点的"沪港通""深港通""沪伦通"等连接机制，是促进市场间互联互通的重要发展模式。

我国股票市场对外开放程度的不断加深有效提高了境外投资者在国内金融市场的参与度，也为境内投资机构提供了走向国际市场的机会，但目前境外投资者在我国资本市场的占比与发达国家还存在显著差距①,股市的对外开放仍需要不断推进。

6.1.2 中国股票市场发展趋势

2008年,我国资本市场改革进入新阶段。这一时期,我国股票市场规模不断扩大,市场结构和市场质量不断优化,市场活力不断增强。接下来,我们将结合相关统计数据对我国股票市场的变化趋势进行具体分析。②

首先,从股票市场容量变化来看(图6-4),2008—2020年,我国境内上市公司(包含A股、B股)数量增长迅速,从2008年1 625家A股上市公司增长至2020年4 154家。2020年末,上交所上市公司数量为1 800家(含科创板215家),深交所上市公司数量为2 354家(含创业板892家)。自2018年起,IPO数量逐年增加,2020年,IPO数量突破400家,证券发行效率显著提升。全面推行注册制的背景下,市场还将大幅扩容,监管方式将发生从审核证券质量转换为审核注册程序的根本转变。

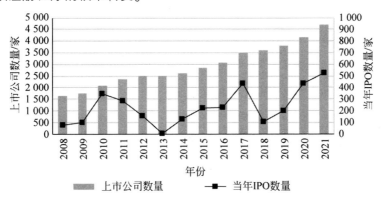

图6-4 我国境内上市公司数量及历年IPO数量(2008—2021年)

---

① 新浪财经,2021年7月20日报道《吴晓求:未来中国要成为中等发达国家 资本市场境外投资者占比将提高到15%》中,吴晓求指出"现在中国资本市场境外投资者占比只有3.5%,这个比例非常低,和中国资本市场发展的目标不匹配,未来中国要成为中等发达国家,我个人认为应逐步由现在的3.5%提高到15%左右"。

② 本节数据来自国泰安CSMAR数据库(https://cn.gtadata.com/)、Wind数据库(https://www.wind.com.cn/)、《中国统计年鉴》、《上海证券交易所统计年鉴》、《深圳证券交易所市场统计年鉴》、《中国证券期货统计年鉴》。

从股票市场市值变化来看(图6-5),2008—2020年,我国股票市值呈波动上升趋势,股票总市值从12.14万亿元增加到79.72万亿元,股票流通市值从4.52万亿元增加到64.36万亿元。在此期间,我国股市在经济中的地位也迅速升高,2020年,股票总市值与GDP(国内生产总值)的比值为78.66%;股票流通市值与GDP的比值为63.59%。这表明,随着市场扩容,股市在经济运行中的地位提高。虽然我国股市证券化率超过了许多中等收入国家(50%左右),但与发达国家①仍存在较大差距(大于150%),我国股票市场实力需要进一步提升。

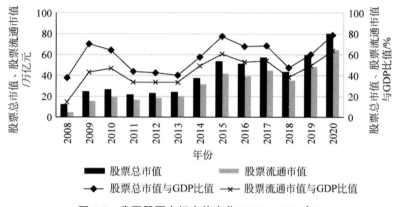

图6-5 我国股票市场市值变化(2008—2020年)

从股票市场投资者的规模和结构来看(图6-6),2008—2020年,A股开户数量增长迅速,自然人开户规模远大于机构投资者,增长速度也明显更快。具体地,上交所A股自然人投资者总数从0.64亿户增加到2.64亿户,A股机构投资者总数由30.13万户增加至80.4万户,深交所A股自然人投资者总数从0.75亿户增加到2.47亿户,A股机构投资者总数由23.71万户增加至63.44万户。个人投资者比重较高,投资者种类较为单一,投资者结构不均衡可能是我国股票市场波动性较大的原因。

股票市场的发展情况是影响企业股权融资的重要因素,发达的市场环境可以拓宽融资渠道,提升企业的融资效率。接下来,我们利用企业的股权融资数据进一步了解股票市场发展情况。从首次公开募股(initial public offering,IPO)和股权

---

① 2020年,美国股票证券化率约为176.6%,英国股票证券化率约为210%。

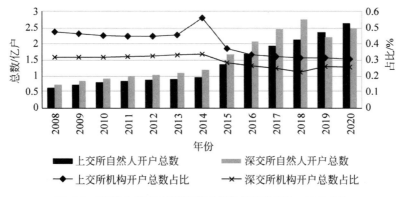

图 6-6 我国 A 股市场投资者规模和结构(2008—2020 年)

再融资(seasoned equity offering,SEO)数据来看(图 6-7),2008—2020 年,企业利用股权融资募集资金的规模显著增加,IPO 融资总额由 1.06 千亿元增加至 4.73 千亿元,SEO 融资总额(包括定向增发和公开增发)由 2.19 千亿元增加至 8.53 千亿元。可以看出,SEO 的融资规模已远远超过 IPO 的融资规模。对两者资金用途进行统计分析可以发现(图 6-8),企业利用 IPO、SEO 融资的主要目的是新建项目,其次是补充流动资金。

图 6-7 我国 A 股市场 IPO 和 SEO 资金规模(2008—2020 年)

从上市板块分布来看(图 6-9),随着创业板、科创板、北交所这些新的交易市场推出,我国 IPO 地点结构发生了较大变化,主板市场的上市公司数量占比呈波动下降趋势,在 2018 年后,公司选择在主板上市的占比首次低于 50%,创业板、科创板上市公司数量明显增多,这表明新兴市场板块为更多处于成长期的企业提供了上市融资机会。

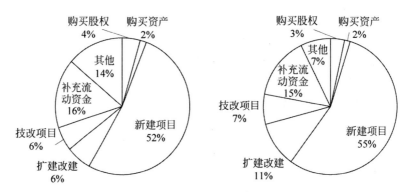

图6-8 我国A股市场IPO和SEO资金用途占比(2008—2020年)

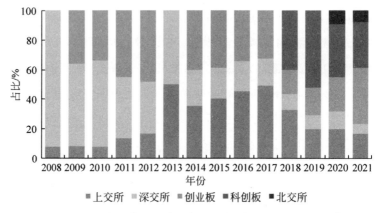

图6-9 按上市地点划分的历年IPO数量(2008—2021年)①

从IPO主体的企业性质来看(图6-10),2008—2020年,IPO主体中,国有企业占比明显减少,比重由30.26%下降到7.55%,这是因为非国有企业发行数量快速增加,而国有企业上市数量增长放缓。具体地,2008年,非国有企业的上市数量为53家,国有企业上市数量为23家;到2020年,非国有企业上市数量增加至404家,而国有企业仅33家上市。可见,注册制全面推行的背景下,证券发行制度的变化、资本市场体系的完善有效提升了非国有企业上市公司的比重,这有利于改善早期由国有企业主导的发行结构和上市格局。

---

① 这里上交所、深交所是指其主板和中小板,由于创业板、科创板与主板、中小板IPO规则不同,我们将其从上交所、深交所IPO公司分离出来进行考察。由于北交所推出时间为2021年,此处数据分析的时间区间扩展为2008—2021年。

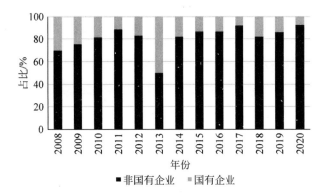

图 6-10 按产权性质划分的历年 IPO 数量(2008—2020 年)

此外,结合我国上市公司股利支付情况与股息率对股票市场进行分析。从上市公司股利分配情况来看(图 6-11),2008—2020 年,我国上市公司分红比率波动升高,2008 年分红公司占比 58.99%,到 2020 年比重提升为 68.53%。但上市公司股利分配普遍缺乏计划性和连续性,分红的原因不一。此外,我国不分红的上市公司数量仍占到三成,与发达国家股票市场相比较高,许多利润丰厚的公司以"公司的长远发展"为理由,选择不分红。在分红方案的选择上,采用现金分红的公司波动增加,选用股票分红的公司数量波动减少。这可能是由于 2008 年 10 月出台的《关于修改上市公司现金分红若干规定的决定》中,将股权再融资的条件由"最近三年以现金或股票方式累计分配的利润不少于最近三年实现的年均可分配利润的 20%"修改为"最近三年以现金方式累计分配的利润不少于最近三年实现的年均可分配利润的 30%",大大提升了上市公司进行现金分红的动力。

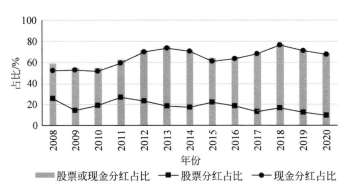

图 6-11 我国上市公司股利支付趋势(2008—2020 年)

结合产权性质对上市公司股利分配情况进行分析可以看出（图6-12），随着时间的推移，国有上市公司现金分红的比例波动下降，而非国有上市公司现金分红的比例呈波动上升趋势，2010年，非国有企业现金分红的比例超过国有企业现金分红的比例。股票分红方面，国有企业在2008年至2015年间呈波动上升趋势，在2015年之后则呈波动下降趋势，非国有企业整体呈现波动下降趋势，而在2008年，非国有企业的股票分红比例与国有企业几乎一致。

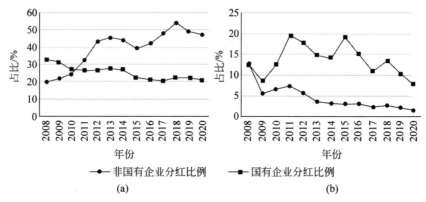

图6-12 不同产权性质的上市公司现金股利支付情况和股票股利支付情况（2008—2020年）
(a) 现金股利支付情况；(b) 股票股利支付情况

6.2 中国并购市场发展情况

6.2.1 中国并购市场制度背景

并购重组是企业发展壮大的重要途径之一，可以帮助企业迅速提高市场份额和市场竞争力。作为并购业务的主要平台，资本市场功能越发达，并购市场也会越完善。基于此，我们从并购市场发展情况分析我国资本市场现状，并购市场大致经历了以下四个发展阶段。

1. 并购市场的萌生和初步发展阶段（1984—2000年）

我国第一例企业并购案例发生于1984年7月，在政府参与、引导下，为解决国有企业亏损问题，河北省保定市纺织机械厂和保定市锅炉厂以承担全部债权债务的方式分别兼并了保定市针织器材厂和保定市鼓风机厂，形成了我国公司并购初期的"保定模式"。1989年2月，《关于企业兼并的暂行办法》发布，对企业兼并的原则、对象、形式、程序、资产评估作价等内容进行了较详尽的规定。随着上交所、深交所的成立，流通股交易的规范极大地提高了企业股权交易的可能。1993年，深圳宝安集团通过二级市场举牌上海延中实业，开启了我国上市公司并购浪潮。为规范上市公司并购操作，1993—1994年发布的《股票发行与交易管理暂行条例》《股份有限公司国有股权管理暂行办法》，细化了要约收购的具体流程。1999年实施的《证券法》正式确立了上市公司收购的法律地位，通过放宽对收购主体的限制，减少二级市场的收购成本，推动了并购重组热潮，以"买壳上市""借壳上市"为目的的资产重组活动迅速增加。总的来说，这一时期的并购主体以国有企业为主，大多数并购是由政府干预或主导的，并购体量较小。

2. 并购市场的规范发展阶段（2001—2005年）

随着上市公司并购重组规模的扩大，股权价值高估、信息披露违规、恶意关联交易、虚假重组等并购乱象频发，侵犯了中小股东的利益。为防范风险、提高资产重组的效率和水平，自2001年起，政府陆续颁布了上市公司并购重组的实施细则和具体的指引，如《关于上市公司重大购买、出售、置换资产若干问题的通知》《关联方之间出售资产等有关会计处理问题暂行规定》等，通过考察资产重组行为是否实质提高公司业绩表现，全面强化并购市场监管，打击虚假收购和内幕交易。

这一时期，上市公司并购重组数量经历了先增后减的变化，并购重组的市场化程度仍较低，大多数并购案例由政府主导，且伴随着"国退民进"现象，国有股权开始向民营企业转移。

3. 并购市场的扩张阶段（2006—2014年）

伴随着股权分置改革的推进，股权流通性的增强使企业并购重组交易规模不断扩大，上市公司并购交易额比重大幅提升。这一期间，以产业整合为主的并购重组成为市场主流，上市公司通过并购重组促进经济结构调整、经济发展方式转变成效显著。为推动上市公司收购市场化，自2006年起一系列法律法规出台，包括修订后的《证券法》《上市公司收购管理办法》及其配套 5 个信息披露内容和格式准则、《上市公司并购重组财务顾问业务管理办法》《中华人民共和国反垄断法》《关于修改上市公司重大资产重组与配套融资相关规定的决定》。上述规定通过将强制性全面要约收购方式调整为由收购人选择的要约收购方式、提高证券交易的信息透明度、规定财务顾问把关部分要约收购、进行反垄断规制、拓展兼并重组渠道等内容，进一步引导和规范上市公司的并购重组。同时，为调整国有资本布局、完善国有资本进出机制，《关于推进国有资本调整和国有企业重组的指导意见》推动了国有企业并购重组的发展。随后《国有股东转让所持上市公司股份管理暂行办法》出台，进一步规范国有股权变动行为，防止国有资产流失。监管部门还加强了并购重组过程的内幕交易防控，《关于依法打击和防控资本市场内幕交易的意见》《关于加强与上市公司重大资产重组相关股票异常交易监管的暂行规定》的先后发布，形成了打击内幕交易、监督并购重组股票异常交易的体系，进一步维护资本市场公平秩序。

4. 并购市场的成熟阶段（2015 年至今）

这一阶段，为优化重组上市监管制度，政府持续关注并购重组市场化改革，并针对重大资产重组事项进行多次修订，并购重组市场化改革的深化显著提高了企业参与并购重组的意愿。同时，为化解我国产能过剩、产业结构失衡的现状，供给侧结构性改革推出，带动了新一波的产业整合。一方面，企业通过兼并重组加强资源整合，改善经营业绩，做大做强。另一方面，并购重组也成为实现业务转型的重要途径，一大批传统企业通过并购重组进入新兴产业、新技术产业，拓展发展空间。再加上在全面推行注册制的背景下，上市公司数量不断增多，为加强市场竞争力，基于产业逻辑的并购需求不断增加。因此，我国并购市场将持续升温。

6.2.2 中国并购市场发展趋势

随着资本市场建设的完善以及经济发展方式的转变，我国上市公司并购需求和并购类别发生了明显变化。下面，我们将从并购规模和并购数量、并购行业分布、涉外收购等方面对 2008—2020 年并购市场的发展情况，进行如下分析。①

从我国上市公司并购规模和并购数量的变化趋势可以看到（图 6-13），我国上市公司并购交易金额由 2008 年的 776.553 亿元，上升至 2020 年的 2 362.434 亿元，并购规模总量增长了 3 倍，交易数量也由 2008 年的 1 917 例上升至 2020 年的 9 224 例，比 2008 年增长了 3.81 倍。数据表明，我国公司并购活动频繁，交易金额增长迅速。整体来看，上市公司并购规模和并购数量大致呈现先上升、后下降趋势，且 2018 年后上市公司并购重组数量下降明显，这主要是因为注册制的全面实施拓宽了私募股权投资基金和创业投资基金的退出渠道，减少了这类公司通过并购方式退出获取收益的需求。

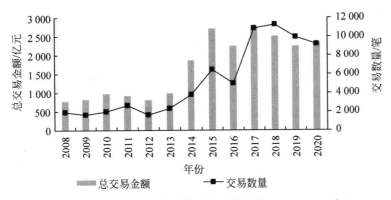

图 6-13 我国上市公司并购数量和交易规模（2008—2020 年）

从上市公司并购行业分布视角分析，对比 2008 年与 2020 年并购标的的行业分布可以看出（图 6-14），除制造业以外②，住宿餐饮行业的并购数量明显提高，并购数量占比由 2.58% 提高至 11.91%。而房地产、交通、电力则是并购数量比重下降最多的三个行业，其中，房地产行业并购数量占比由 11.69% 下降至 1.59%，交通行业并购数量占比由 8.47% 下降至 3.01%。

---

① 本节数据来自国泰安 CSMAR 数据库（https://cn.gtadata.com/），Wind 数据库（https://www.wind.com.cn/）。

② 2008 年与 2020 年，制造业均为并购交易数最高的行业，占比分别为 47.05%、65.97%，远高于其他行业，为增强可比性，故不在图中呈现制造业占比情况。

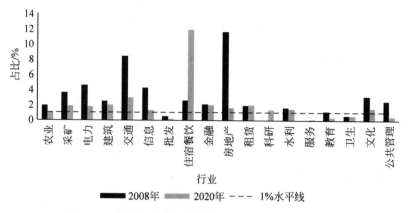

图 6-14　我国上市公司并购行业分布（2008—2020 年）

接下来对上市公司涉外收购数据进行分析（图 6-15）。首先，用并购交易金额衡量并购规模分析发现，2008—2020 年，我国上市公司涉外并购结构发生了明显变化。其中，上市公司出境并购交易金额在涉外并购重组交易总额的占比大致呈现先增加、后下降的趋势，从 2008 年的 56.19% 波动增加到 2016 年的最高点 96.93%，再波动下降至 2020 年的 60.35%，上市公司入境并购交易金额在涉外并购重组交易总额的占比则大致呈现先下降、后上升的趋势，涉外并购总额由 2008 年的 1 168.70 亿元，下降至 2020 年的 136.41 亿元，这一变化与"逆全球化"浪潮有紧密的联系，贸易局势的紧张、潜在的政治风险削弱了我国上市公司参与跨境并购的意愿。

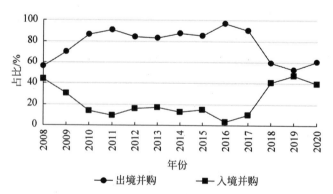

图 6-15　我国上市公司涉外并购结构趋势变化（2008—2020 年）

图 6-16 展示了出境并购、入境并购的交易数量和规模变化趋势，比较两类涉外并购，可以发现，2009—2012 年，出境并购每年发生的交易数量在 60~101 笔，

总交易金额在 111 亿~512 亿元，平均每笔并购交易金额超过 1 亿元，特别是在 2009 年，平均交易金额达到 6.99 亿元，出境并购整体呈现出小规模、大体量，即交易次数少（小规模）但单笔交易金额大（大体量）的特点，大量企业强强联合；2013 年以后，出境并购数量波动上升，在 2019 年达到最高峰（197 笔），但总交易金额却没有显著增加，平均每笔并购交易金额在 0.43 亿~1.41 亿元间波动，呈现出大规模、小体量的特点，这一时期，国内上市公司出境并购的意愿增强，但平均交易金额不大。从入境并购的发展趋势可以看出，与出境并购相比，我国上市公司入境并购的体量和规模较小，这也一定程度反映了我国上市公司质量仍有进一步提高的空间，入境并购的变化趋势大致是小规模、大体量，到小规模、小体量，再到大规模、小体量。这表明，入境并购的目标公司由大公司向中小型企业发展，也反映了近年来我国上市公司质量呈上升趋势。

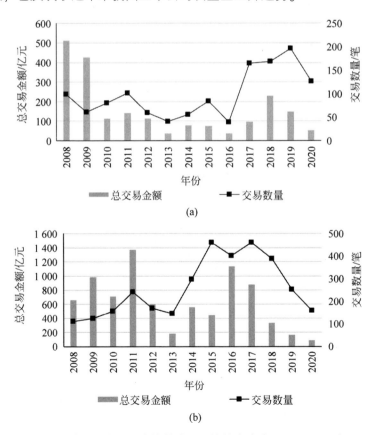

图 6-16 我国上市公司出境并购、入境并购统计（2008—2020 年）
（a）出境并购；（b）入境并购

6.3 中国公司治理发展情况

6.3.1 中国公司治理制度背景

公司治理是在现代公司的所有权与经营权分离情况下，公司所有者（即股东）对公司的经营管理和绩效进行监督、激励、控制和协调的一整套制度安排，是实现公司资源有效配置、保证公司价值最大化的重要制度。我国公司治理的发展历程大致可以分为行政型治理阶段、双轨制治理阶段和经济型治理阶段。

行政型治理是1978年以前社会主义经济体制下的公司治理模式。这一模式下，公司治理主体是"政府"，企业的所有权属于政府，缺乏自主经营权。国家通过企业行使行政职能与经济职能。行政型治理模式具有资源配置行政化、经营目标行政化、高管任免行政化三大特点（李维安和李元桢，2020），具体表现为企业的行政级别越高，获得的资源越丰富；企业的生产经营计划是根据国家宏观计划指导，由政府下达指令性安排而来，且企业的经营绩效由计划完成率衡量；高管的任免主要由政府主管部门负责，管理层的薪酬、福利待遇由行政级别高低决定，因固定工资的薪酬设计，管理层缺乏工作积极性，难以分享企业经营的成果。

改革开放后，我国步入市场化经济，公司治理进入双轨制治理阶段（1978—1992年），政府开始放开国有企业自主权。1979年，国务院陆续下达5个关于改革国营企业管理体制的文件[①]，并在少数企业进行扩大企业经营管理自主权的试点。1981年，为提高经济效益、减少财政赤字，经营责任制正式实施。随后，国家开始推行以"利改税"为核心的企业分配制度改革，使国有企业利润上缴转变为利润分流。与此同时，厂长（经理）责任制逐步在全国范围内实施，通过赋

---

① 1979年7月，为扩大企业自治权，国务院改革国营工业企业管理体制的5个文件正式出台，分别是《关于扩大国营工业企业经营管理自主权的若干规定》《关于国营企业实行利润留成的规定》《关于提高国营工业企业固定资产折旧率和改进折旧费使用办法的暂行规定》《关于开征国营工业企业固定资产税的暂行规定》和《关于国营工业企业实行流动资金全额信贷的暂行规定》。

予厂长在企业经营和生产过程中的决策权、指挥权、任免权、奖惩权及充分的经营权，企业利润明显增长。1984年10月，党的十二届三中全会通过《中共中央关于经济体制改革的决定》，指出应按照政企职责分开、所有权同经营权适当分开进一步放权。基于此改革思路，具有包死基数、确保上缴、超收多留、欠收自补特征的承包经营责任制推出，自负盈亏的激励机制调动了企业的积极性。此外，股份制试点也开始展开，以增强企业活力。这一时期，扩大企业自主权的改革举措实现了企业行政职能与经济职能的初步分离以及经营权和所有权的分离，使企业经济活力增强、经营状况改善，但承包制助长了企业的短视行为，出现了承包人为个人利益，盲目追加固定资产投资、扩张企业规模，忽略企业长期利益的现象。

为适应市场经济发展要求，自1993年起，我国开始进入经济型治理阶段。这一阶段可分为三个时期。

1. 现代企业制度建设时期（1993—2004年）

1993年，党的十四届三中全会通过《中共中央关于建立社会主义市场经济体制若干问题的决定》，提出"转换国有企业经营机制，建立现代企业制度"。同年，《公司法》出台，规定在股东大会下设置董事会和监事会两个平行机构，形成"双层治理模式"。监事会被赋予了监督公司董事、经理的监督权，与董事会有平行地位。随后，为建立现代企业制度的百户试点企业工作展开，取得不错成效。为进一步完善上市公司治理结构，2001年8月，证监会颁布了《关于在上市公司建立独立董事制度的指导意见》（证监发〔2001〕102号），并在2002年联合国家经济贸易委员会发布了《上市公司治理准则》（证监发〔2002〕1号），使独立董事制度在上市公司中全面推行开来。这一时期，现代企业制度的方向明确，企业开始逐步改组为控股公司，随着改革配套的规章和制度不断完善，法人治理结构得以形成。

2. 经济型治理形态发展时期（2005—2016年）

这一时期，我国关注公司治理结构的合理性以及上市公司的治理质量，推进了包括股权分置改革、国有企业混合所有制改革、董事会授权试点等改革措施。其中，股权分置改革是提高公司治理效率的重要改革之一，它解决了我国上市公司非流通股和流通股分离的问题。在我国证券市场成立初期，国有股、定向募集法人股、内部职工股等一系列股份是不能在证券市场上流通的，这导致公司股票存在非流通股协议转让和流通股竞价交易两种价格形成机制，扭曲了资本市场定价体系。股权分置问题也造成了很大的公司治理困境，由于公司内部大股东、管理者持有大量非流通股，无法通过证券市场进行交易，证券市场股票价格无法对其形成激励或压力，加剧了公司大股东、管理者与公司其他股东利益的分歧。2005年4月，证监会发布《关于上市公司股权分置改革试点有关问题的通知》，启动了股权分置改革，同年9月，证监会发布《上市公司股权分置改革管理办法》，标志着股权分置改革的全面铺开。经过一年多的改革，2006年底，完成股权分置改革的公司已经占所有上市公司的97%，股权分置改革基本完成。股权分置改革解决了我国上市公司治理结构中的顽疾，提升了上市公司的治理水平。

3. 经济型治理形态的深化时期（2017年至今）

这一时期，随着资本市场的全面深化改革，我国公司治理制度和公司治理环境也发生了较大变化：第一，上市公司面临更加严格的外部监管环境，迫使公司提升治理水平。近年来，证监会、交易所等监管部门对上市公司违法违规行为的打击力度大大加强，违法违规成本大幅提高。2020年10月5日，国务院出台《国务院关于进一步提高上市公司质量的意见》，指出要提高上市公司及相关主体的违法违规成本、健全上市公司退出制度。2020年12月11日，证监会根据该文件，开展了上市公司治理专项行动，旨在通过两年的努力，抓重点、补短板、强弱项，通过强化公司治理内生动力、健全公司治理制度规则、构建公司治理良好生态，使上市公司治理水平得到提高。自2020年以来，证监会对上市公司财务造假等违规行为进行严厉查处，2021年办理财务造假案件75起，2020年办理94起①，上交所和深交所也对违法违规行为进行严厉打击。监管部门的严厉监督作为外部治理机制，约束了上市公司的不良行为，使我国上市公司治理水平进一步提升。第二，上市公司面临的市场压力增大，迫使上市公司提升治理水平。在证券市场深化改革的过程中，股票发行和退市的市场化程度也大幅提高。注册制发行、常态化退市的政策完善了证券市场的定价机制，上市公司面临"优胜劣

---

① 数据来源：《证监会通报2021年案件办理情况》《证监会通报2022年案件办理情况》。

汰"的市场压力，促使上市公司提升治理水平。在以往严格的IPO核准制、不健全的退市制度下，上市公司"只进不出"的现象严重，证券市场很难淘汰绩效差、治理水平低下的公司。而在更加市场化的证券市场中，绩效差、治理水平低下的公司有巨大的退市风险，这也能够给公司带来强大的市场压力，提升公司治理水平。

与此同时，国有企业治理也进行了深化改革，由企业治理向公司治理转变。2017年7月，国务院办公厅印发《中央企业公司制改制工作实施方案》，要求"按照《中华人民共和国全民所有制工业企业法》登记、国务院国有资产监督管理委员会监管的中央企业(不含中央金融、文化企业)，全部改制为按照《中华人民共和国公司法》登记的有限责任公司或股份有限公司，加快形成有效制衡的公司法人治理结构和灵活高效的市场化经营机制"。截至2017年底，98家央企公司制改制基本完成。为进一步打造真正的市场主体，完善法人治理结构和市场化经营机制，公司制改革范围随后扩大至全部国有企业，改革力度再加大。2022年，国务院国有企业改革领导小组办公室召开会议表示①，截至2021年底，国有企业公司制改革基本完成，中央党政机关和直属事业单位所管理企业中公司制企业占比97.7%，地方国有企业中公司制企业占比99.9%，在法律和制度上真正地实现政企分开、政资分开。

6.3.2　中国公司治理发展趋势

随着法律制度和外部监管的不断完善，我国上市公司治理结构也在不断变化。接下来，我们将从股东、董事会、管理层三个方面考察我国上市公司治理结构的发展趋势。②

在股东方面，我们从股权集中度和特殊股东持股比例两个层面考察我国A股上市公司治理结构的变化。

---

① 环球时报，2022年1月18日报道《历史性突破！我国国有企业公司制改革基本完成》。
② 本节数据来自国泰安CSMAR数据库(https://cn.gtadata.com/)、Wind数据库(https://www.wind.com.cn/)。

从股权集中度来看（图6-17），2008—2020年，我国上市公司第一大股东持股比例均值逐年减少，从2008年的36.23%下降至32.84%，第二到第十大股东持股比例均值逐年增加，从19.48%上升至26.81%，总体而言，前十大股东持股比例呈现波动上升趋势，我国上市公司股东所有权集中度有所提高。

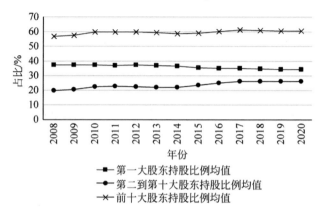

图6-17　我国A股上市公司股权集中度变化趋势（2008—2020年）

从股东持股比例来看，机构投资者、国有股东、员工这三类股东的持股比例变化见图6-18。2008—2020年，机构投资者持股比例呈波动上升趋势，从2008年的26.36%上升至2020年的37.10%。同时，伴随着国有企业混合所有制改革的推进，国有股东持股比例也大幅下降，从2008年21.88%的平均持股水平下降至2020年2.53%的平均持股水平。而员工持股比例变动较小，与2008年相比，2020年上市公司员工持股比例均值小幅度下降，与前两种股东相比，员工持股

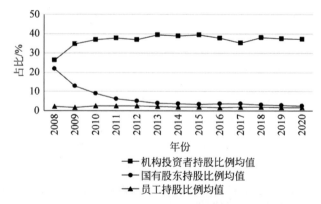

图6-18　我国A股上市公司股东持股比例变化趋势（2008—2020年）

占比较少，份额未超过 5%。

在董事会方面，我们从董事会规模、董事会持股比例、独立董事比例、两职合一比例、董事会年龄特征和性别特征等方面来考察。图 6-19 为 2008—2020 年我国 A 股上市公司董事会规模和董事会持股比例均值变化趋势。可以看到，由董事会人数均值衡量的董事会规模呈下降趋势，由 2008 年的 9.25 人下降至 2020 年的 8.37 人；而上市公司董事会持股比例平均值迅速上升，由 2008 年的 4.05% 提升至 2020 年的 14.42%，这在一定程度上意味着目前董事会成员与股东的利益更加一致。

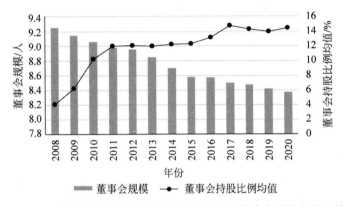

图 6-19　2008—2020 年我国 A 股上市公司董事会规模和董事会持股比例均值变化趋势

图 6-20 为 2008—2020 年我国 A 股上市公司独立董事比例和两职合一比例变化趋势，可以看到，我国上市公司独立董事占比变动不大，有小幅度提升，独立董事占比不到 40%。从两职合一的情况来看，自 2008 年以来，我国董事长和总经理兼任的比例逐年升高，从 2008 年上市公司兼任平均比例 15.56% 升高至 2020 年兼任比例的 32.93%，这可能是因为 2008 年金融危机之后，外部环境变化更加迅速、市场竞争越发激烈，导致公司需要加快决策速度，而让董事长兼任总经理能够让决策权更加集中，有利于应对快速变化的外部环境（Li et al., 2019）。

图 6-21 为 2008—2020 年我国上市公司董事会年龄特征和性别特征变化趋势。可以看到，我国董事会成员的平均年龄正在逐年增加，从 2008 年的 49.2 岁上涨至 2020 年的 51.8 岁，董事长的平均年龄相对更大，在 50~54 岁。从董事会成员的性别特征来看，近年来，随着我国上市公司对董事会多样性优势的理解加深，

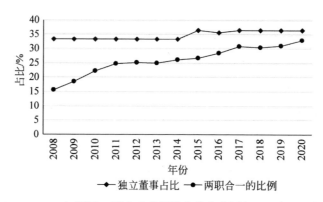

图 6-20　2008—2020 年我国 A 股上市公司独立董事比例和两职合一比例变化趋势

女性董事比例呈现出明显的上升趋势，从 2008 年 10.41% 的女性董事数量占比均值上升至 2020 年的 16.78%，这一数值相较于男性董事占比，仍具有显著差距，且女性董事长的比例偏低，上升幅度较小，这表明，不同性别的职业晋升的难易程度仍存在明显差异。

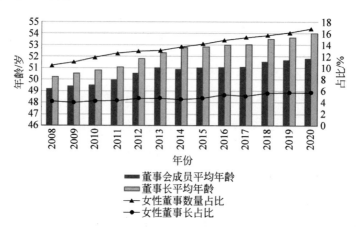

图 6-21　2008—2020 年我国上市公司董事会年龄特征和性别特征变化趋势

在管理层方面，我们从高管持股、高管薪酬、高管年龄和性别分布等方面来考察。图 6-22 为 2008—2020 年我国 A 股上市公司高管持股与高管薪酬的变化趋势，可以看到，近年来，CEO 的持股比例呈波动上升趋势，2008 年，我国上市公司 CEO 持股比例均值不到 2%。随着公司治理水平的提高，CEO 的股权激励增多，到 2020 年，上市公司 CEO 持股比例的平均值大约在 7.52%，相比 2008 年有大幅提升。从高管薪酬来看，前三高管的薪酬增长速度较快，从 2008 年

117.84 万元的平均薪酬水平上升至 2020 年 336.47 万元的平均薪酬水平，薪酬均值实现翻一番；CEO 薪酬均值的增长同样表现强劲，CEO 薪酬平均值从 2008 年 17.40 万元增长至 2020 年的 46.91 万元。我国上市公司股权激励、薪酬激励水平的提高，增强了高管与公司的利益一致性，也一定程度地反映出我国上市公司治理机制的优化，实施激励计划的大环境日趋成熟。

图 6-22　2008—2020 年我国 A 股上市公司高管持股与高管薪酬的变化趋势

图 6-23 为 2008—2020 年我国 A 股上市公司高管年龄和性别分布变化趋势。可以看到，我国上市公司高管的平均年龄呈上升趋势，2019 年后，高管平均年龄增加速度渐渐放缓，高管的年龄跨度较大，分布于 40～50 岁。我国 A 股上市公司 CEO 的平均年龄也呈现出明显的上升趋势，且 CEO 年龄均值高于高管平均年龄，主要在 47～51 岁。与我国上市公司董事长的平均年龄相比，CEO 年龄更小。从性别特征来看，女性高管比例逐年升高，从 2008 年的 12.23% 左右上升至

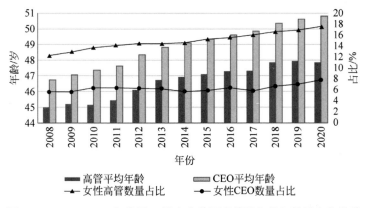

图 6-23　2008—2020 年我国 A 股上市公司高管的年龄和性别变化趋势

17.54%左右,但与男性高管比例相比,仍具有显著差距,而女性CEO比例变化平稳,主要在6%~8%。

6.4 中国债券市场发展情况

6.4.1 中国债券市场制度背景

债券市场是资本市场的重要组成部分,债券不仅为我国投资者和筹资者拓宽了投融资渠道,同时是中央银行实施货币政策的重要工具,中国债券市场的发展历程大致可以分为四个阶段。

1. 债券市场的萌芽阶段(1949—1978年)

新中国成立初期,面对复杂的国内外形势,政府财政支出压力巨大,但当时尚未在全国范围内建立统一的税收制度,财政收入有限。为弥补财政赤字,政府首先选择增发货币的方式减轻财政压力,但这一方式不仅效果有限,还加剧了通货膨胀。1949年12月,政府决定发行人民胜利折实公债解决这一矛盾。在国民经济恢复后,我国开始了第一个五年计划,加速社会主义工业化建设。为满足基础建设的资金需求,1954—1958年,我国连续5次发行国家经济建设公债。但1959年以后,受"左"倾思想的影响,国家经济建设公债停止发行。这一时期,我国债券市场的交易品种只有国债,交易规模不大,且交易市场尚未形成。

2. 债券市场的形成阶段(1979—1992年)

改革开放后,为减少经济建设造成的财政赤字,颁布《中华人民共和国国库券条例》,正式恢复发行国库券。1984年起,我国开始发行企业债,向社会公开募集资金。1987年,国务院颁布《企业债券管理暂行条例》,进一步规范企业债发行流程。在此期间,我国金融债券也得到初步发展。1985年,为补充国有银行信贷资金,中国农业银行和中国工商银行首次在国内发行金融债券。1992年,首支可转债"宝安转债"正式发行。这一时期的债券发行市场恢复发行,且发行规模逐渐扩大,债券交易品种也逐渐丰富。我国债券发行规模的迅速扩大推动了债券流通市场的形成。1988年,国家在上海、深圳、广州、武汉、沈阳、哈尔滨、重庆七大中心城市进行国债流通转让业务试点,此后试点范围不断扩大,以场外柜台交易为主的债券流通市场初步形成。1990年底,上交所、深交所先后营业,开启了债券市场的场内交易形式。债券市场场内交易和场外交易的形成与发展,推动了债券市场交易量提升。

3. 债券市场的探索阶段(1993—2002年)

在债券发行方面,1993年,国务院发布《企业债券管理条例》,进一步规范企业债券的发展。1994年,我国三大政策性银行成立。同年,国家开发银行首次面向境内投资者发行政策性银行债券。1997年3月,《可转换公司债券管理暂行办法》(国务院于1997年3月8日批准)发布,加强了对可转换公司债券的管理。可以看出,这一时期,我国债券市场种类增多,发行规模也日益扩大。在债券流通方面,因场外交易的规范性不足、交易风险较大,债券的场内交易市场迅速发展、市场规模不断扩大,形成了以场内交易为主、场外交易为辅的基本格局。1993年,上交所开始试点国债期货和国债回购业务。由于可供交割的国债现券数量远小于国债期货的交易规模,市场投机行为增多,风险加大。随后,1995年"3·27"国债期货事件、"3·19"国债期货事件等恶劣违规操作事件发生导致我国债券期货交易市场动荡,对我国资本市场产生严重的负面影响。为遏制类似事件发生,1995年5月17日,证监会宣告各交易场所自5月18日起暂停全国范围内的国债期货交易,标志着我国首次国债期货交易试点的失败。此后,债券市场场内交易热度下降,新兴的银行间债券市场成为活跃的交易场所。1997年,为避免银行资金通过交易所债券回归的方式进入股票市场,造成股市过热,中国人民银行颁布《关于各商业银行停止在证券交易所证券回购及现券交易的通知》,要求各商业银行停止在上交所、深交所的证券回购和现券交易,将托管在交易所的国债全部转到中央国债登记结算有限公司(简称"中央结算公司"),并规定各商业银行通过全国银行间同业拆借中心提供的交易系统进行债券回购和现券交易,标志着由银行及非银行类金融机构主要参与的全国银行间债券市场形成。2002年,为增加公开市场操作工具、扩大银行间债券市场交易品种,中国人民银行推出央行票据。同年,商业银行记账式国债柜台市场开始运作,拓宽了银行间债券市场的交易渠道、扩大了交易范围。随着银行间债券市场的交易品种、交易方式以及交易主体的不断丰富，银行间债券市场得到较快发展。

4. 债券市场的快速发展阶段(2003年至今)

在债券发行方面，这一时期，我国债券市场产品创新增多、市场种类不断丰富，发行制度不断完善，债券发行规模增速加快。2004年起，次级债券、混合资本债券、一般性金融债券、短期融资券等品种相继推出，金融机构的债券融资渠道进一步拓宽。2005年12月，国家开发银行和中国建设银行在银行间市场发行了首批两只资产支持证券，标志着资产支持债诞生。2007年，由长江电力发行的第一只公司债在上交所挂牌上市。随后，中期票据、可交换债、中小非金融企业集合票据、超短期融资券、中小企业区域集优票据和非公开定向债务融资陆续推出，丰富了企业债券、公司债券的交易种类。2013年12月，同业存单首次出现，进一步拓展了银行的融资渠道以及提升了主动负债的管理能力。近年来，因倡导低碳经济，绿色债券发展速度明显加快，以满足我国经济绿色转型的需求。

在债券流通方面，这一时期，我国银行间市场发展态势良好，银行间债券市场的交易方式不断完善，制度创新明显加速。2004年，《全国银行间债券市场债券买断式回购业务管理规定》出台，标志着我国银行间债券市场的交易方式由以往现券买卖和质押式回购，拓展至债券买断式回购。随后，银行间债券市场先后推出了债券远期交融人民币利率互换、远期利率协议等衍生工具及债券借贷工具。同时，政府在银行间市场建立了统一债券托管结算平台，实行实名制一级托管，建立了一对一询价的电子交易系统，通过引入做市商、结算代理、货币经纪等制度安排，有效提高了债券市场的流通性。

此外，随着债券市场发展，我国公司债、企业债也进入新阶段。由国家发展和改革委员会(以下简称"国家发改委")、证监会、银行间市场交易商协会监督发行的债券主体出现明显差异，其中，国家发改委主导的企业债成为地方政府融资平台发行债券的通道，证监会主管的公司债和银行间市场交易商协会主管的短期融资券、中期票据主要面向各种类型的企业。2014年起，国务院出台一系列政策文件，控制地方政府非理性融资。2015年，证监会《公司债券发行与交易管理办法》(证监会令第113号)出台，将公司债发行主体扩大至所有公司制法人，同时建立非公开发行制度，拓展债券交易场所，规范公司债的发行、交易和转让过程。同时，国家加强了债券市场的对外开放建设。2017年，实现中国内地债券市场和中国香港债券市场连接的"债券通"启动，"北向通"和"南向通"①先后上线。

6.4.2 中国债券市场发展趋势

随着债券市场不断发展完善，我国债券融资占比不断提升，接下来，将结合相关统计数据，考察我国2008—2020年债券市场变化趋势。②

首先对债券市场整体进行分析。图6-24为2008—2020年我国债券市场发行情况。可以看出，我国债券市场发行规模呈现上升趋势，全市场债券发行额从2008年的7.17万亿元上升至2020年的57.30万亿元，其中，银行间市场债券发行额增长明显，从2008年的7.07万亿元增长至2020年的48.50万亿元，发行总量增长近7倍；2015年以前，交易所债券发行额均不足1万亿元，随着2015年交易所公司债制度改革实施，交易所市场快速扩容，由2015年的2.37万亿元上升至2020年的8.80万亿元。

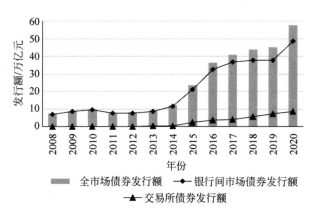

图6-24　2008—2020年我国债券市场发行情况

---

① 2017年7月3日，"北向通"开通，此后，境外投资者可经由中国内地与中国香港相关基础服务机构在债券交易、托管、结算等方面互联互通的机制安排，投资中国内地债券市场交易流通的债券。2021年9月24日，"南向通"上线，此后，境内投资者可经由中国内地与中国香港相关基础服务机构在债券交易、托管、结算等方面互联互通的机制安排，投资香港债券市场交易流通的债券。

② 本节数据来自国泰安CSMAR数据库（https://cn.gtadata.com/）、Wind数据库（https://www.wind.com.cn/）、中国人民银行以及财政部。

从各债券余额占比变化趋势(图6-25)来看，2008—2020年，国债的余额比重出现下降趋势，但国债仍是债券市场的重要主体，2020年国债余额比重高达18.11%(排名第三)。金融债余额占比在2008—2013年呈现出逐年增加趋势，并在2012年超越国债，在此之后虽有波动下降，但除2019年外，金融债余额占比一直排名第一。企业债余额占比在2008—2014年呈现出逐年增加趋势，但之后逐年下降；2020年，企业债已经是这五种主要债券中余额占比最低的债券种类。2020年，金融债余额比重高达23.68%(排名第一)，而企业债余额占比不足2%；2015年后，地方政府债、公司债余额占比明显升高，2020年，地方政府债余额占比达到22.31%，仅次于金融债。公司债规模未超10%。

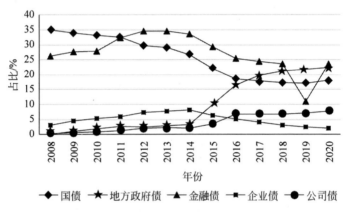

图6-25 我国债券市场各债券余额变化趋势(2008—2020年)

从债券市场交易情况的变化趋势来看(图6-26)，2008—2020年，我国债券市场成交金额由2008年的98.11万亿元增加至2020年的1 508.06万亿元。其中，银行间交易市场成交额占比由2008年的97.08%下降至2020年79.08%，债券交易所成交金额由2.86万亿元上升至315.54万亿元。虽然银行间债券成交占比有所下降，但从成交金额总量来看，银行间交易市场仍是债券交易的主要场所。从交易方式来看，债券回购交易更受欢迎，其中，现券交易方式的成交额由2008年的37.55万亿元增加至2020年的252.85万亿元，回购交易方式的成交额由2008年的60.56万亿元增加至2020年的1 255.11万亿元。

随着债券市场发展，债券融资也成为企业融资的重要渠道，是促进企业发展、优化企业资本结构的重要工具。因此，我们将通过分析2008—2020年我国

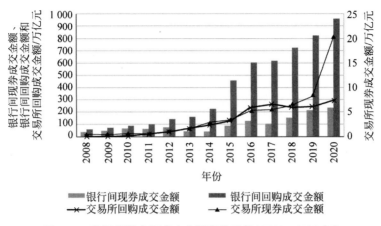

图 6-26　我国债券市场成交金额变化趋势（2008—2020 年）

企业债务融资趋势，进一步考察我国债券市场变化。

图 6-27 是根据我国社会融资增量数据计算的我国融资结构变化趋势图，其中，社会融资结构是人民币贷款增加值与企业债券、股票融资增加值的比值，该指标可以反映间接融资和直接融资的相对大小。从市场的融资结构来看，虽然我国仍以间接融资为主，但从企业融资选择可以看出，债券融资与股票融资的相对规模发生改变，呈波动上升趋势。2018 年以来，债券市场融资增量显著提高，债券融资与股票融资增量比值在 2019 年达到最大值 9.60，而 2017 年股票市场融资增量明显高于债券融资增量。

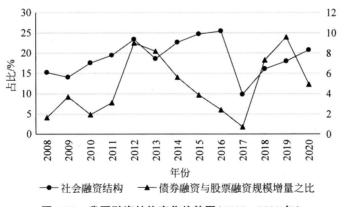

图 6-27　我国融资结构变化趋势图（2008—2020 年）

6.5　中国商业银行发展情况

6.5.1　中国商业银行制度背景

商业银行是吸收存款、发放贷款,承担信用中介的金融机构,是我国以间接融资为主的金融体系中非常重要的部分。自新中国成立以来,我国商业银行的改革历程可以大致分为以下四个阶段。

1. 银行体系建立阶段(1949—1992年)

1949年9月,中国人民政治协商会议第一届全体会议通过了《中华人民共和国中央人民政府组织法》,将中国人民银行纳入政务院的直属单位,确立了中国人民银行作为中央银行的法定地位。在计划经济时期,我国形成了由中国人民银行"大统一"的银行体制,即银行不划分专业系统,中国人民银行既行使央行的职能,负责发行货币、管理和分配资金,同时又涉及吸纳存款、发放贷款等商业银行活动。"大跃进"、人民公社时期以及"文革"期间,鼓吹取消商品和货币,银行的基本制度被废除,商业性金融机构被撤销,中国人民银行并入财政部。1978年,随着党的十一届三中全会召开,我国银行系统开始恢复,银行业向专业化转型,同年,中国人民银行从财政部分离。随后,四大专业银行先后被恢复、设立。为解决中国人民银行既承担货币政策制定和金融监管职能,又从事具体业务经营的矛盾,1984年,中国工商银行成立,承接原由中国人民银行办理的工商信贷和储蓄业务,中国人民银行专门行使中央银行职能。自此,以中央银行领导、四大专业银行配套的二元银行体系形成。同年,党的十二届三中全会通过《中共中央关于经济体制改革的决定》,明确提出建立有计划的商品经济体制,银行业开始进一步扩张。12家股份制银行先后成立。这一时期,中国人民银行实现了财政职能与金融职能的分离,我国银行体系由一元迈入多元,商业银行初现雏形。

2. 银行业的商业化转型阶段(1993—2002年)

1993年12月,国务院发布《国务院关于金融体制改革的决定》,提出建立在国务院领导下，独立执行货币政策的中央银行宏观调控体系，建立政策性金融与商业性金融分离，以国有商业银行为主体、多种金融机构并存的金融组织体系。在此思想指导下，我国相继成立国家开发银行、中国进出口银行、中国农业发展银行三大政策性银行，承担国有银行的财政职能。同时对国有银行进行市场化改革，剥离五大国有银行政策性业务，使国有银行向商业银行转型。国家还通过建立城市合作银行重点消除了城市信用社的风险隐患。城市合作银行于1998年正式更名为城市商业银行。此外，1994年，《中华人民共和国外资金融机构管理条例》加强和完善了对外资银行的管理，适应了对外开放的经济形势。这一时期，国有银行、政策性银行和其他类型银行并存的银行业体系形成，政策性金融与商业性金融分离初步实现。

3. 银行业的市场化转型阶段(2003—2013年)

为推动现代金融企业制度，真正实现国有银行自担风险，以改革产权制度为核心的国有银行股份制改革于2004年正式开启。2003年12月，国务院批准设立中央汇金投资有限责任公司(简称"中央汇金")分别向中国银行和中国建设银行注资225亿美元；2004年4月，注资中国交通银行30亿元人民币；2005年4月，注资中国工商银行150亿美元，又于2008年11月注资中国农业银行1 300亿元人民币的等值美元。在资金支持下，国有企业通过财务结构重组、成立股份有限公司、引进战略投资者等步骤，先后完成上市。[①] 这一时期，多家股份制商业银行也先后上市。

2003年，中国银行业监督管理委员会(以下简称"银监会")正式成立，履行中国人民银行拆分出来的银行业监督管理职责，标志着我国银行业进入分业监管阶段。2004年，银监会出台《城市商业银行监管与发展纲要》《关于在城市信用社基础上改制设立城市商业银行有关问题的通知》，促使全国所有城市信用社通过重组、转制，成立城市商业银行。针对农村信用合作社，国务院下发《深化农村

[①] 五大商业银行境内、境外上市时间分别为：中国银行(2006年7月5日上交所A股上市，2006年6月1日联交所上市)、中国工商银行(2006年10月27日上交所A股上市、2006年10月27日联交所上市)、中国建设银行(2007年9月25日上交所A股上市、2005年10月27日联交所上市)、中国农业银行(2010年7月15日上交所A股上市、2010年7月16日联交所上市)、中国交通银行(2007年5月15日上交所A股上市、2005年6月23日联交所上市)。

信用社改革试点方案》,促进建立农村商业银行、农村合作银行,改进农村金融服务。

这一时期,我国商业银行的市场化改革基本完成,国有银行通过股份制改革顺利上市,股份制商业银行、城市商业银行、农村商业银行也取得了快速发展。

4. 银行业的深化改革阶段(2014年至今)

这一时期,我国银行业改革的重点是民营银行试点、银行业的对外开放和监管体系建设。2014年3月,民营银行试点工作启动,天津金城银行、前海微众银行、上海华瑞银行、温州民商银行和浙江网商银行成为第一批试点的民营银行,随后民营银行规模不断扩大,截至2020年底,获得银监会批准开业的民营银行已达19家。民营银行的加入进一步丰富了我国商业银行体系,增强了商业银行业的市场竞争程度,也部分解决了中小微企业的融资问题。在银行业对外开放方面,2014年,《中华人民共和国外资银行管理条例》修订,通过适当放宽外资银行准入和经营人民币业务的条件,为外资银行提供宽松的制度环境,促进外资银行在我国境内的发展。在银行业监管方面,2018年3月,中国银行保险监督管理委员会(以下简称"银保监会")的设立,标志着我国对于金融机构的监管由分业监管转向混业监管,加强系统性重要金融机构各项监管指标的监管,解决伴随金融创新的潜在风险,减少金融机构乱象。这一时期,我国民营银行发展取得重要进展,银行业对外开放深化,同时受金融创新的影响,我国银行业迎来混业经营时代。

6.5.2 中国商业银行发展趋势

近年来,我国商业银行发展态势良好,我们将从商业银行的资产规模、资本充足率、盈利能力、不良贷款率以及流动性等方面考察我国商业银行的发展。[①]

从商业银行资产规模来看(图6-28)[②],2014—2020年,我国商业银行资产规模整体呈上升趋势,由2014年底的130.80万亿元增长至2020年底的265.79万

[①] 本节数据来自国泰安CSMAR数据库(https://cn.gtadata.com/)、Wind数据库(https://www.wind.com.cn/)以及银保监会。

[②] 银保监会自2014年开始披露商业银行总资产项目,所以此处分析的起始时间为2014年。

亿元,增长了1倍;而商业银行资产总量增长速度呈现出先上升、后下降再上升的走势,2019年和2020年资产增速均超过14%。这表明,我国商业银行增长态势良好。

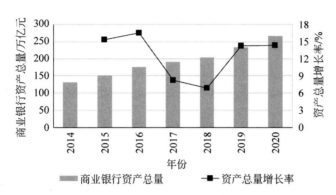

图 6-28　我国商业银行资产规模变化趋势(2014—2020 年)

从商业银行业的资本充足率变化来看(图6-29)①,2013—2020年,我国商业银行资本充足率不断提高,从2013年的12.2%上升至2020年的14.7%,一级资本充足率也呈现出上升趋势,但2020年核心一级资本充足率首次出现下降。总的来说,我国商业银行安全性有所提高。

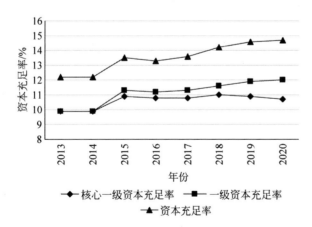

图 6-29　我国商业银行资本充足率变化趋势(2013—2020 年)

---

① 银保监会自2013年开始披露商业银行一级资本充足率以及核心一级资本充足率的情况,所以此处分析的起始时间为2013年。

从商业银行盈利能力来看(图 6-30),2008—2020 年,我国商业银行净利润显著增长,净利润规模由 0.50 万亿元增长至 2020 年的 1.94 万亿元,提升了 3.88 倍。而净利润增长率则先增加,在 2011 年达到最高值 37%,然后波动下降,在 2020 年首次出现负增长,这体现了金融机构向实体企业让利的要求。

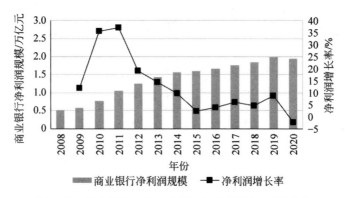

图 6-30 商业银行盈利能力变化趋势(2008—2020 年)

从商业银行不良贷款率来看(图 6-31),2008—2020 年,我国商业银行不良贷款呈上升趋势,从 2008 年的 0.56 万亿元的不良贷款规模增加至 2020 年的 2.70 万亿元;而不良贷款率呈现出先下降、后上升的趋势,2008 年 2.45% 的不良贷款率是这一期间的最高值,到 2012 年不良贷款率下降至最低点 0.95%,自 2015 年以后,商业银行不良贷款率变化趋于稳定,在 1.6%~1.9% 区间变化。这表明,近年来我国对不良贷款的管控能力加强。

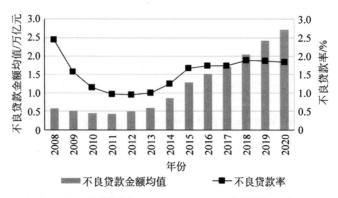

图 6-31 我国商业银行不良贷款率变化趋势(2008—2020 年)

此外，还利用商业银行存贷比对商业银行流动性进行了分析（图6-32），商业银行存贷比是商业银行的贷款余额与存款余额的比值，是衡量商业银行流动性风险的重要指标。2010—2020年，我国商业银行存贷比呈现波动上升趋势，由2010年的65%上升至2020年的77%，增加了12个百分点，商业银行的流动性风险明显增加。事实上，2015以前，根据银保监会要求，存贷比不得超过75%，故在此之前的存贷比变化较小。2015年，第十二届全国人大常委会第十六次会议表决通过删除商业银行法中存贷比不得超过75%的规定，并将存贷比由法定监管指标调整为流动性风险监测指标，此后，我国商业银行存贷比明显增加，并于2019年首次超过75%。

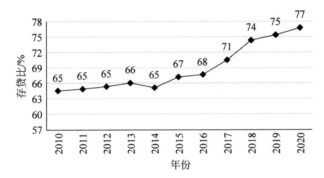

图6-32　我国商业银行流动性变化趋势（2010—2020年）

6.6　中国资本市场评述与未来展望

改革开放40余年来，伴随着我国经济的高速发展，我国资本市场经历了从无到有、快速发展的辉煌历程。

从规模看，我国资本市场的规模迅速扩大，在全球资本市场上扮演着越来越重要的角色。股票市场、债券市场的规模已经位列世界第二，仅次于美国[1]；并购市场也不断扩大，2020年，按照交易额和交易量计算的我国并购市场规模已经达到全球并购市场的15%，而且随着我国开放程度的不断提高，海外并购也

---

[1]　数据来源：申万宏源、杨成长、龚芳、袁宇泽，《我国资本市场正步入高质量发展阶段》，链接：https：baijiahao.baidu.com/s?id=1725618712947593370&wfr=spider&for=pc。

成为我国企业并购的"新常态"（梁敦临等，2020）；我国商业银行的规模逐年扩大，在全球银行业保持领先地位，特别是中国工商银行、中国农业银行、中国建设银行、中国银行这四大国有商业银行的利润长期位于全球前四，并仍在持续增长。

从结构看，随着多层次资本市场的建设，我国资本市场的结构更加完善。在股票市场方面，科创板、北交所的建立为高科技企业提供了更加高效的股权融资平台，缓解了这些企业的融资约束；在债券市场方面，绿色债券、次级债券等新品种债券相继推出，为借款人提供了更加便利的债务融资工具，发债主体也不断丰富，企业债、公司债的比例不断上升，在微观企业融资中也占据了越来越重要的地位；在商业银行方面，股份制银行、城市和农村商业银行、民营银行的出现打破了我国银行业由国有银行垄断的局面，为居民和企业提供更高质量、多层次的金融服务。

从制度看，我国资本市场的监管不断完善、对外开放程度不断提高。股票市场中，股权分置改革的完成、注册制的推行、退市制度的完善使得我国股票一级市场的效率大幅提升，QFII、RQFII、"沪港通"、"深港通"等制度的推行也大大推进了股票市场的对外开放程度；并购市场中，随着资本市场并购制度的完善，并购重组也成为我国企业实现快速扩张、产业升级转型的一大方式；公司治理中，自现代企业制度的确立明晰了我国企业的所有权和控制权后，我国企业的公司治理不断完善，更加规范的政策和监管、更加完善的市场机制也使我国企业的治理水平不断提升；债券市场中，各类债券交易市场的规则也更加完善、交易方式更加完备，使得债券的发行和交易更加市场化，投融资功能更加凸显；商业银行中，监管体系更具市场化特色和开放思维，商业银行所有制更加多元、市场化程度不断提升。

在资本市场30年来的迅速发展过程中，我国资本配置效率不断得到提高，经济的活力和韧性不断增加。随着高水平社会主义市场经济的建设、资本市场的不断完善和规范，我国资本市场势必在配置资本要素的过程中发挥更大的作用。

第7章

中国劳动力市场的制度背景与发展趋势

劳动力市场连接企业和员工个人,是员工与企业进行匹配、实现劳动力要素配置的场所。社会主义市场经济体制建立以来,劳动力要素不再由政府负责配置,而是由劳动力市场进行配置。我国劳动力市场建立以来,各项制度法律逐渐健全,市场化程度不断提升。

本章从劳动合同法、最低工资标准、社会保障制度、户籍制度这四个最主要的劳动力相关制度介绍我国劳动力市场的制度背景,并结合数据分析我国劳动力市场的发展趋势。

7.1 中国劳动力市场制度背景

1978年改革开放之前,我国实行计划经济,此时,劳动力要素配置由全面就业制度和户籍制度构成(蔡昉等,2009),具有明显的计划经济特点。全面就业制度的核心目标是消灭失业,于是,对于城镇劳动力的就业问题,国家采取了"统包统配"的方式解决员工与企业的匹配问题,使员工与企业之间存在终身的雇佣关系,企业没有权力雇用和解聘员工,员工也不能自由选择就业(李小瑛和赵忠,2012)。农村劳动力则受户籍制度的限制,无法向城镇流动。农村劳动力主要参与生产队组织的集体劳动,由其所属的生产队统一管理。在计划经济体制下,劳动力市场配置主要通过行政手段解决,不存在劳动力市场,虽然社会就业率较高,但企业与员工无法自主匹配、自由选择,而且企业无法解雇员工的限制也增加了企业压力、减少了对劳动者的激励,导致劳动力配置效率低下。

改革开放后,随着我国经济渐渐向社会主义市场经济体制转型,自由匹配的劳动力市场应运而生。改革开放后,我国劳动力市场发展大体可以分为以下三个阶段。

1. 劳动力市场发展初期阶段(1978—1992年)

在这一阶段,我国通过对就业和企业两个方面的制度改革,逐步放弃了对劳动力要素的行政配置,走向由市场主导劳动力配置的阶段。在就业方面,1980年8月召开的全国劳动就业工作会议提出了"三结合"的就业方针,即"在国家统筹规划和指导下,实行劳动部门介绍就业、自愿组织起来就业和自谋职业相结合",这标志着我国自由劳动力的出现。在企业方面,国家针对城镇企业和乡镇企业分别进行了改革。对于城镇企业,1981年10月,中共中央、国务院发布了《关于广开门路,搞活经济,解决城镇就业问题的若干规定》。该规定指出,针对城镇集体所有制经济,需要遵循自愿组合、自负盈亏、按劳分配、民主管理等原则,真正实现员工能进能出、企业收益取决于企业自身经营状况、劳动报酬与劳动成果挂钩、企业经营由民主讨论后作出决定。随后,国家进一步改革城镇企业就业制度,公开招收、全面考核、择优录用、劳动合同制、员工薪酬与企业绩效挂钩等一系列制度的实施,扩大了城镇企业的自主决定权。对于乡镇企业,1984年国务院正式同意将社队企业更名为乡镇企业,并逐步下放乡镇企业权力。农村商品生产和商品交换的迅速发展推动了乡镇企业蓬勃兴起,乡镇企业也成为吸纳农村劳动力的主要渠道。乡镇企业建立5年后,总产值增加近4倍,就业人数增加近2倍(余永跃,2006)。

在这个阶段,城乡分割体制也有所松动,越来越多的农民涌入集镇①务工、

---

① 集镇是指乡、民族乡人民政府所在地和经县级人民政府确认由集市发展而成的作为农村一定区域经济、文化和生活服务中心的非建制镇,是介于乡村与城市之间的过渡型居民点。集镇和农村共同构成了农村地区,与城镇地区相对应(刘冠生,2005)。

经商。1984年10月,《国务院关于农民进入集镇落户问题的通知》发布,允许在集镇有经营能力或长期务工的农民落常住户口。为方便地区之间、城乡之间的人口流动,1985年,《公安部关于城镇暂住人口管理的暂行规定》颁布,明确提出,"农转非"内部指标定在每年万分之二。这意味着,农村剩余劳动力向城镇流动成为可能。这一时期,我国劳动力要素配置由行政手段主导的统包统配逐步过渡到市场化分配,但劳动力市场尚未成熟、相关制度仍不健全、劳动力的自由流动仍然受到较大程度的限制,劳动力资源的配置效率仍较低下。

2. 劳动力市场成型阶段(1993—2002年)

1993年,党的十四届三中全会通过了《中共中央关于建立社会主义市场经济体制若干问题的决定》,明确了建立社会主义市场经济体制的基本框架,提出"改革劳动制度,逐步形成劳动力市场",这标志着我国劳动力市场的成立,劳动力市场化改革正式开启。随后,我国劳动制度改革力度加大,企业自主权进一步扩大,企业雇用农村劳动力的行政限制逐步取消,劳动力相关的法律法规、配套制度、协调机制逐步建立。

在法律法规方面,1994年7月5日,《劳动法》在第八届全国人民代表大会常务委员会第八次会议通过,并于1995年1月1日正式实施。《劳动法》就合同形式、工作时间和休息时间制度、劳动报酬、劳动安全卫生、女职工和未成年工的特殊保护、职工培训、社会保险与福利、劳动争议、监督检查等方面进行了规定。其中,《劳动法》要求建立劳动关系应当订立劳动合同,这意味着劳动合同制全面实行。《劳动法》允许企业解雇无过错员工以应对不断变化的经济状况。在竞争压力下,一些国有企业开始裁员,这使公职人员和城市居民的身份差异逐渐消失。同时,个体经济开始逐步放开,私营企业对劳动力的吸收能力增强,劳动力市场就业结构开始发生变化。

在配套制度方面,国家积极稳妥地进行了户籍制度、社会保障制度改革。其中,户籍制度的改革影响了农村人口的流动。改革初期,满足条件的农村人口被允许通过办理城镇常住户口,实现向城镇迁入。随着《国务院批转公安部关于推进小城镇户籍管理制度改革意见的通知》发布,农村人口迁移全面放开,办理小城镇户口不再需要计划指标。社会保障制度改革则确立了"低水平、广覆盖、多层次、双方负担、统账结合"的指导思想，重新界定了政府、企业、个人三方的职责，政府的角色由统包统揽转换为指导监管，社会保障体系得到完善。

在协调机制方面，劳动和社会保障部完善了劳动争议仲裁机制。2001年，《关于进一步加强劳动争议处理工作的通知》发布，该通知要求处理劳动争议时应落实劳动争议仲裁三方机制、巩固和健全劳动争议仲裁机构。

3. 劳动力市场完善阶段(2003年至今)

随着市场经济改革的深化，经济的高速发展对我国劳动力市场提出了新要求。国家从法律法规、社会保障制度等方面进行了相应调整，比如，2008年《劳动合同法》的实施和2010年《中华人民共和国社会保险法》(以下简称《社会保险法》)的颁布，加大了劳动力的就业保护力度。同时，国家还进行了管理体系改革。2008年，人力资源和社会保障部成立，将人事部、劳动和社会保障部的职责整合划入该部，实现了人才市场、劳动力市场、社会保障管理的有机统一。

从劳动力短缺和工资持续上涨现象显现的2004年，到劳动力人口达到峰值的2010年，这标志着我国人口发展的刘易斯转折区间到来(蔡昉，2022)。此后，我国经济增长减速、人口增速再度放缓，进入经济转型期。在此期间，劳动力价格的持续升高、经济增长动力的转换给劳动力市场供求关系带来了新的挑战。为增加城市劳动力供给、降低劳动力成本，2012—2016年，《国务院办公厅关于积极稳妥推进户籍管理制度改革的通知》《国务院关于进一步推进户籍制度改革的意见》《国务院关于深入推进新型城镇化建设的若干意见》等一系列文件相继出台，通过增加劳动力流动性，提升了劳动力要素的配置效率。为进一步完善劳动力要素市场化配置，推动我国经济高质量发展，2020年，《中共中央 国务院关于构建更加完善的要素市场化配置体制机制的意见》出台，明确指出未来我国劳动力市场改革的四大方向，分别是"深化户籍制度改革""畅通劳动力和人才社会性流动渠道""完善技术技能评价制度""加大人才引进力度"。2022年，《中共中央 国务院关于加快建设全国统一大市场的意见》出台，提出"打造统一的要素和资源市场"，健全城乡统一的劳动力市场，促进劳动力流动。总体而言，这一时期的劳动力市场建设趋于市场化、自由化、现代化，政府不再直接参与劳动力要素的配置，劳动力市场的流动性增加，劳动力结构、劳动力匹配机制优化，效率提升，反映劳动力价值和劳动力供需关系的劳动薪酬机制形成并得到发展，同时，劳动力市场的未来改革方向明晰，全国统一开放的劳动力市场指日可待。

从我国劳动力市场发展历程可以看出，我国劳动力市场的形成时间虽较晚，但市场化速度快。下面我们将结合影响中国劳动力市场最重要的四个方面：劳动合同法、最低工资制度、社会保障制度、户籍制度，对中国劳动力市场的制度背景和发展进行深入分析。

7.1.1 中国劳动合同法的建立和发展

劳动合同法是我国劳动保护体系中最基本和最重要的法律。劳动合同制最早出现于20世纪80年代。1983年，劳动人事部颁布的《劳动人事部关于积极试行劳动合同制的通知》提出要实行劳动合同制，用签订劳动合同的形式，规定劳动者和用人单位的义务与权利，实行责、权、利相结合，以提高企业经济效益，保障职工就业，实现多劳多得。1986年7月，《国务院关于发布改革劳动制度四个规定的通知》出台，发布了《国营企业实行劳动合同制暂行规定》《国营企业招用工人暂行规定》等文件，要求国有企业除特别规定外在新职工招聘中统一实行劳动合同制，双方都满意的情况下可以选择续签合同。为建立适应社会主义市场经济的劳动制度，1994年7月，国家颁布了自1995年1月1日起实施的《劳动法》。该法律正式将劳动关系纳入法制体系，并明确规定建立劳动关系必须签订劳动合同，所有企业、国家机关、事业组织、社会团体和与之建立劳动合同关系的劳动者均适用此法。这一时期，劳动合同制的实行推动了劳动关系、劳动保护制度的建立，其主要目的是废除以往的固定用工制度，改变国家、企业、劳动力三者的权责关系，实现劳动力从行政管控到雇佣关系的转型，消灭企业中的平均主义，强调劳动力的商品属性，以提升员工积极性，提高企业生产力。

然而随着劳动力市场化程度的加深，新就业形态的出现引发了更多灵活就业群体的劳动侵权事件，劳动争议案件数量逐年攀升，1996年全国受理的劳动人事争议仲裁案件仅为 4.81 万件,而 2007 年案件数量达到了 35.02 万件。① 同时,我国劳动关系不断复杂化,"强资本,弱劳动"的格局逐渐凸显。在此情况下,为保障劳动者的平等权利,2007 年 6 月通过了自 2008 年 1 月 1 日正式实施的《劳动合同法》。②

与《劳动法》相比,《劳动合同法》在订立书面劳动合同、订立无固定期限劳动合同、试用期、商业秘密保护和竞业限制、企业变更原劳动合同有效性、劳务派遣、劳动合同终止的经济补偿等方面作出了相应调整,将《劳动法》中涉及劳动合同的问题细致化、明确化、规范化。例如,在订立书面劳动合同方面,《劳动合同法》规定了劳动合同需要具备的具体条款,增加了关于用人单位需要如实告知劳动者工作内容等情况、用人单位不能扣押劳动者身份证等其他证件等细节规定。

《劳动合同法》补充了《劳动法》在劳动关系订立、维持、解除等各个方面的缺漏之处,完善了劳动合同制度,明确了劳动合同双方当事人的权利和义务,保护了劳动者的合法权益,有利于推动构建和发展和谐稳定的劳动关系。《劳动合同法》的出台也意味着我国在劳动保障法律体系方面的进一步完善。值得注意的是,虽然我国已经通过了《劳动法》和《劳动合同法》等相关法律法规,但我国劳动力市场长期处于劳动力供大于求的情况,所以企业在劳动关系中常常处于强势的一方,而《劳动合同法》更强调对员工的保护,导致其中很多规定难以落实。部分学者和企业家认为《劳动合同法》的出台可能过于超前,劳动保护带来的成本增加是企业"不能承受之重",李钢等(2009)通过走访调研也发现部分企业确实存在不按照《劳动合同法》给员工上保险的行为。董保华(2016)总结了《劳动合同法》十大失衡问题③,"劳资冲突极其对立"、过度强化管制、限制

---

① 数据来源:《中国劳动统计年鉴:2021》。值得注意的是,《劳动合同法》实施之后的第一年,即 2008 年,全国劳动争议案件受理数量为 69.35 万件,相比 2007 年几乎翻了一倍。2020 年全国劳动争议案件受理数量已经达到 109.48 万件。

② 2012 年 12 月 28 日,第十一届全国人民代表大会常务委员会第三十次会议对《劳动合同法》进行了修正。

③ 董保华(2016)指出的十大失衡问题分别是:严格限制用人单位解雇权利与过度放任劳动者辞职自由的失衡、全面静态书面化的法律要求与用人单位动态调整的失衡、标准劳动关系与非标准劳动关系的失衡、劳动力成本市场调节与政府调控的失衡、劳动关系调整中经营成本与摩擦成本的失衡、用人单位与劳动者争议解决成本的失衡、用人单位照顾义务与劳动者忠诚义务的失衡、劳动者奖勤与惩懒的失衡、法律保护"一刀切"与分层分类适用的失衡、刚性调整与弹性引导的失衡。

自治都最终导致《劳动合同法》的效用大打折扣、劳动者权益得不到确实保障。吴要武（2020）还指出，2008 年下半年，金融危机导致全球经济下行，许多企业为维持生产经营进行了裁员、降薪，为稳增长，政府层面也放松了《劳动合同法》的实施力度。经济恢复后，部分企业也倾向于不遵守《劳动合同法》，维持用工灵活性，这可能是导致劳动合同签订率仍较低的原因。此外，劳动监察的独立性不够、执法力量不足也一定程度地影响了《劳动合同法》实施效果。目前，就业歧视、强迫加班、拖延工资、随意解雇等现象仍然存在，劳动力市场的法制化建设仍需要不断加强。此外，劳动合同法的完善还需要衡量对经济发展的影响，如果因过度提高用工成本对企业生产经营产生了负面影响，将得不偿失。

7.1.2　中国最低工资标准的建立和发展

最低工资制度是保障劳动者权益、减少收入不平等的重要方式，也是国家调控经济活动的重要举措。中国最低工资的规定最早出现在 1922 年 8 月发布的《劳动法案大纲》中，该大纲提出应保障工人最低工资。1949 年 9 月，中国人民政治协商会议颁布《中国人民政治协商会议共同纲领》也明确指出，"人民政府应按照各地各业情况规定最低工资"。但当时社会普遍认为最低工资制度是资本主义国家的政策工具，中国作为社会主义国家不应该采用这一制度。同时，计划经济体制下，为配合实施重工业优先发展策略的工资制度存在工资水平普遍偏低、工资极差较小的特点，工资分配存在平均主义，实施最低工资制度的动机不足。因此，这一时期，最低工资制度并没有在我国得到贯彻落实。

随着我国步入市场经济体制，市场化改革扩大了企业对工资的自主决定权。由于劳动力总体供大于求的情况，我国劳动力市场逐渐形成"强资本，弱劳动"的基本格局。拥有更多话语权的企业为追求经济效益不惜损害劳动者的合法权益，降低、减发、克扣员工工资的事件频发，员工收入难以得到保障。为改善劳资双方地位关系、保证劳动力价格的公平性，国家开始逐步实施最低工资制度改革。1989 年，珠海市制定了最低工资法规，成为我国最早建立最低工资制度的地区，随后深圳、广州和上海等地区也陆续制定并实施了最低工资制度。1993年，劳动部颁布《企业最低工资规定》，规定最低工资率的确定实行政府、工会、企业三方代表民主协商原则，参考当地就业者及其赡养人口的最低生活费用、职工平均工资、劳动生产率、城镇就业状况和经济发展水平等因素确定，同时考虑区域、行业等特点确定最低工资。1994年，《劳动法》出台，以法律形式确立了我国最低工资制度的基本内容，严格规定"最低工资的具体标准由省、自治区、直辖市人民政府规定，报国务院备案"，"用人单位支付劳动者的工资不得低于当地最低工资标准"。此后，各省、自治区、直辖市开始制定和实施最低工资保障制度。2004年11月，《西藏自治区最低工资标准》开始执行，自此我国最低工资制度在31个省、自治区、直辖市全面铺开。

为进一步完善最低工资制度的相关规定，2003年12月，劳动和社会保障部颁布了《最低工资规定》(中华人民共和国劳动和社会保障部令第21号)来替代《企业最低工资规定》，并于2004年3月1日起实施。与旧条款相比，最低工资的定义进一步明确，即劳动者在法定工作时间或依法签订的劳动合同约定的工作时间内提供了正常劳动的前提下，用人单位依法应支付的最低劳动报酬。《最低工资规定》还在覆盖范围、最低工资标准形式、调整依据、调整频率、违规惩罚等方面作出了以下调整：第一，《最低工资规定》扩大了最低工资制度的覆盖范围，额外纳入民办非企业单位、有雇工的个体工商户、国家机关、事业单位、社会团体；第二，《最低工资规定》更改了最低工资标准的形式，规定指出"最低工资标准一般采取月最低工资标准和小时最低工资标准的形式，月最低工资标准适用于全日制就业劳动者，小时最低工资标准适用于非全日制就业劳动者"；第三，《最低工资规定》调整了确定最低工资标准的依据，将城镇居民消费价格指数、职工个人缴纳的社会保险费和住房公积金纳入最低工资标准的制定中；第四，《最低工资规定》更改了调整频率，要求最低工资标准保证至少每两年内调整一次；第五，《最低工资规定》更改了违反最低工资制度的惩罚规定，指出如果用人单位违反最低工资规定，需按其所欠工资的1~5倍支付劳动者赔偿金。

《最低工资规定》的出台标志着我国最低工资制度的成熟和完善，根据《最低工资规定》要求，我国各省、区、市结合自身经济发展状况实施了差异化的最低工资制度，分别设定了最多4档月最低工资标准和小时最低工资标准，各省份执行标准如表7-1所示。

表7-1 我国各省份（除港、澳、台）或城市最低工资档位数量

执行档位	执行省份（或城市）
1档	北京、上海、天津、青海、西藏、深圳
2档	重庆
3档	江苏、江西、山东、四川、河南、黑龙江、云南、贵州、宁夏、广西、海南、山西
4档	浙江、广东（除深圳）、湖南、湖北、辽宁、吉林、安徽、河北、陕西、甘肃、内蒙古、新疆、福建

资料来源：中华人民共和国人力资源和社会保障部网站。

随着经济增长提速，各省、区、市也对最低工资标准进行了及时调整，以确保劳动者获得合理的经济报酬，表7-2给出了我国省、区、市2004—2020年各年度最低工资标准调整情况以及调整幅度。调整频率方面，绝大多数年份占半数的省份都对最低工资标准进行了调整，且调整频率的变化随着经济周期变动，经济发展较好时，调整次数增多，经济放缓时，调整次数减少。其中，2009年调整次数最少，受金融危机影响，各省份在该年度均选择暂缓调整最低工资标准；2010年选择调整最低工资标准的省份最多，高达29次。2015年，《人力资源和社会保障部关于进一步做好最低工资标准调整工作的通知》出台，将最低工资标准由每两年至少调整一次改为每2~3年至少调整一次，标志着我国进入缓慢调整最低工资标准阶段。此后，调整规模减小，最低平均工资标准的增长也放缓。调整幅度方面，平均增长率波动较大，2010年调整幅度最大，平均增长率为22.34%。最低工资标准最小值由2004年的320元增加至2020年的1 550元，最低工资标准最大值由2004年的684元增加至2020年的2 480元，极差由364元增加至930元，这反映了各个省份经济增长的差异。

表7-2 我国(除港、澳、台)各年份最低工资调整频率和幅度(2004—2020年)

年份	调整次数	最低工资标准平均增长率/%	最低工资标准最小值/元	最低工资标准最大值/元
2004	24	19.36	320	684
2005	13	7.01	340	690
2006	24	15.82	360	780
2007	18	11.23	430	850
2008	22	13.93	560	960
2009	0	0	560	960
2010	29	22.34	680	1 120
2011	22	15.12	720	1 310
2012	22	12.37	800	1 450
2013	26	13.83	800	1 620
2014	18	8.56	1 120	1 820
2015	26	11.44	1 250	2 020
2016	9	3.03	1 270	2 190
2017	18	5.78	1 400	2 300
2018	16	5.26	1 500	2 420
2019	8	2.22	1 500	2 480
2020	3	0.77	1 550	2 480

表7-3给出了2004—2020年各省区市最低工资标准调整次数。可以看出,北京和上海两个直辖市的调整频率最高,均调整了15次,而西藏自治区调整频率最低,仅调整了6次,这期间各省区市最低工资标准共计调整298次。

表7-3 我国各省区市(除港、澳、台)最低工资调整次数(2004—2020年)

省 份	调整次数	省 份	调整次数
北京	15	湖北	8
天津	13	湖南	11
河北	9	广东	8
山西	11	广西	10

续表

省　份	调整次数	省　份	调整次数
内蒙古	10	海南	9
辽宁	9	重庆	8
吉林	8	四川	8
黑龙江	7	贵州	10
上海	15	云南	10
江苏	12	西藏	6
浙江	11	陕西	11
安徽	7	甘肃	9
福建	10	青海	9
江西	9	宁夏	8
山东	12	新疆	8
河南	7	总计	298

总的来说，最低工资制度通过法律强制手段，改善了低技能劳动力的收入情况，有利于实现社会公平(塞风和甄煜炜，1995)。《最低工资规定》的实施也对最低工资水平以上的员工产生了间接影响。随着最低工资水平的提高，为维持高技能员工的工作积极性，企业相应地提高了高技能员工的工资，以保持两类工人的相对工资差距不变，这一定程度地提升了企业雇佣成本(马双 等，2012)。

7.1.3　中国社会保障制度的建立和发展

社会保障制度是国家或社会依法建立的，具有经济福利性的、社会化的国民生活保障体系(郑功成，2005)。社会保障的四大要素分别是：以国家为实施主体，依靠立法保障制度实施，以国民收入作为保障资金的主要来源，以保障公民基本生活为目标(孙光德和董克用，2016)。中国的社会保障制度诞生于计划经济体制下，1949年9月，《中国人民政治协商会议共同纲领》提出在全国企业中逐步实行劳动保险制度，这是我国社会保障制度形成的起点。随着经济体制改革转型，我国的社会保障制度也发生了重大变革。总的来讲，中国社会保障制度的发展大致经历了以下四个阶段。

1. 计划经济体制下的社会保障制度建设阶段(1951—1977年)

1951年3月,《中华人民共和国劳动保险条例》的实施,建立了我国企业职工退休、生育、工伤、医疗等社会保障制度。处在计划经济时期的社会保障有几大特征:第一,劳动保障的资金来源主要是企业利润和国家财政,采取统包统配的方式,单位包办社会保障事务;第二,劳动保障与就业直接相关,职工一旦失业,劳动保障也失效,社会保障效率低下;第三,城乡二元户籍制度的确立导致社会保障制度出现城乡分割。城市居民和农村居民的社会保障建设存在巨大差异,几乎所有的城镇企业职工都可以享受养老、医疗、生育等各方面的社会保障,但在农村地区,社会保障的内容仅涉及农民的医疗保障制度(合作医疗制度)、社会救助性制度("五保"供养制度)。

2. 改革开放初期的社会保障制度建设阶段(1978—2002年)

刚试行市场经济时,政府出台《国务院关于安置老弱病残干部的暂行办法》和《国务院关于工人退休、退职的暂行办法》,对计划经济时期国家-单位全部负责的社会保障制度进行了补充。随着市场经济的发展,传统社会保障制度对国家财政、企业发展产生了较大压力,社会主义市场经济体制亟须社会保障制度的配套改革。1986年,《中华人民共和国国民经济和社会发展第七个五年计划》颁布,将社会保障的发展和改革纳入国家发展计划,我国社会保障制度正式走向社会化发展道路,国家开始大力制定和实施新型社会保障制度,具体保障制度见表7-4。

表7-4 改革开放初期的社会保障制度发展

项	目	城镇社会保障制度	农村社会保障制度
社会保险制度	养老保险制度	1986年,《国营企业实行劳动合同制暂行规定》(国发〔1986〕77号)出台,明确规定劳动合同制工人退休养老全面实行社会保险制度,由企业和个人共同承担缴费义务。 1995年,颁布《国务院关于深化企业职工养老保险制度改革的通知》(国发〔1995〕6号),确立了社会统筹和个人账户相结合的养老保险制度,职工按一定的工资比例建立个人账户,其余部分为统筹基金	暂无

续表

项	目	城镇社会保障制度	农村社会保障制度
社会保险制度	失业保险制度	1986年,《国营企业职工待业保险暂行规定》(国发〔1986〕77号)出台,明确规定待业保险基金的三大来源:企业缴纳的待业保险基金、待业保险费的利息收入、地方财政补贴,合同制职工实施失业待遇社会统筹,初步建立了我国失业保险制度。1998年,《失业保险条例》(国务院令第258号)出台,标志我国失业保险制度全面建立,该条例覆盖了城镇企业各类就业群体,明确了各类就业群体失业之后的权利和义务,规定了失业保险基金的来源	暂无
	工伤保险制度	1980年,《国家劳动总局、中华全国总工会关于整顿与加强劳动保险工作的通知》(劳总险字27号)发布,要求建立医务劳动鉴定委员会,确定病、伤职工的休假、复工、定残工作,正式恢复工伤保险制度。1996年,《企业职工工伤保险试行办法》(劳部发〔1996〕266号)发布,确立企业职工工伤保险制度	暂无
	生育保险制度	1988年《女职工劳动保护规定》(国务院令第9号)、1993年《女职工保健工作规定》(卫妇发〔1993〕第11号)的先后发布,对女职工生育期间的保健工作进行了一系列规定。1994年,《企业职工生育保险试行办法》(劳部发〔1994〕504号)出台,成为我国生育保险制度的第一部正式法规,对生育保险制度的改革内容进行了详细规定	暂无
	医疗保险制度	1998年,国务院颁布《国务院关于建立城镇职工基本医疗保险制度的决定》(国发〔1998〕44号),在全国范围内建立城镇职工基本医疗保险制度。基本医疗保险基金实行社会统筹和个人账户相结合的原则,医疗保险费由企业和职工共同按比例缴纳,用人单位缴纳的费用按比例计入个人账户,剩余按比例进入社会统筹;个人缴纳的费用计入个人账户	1997年,《关于发展和完善农村合作医疗的若干意见》(国发〔1997〕18号),提出完善农村合作医疗的构想
社会救助制度		1999年,国务院发布《城市居民最低生活保障条例》(国发〔1999〕271号),城市地区最低生活保障在全国范围内正式确立	1994年,国务院发布《农村五保供养工作条例》(国务院令第141号),保障农村救助事项
社会福利制度		1996年,《关于加强住房公积金管理的意见》(国办发〔1996〕35号),建立住房公积金制度,规定职工及其所在单位按规定缴存具有保障性和互助性的职工个人住房基金	暂无

为了加强社会保险费征缴工作，1999年，第一部社保缴费相关的法规《社会保险费征缴暂行条例》颁布，其稽核对象主要是国有企业和集体企业，实施后，社保征管力度显著加强。在这一阶段，社会保障制度实现了由计划经济向市场经济的转变，社会统筹的制度安排减轻了财政负担和企业压力，推动了市场经济建设。城乡二元并行的社会保障格局基本形成，城市和农村的社会保障水平存在明显差异，以养老保险、生育保险、工伤保险、失业保险、医疗保险为核心的城镇社会保障框架基本确立，农村地区在养老保险、生育保险、工伤保险、失业保险等方面存在明显制度空缺，社会保障公平问题突出。

3. 城乡保障二元分行时期的社会保障制度建设阶段（2003—2010年）

我国城乡二元户籍制度催生了城乡二元分割的社会保障制度。21世纪初，为缩小城乡社会保障制度的差距，国家大力建设农村社会保障制度。医疗保险制度方面，2003年的《建立新型农村合作医疗制度的意见》确立了新型农村合作医疗制度，简称"新农合"。养老保险制度方面，2009年，《国务院关于开展新型农村社会养老保险试点的指导意见》确立了新型农村社会养老保险制度，简称"新农保"。社会救助制度方面，2007年，《国务院关于在全国建立农村最低生活保障制度的通知》确立了农村低保制度。

同时，国家开始关注城镇地区未就业、灵活就业这一群体的社会保障，分离劳动保障与就业的直接关联，允许个人形式的参保。比如，在医疗保险、生育保险方面，2007年，《国务院关于开展城镇居民基本医疗保险试点的指导意见》确立了城镇医疗保险制度，将参保范围扩大至城镇职工基本医疗保险制度之外的中小学生、儿童和其他非从业城镇居民。2009年，人力资源社会保障部办公厅发布《关于妥善解决城镇居民生育医疗费用的通知》，实现了城镇居民基本医疗保险和城镇职工生育保险制度的衔接，将"城镇职工的未就业配偶"纳入生育保险范围。

此外，工伤保险制度方面，2003年国务院颁布《工伤保险条例》，以法律形式确定了工伤保险制度的基本内容，成为我国工伤争议的主要判断依据。该规定要求用人单位必须参加工伤保险，为本单位全部职工或者雇工缴纳工伤保险费。该保险完善了企业职工的工伤权益，加强了进城务工人员的劳动保护力度。

这一时期，以医疗保险、养老保险为支柱的农村社会保障制度框架基本建立，城乡社会保障制度建设差距缩小，但仍存在差距，且农村与城镇社会保障制度的并行结构产生了社会保障公平性的问题。

4. 城乡融合的社会保障制度建设阶段(2011年至今)

随着城乡一体化建设的推进，社会保障制度也走上了城乡融合的发展道路。2010年10月，《社会保险法》审议通过，并于2011年7月正式实施，指出"国家建立基本养老保险、基本医疗保险、工伤保险、失业保险、生育保险等社会保险制度，保障公民在年老、疾病、工伤、失业、生育等情况下依法从国家和社会获得物质帮助的权利"。该法律的出台明确了社会保障的覆盖范围、稽查对象以及各责任主体的权利和义务，旨在加强社会保障管理，推动我国社会保障服务均等化。随后，一系列促进社会保险城乡一体化的制度改革开始，具体如表7-5所示。

表7-5 城乡融合的社会保障制度

		城乡居民社会保障制度
社会保险制度	养老保险制度	2014年，《国务院关于建立统一的城乡居民基本养老保险制度的意见》(国发〔2014〕8号)出台，确立了城乡居民养老保险制度
	失业保险制度	沿用1999年《失业保险条例》
	工伤保险制度	沿用2003年《工伤保险条例》(2010年修订)
	生育保险制度及医疗保险制度	2015年，《国务院办公厅关于全面实施城乡居民大病保险的意见》(国办发〔2015〕57号)颁布，城乡大病保险制度确立。 2016年，《国务院关于整合城乡居民基本医疗保险制度的意见》(国发〔2016〕3号)出台，整合了城乡居民医疗保险制度。 2019年，《国务院办公厅关于全面推进生育保险和职工基本医疗保险合并实施的意见》(国办发〔2019〕10号)，合并了生育保险和职工基本医疗保险
社会救助制度		2013年，《城乡医疗救助基金管理办法》(财社〔2013〕217号) 2014年，《社会救助暂行办法》(国务院令第649号，2019年修订)
社会福利制度		2012年，《中华人民共和国老年人权益保障法》(主席令第72号)修订

这一阶段，我国社会保障城乡一体化的框架初步建立，养老保险、医疗保险的城乡居民保障制度融合；生育保险与基本医疗保险合并，统一管理；失业保险

制度、工伤保险制度方面基本统一了企业职工与农民工的保障情况。

7.1.4 中国户籍制度的建立和发展

新中国成立初期,为发展经济、改善民生,同时出于维护国家安全的目的,我国确立了优先发展重工业的战略。在这一发展模式下,国家各项政策向重工业倾斜,政府通过干预市场,降低要素价格,进而降低重工业投资和生产成本(林毅夫等,1999)。在执行过程中,政府通过以农补工的方式积累资本(王岳平,1998),使用对工人有利、对农民不利的"剪刀差"①,限制农村劳动力向城市流动、保障城市居民充分就业等方式,保障重工业发展。由此,严格的户籍制度开始实施。1951年7月,第一部户口管理条例出台,公安部公布《城市户口管理暂行条例》,规定了对人口迁出、迁入、出生、死亡等事项的管制办法,该规定统一了城市的户籍管理工作。在这一时期,户籍制度先城市后乡镇地逐步发展起来,居民拥有自由迁入、迁出的权利。随着国民经济的发展,工业劳动力需求急剧增长;同时,土地改革完成后,人口增加、新农具的使用加剧了农村劳动力过剩的情况。为改善现状,大量农民盲目地、自发地流向城市,城市由此出现失业、半失业现象,城市交通、住房、医疗、教育、就业也出现紧张局面。为消灭失业现象、稳定社会环境、支持重工业发展,1953年4月,政务院发布《关于劝阻农民盲目流入城市的指示》,指出:任何单位和企业未经劳动部门许可,都不得擅自去农村招收员工,但政府劝阻的相关指示并没能减少农村人口流入城市。在此背景下,1955年,《关于城乡划分标准的规定》颁布,对"农业人口"和"非农业人口"作出明确划分,我国城乡二元分离的户籍管理结构确立。同年6月,国务院发布了《关于建立经常户口登记制度的指示》,统一了全国户口登记工作,规定在乡和未设公安派出所的集镇由乡、镇人民委员负责,在城市、集镇由公安派出所负责,且户口登记的统计时间为每年一次。1958年1月,全国人民代表大会常务委员会通过了《中华人民共和国户口登记条例》,以法律形式限制具有"农业户口"的劳动力向城镇自由迁移。自此,农民正式丧失城市就业权,城镇和农村之间劳动力流动迅速减少、几近消失,城乡分割现象出现。

---

① 当时政府通过压低农产品价格,抬升工业品价格,形成了工农产品交换价格的"剪刀差"。

"文化大革命"结束后,城乡分离的户籍制度被延用,户口迁移仍然受到严格限制。1977年11月,国务院批转《公安部关于处理户口迁移的规定》,文件强调市、镇人口的增长必须与农业生产的发展水平相适应,提出严加控制人口从农业转为非农业、从其他市迁往北京、上海、天津三市,适当控制人口从镇迁往市、从小市迁往大市,并要求各地动员市、镇的闲散人员回乡参加生产。这一规定虽然对劳动力流动进行了跨省份、跨城镇的部分限制,催生了地域分割现象,但也使农业人口转为非农业人口成为可能。为加强管理、控制迁移总量,公安部给各省、区、市下达了"农转非"的内部控制指标,即"每年批准从农村迁入市镇和转为非农业人口的职工及其家属人数,不得超过非农业人口数的1.5%"。自此,计划经济体制下的户籍管理逐渐成型,户籍制度也成为阻碍我国劳动力要素流动的主要原因。

改革开放后,户籍制度的弊端逐渐暴露:它不仅剥夺了农民的城市就业权,固化了城乡"二元结构",同时也通过限制劳动力流动成为建立市场经济的制度障碍。为满足市场经济体制下的劳动力需求,国家开始逐步放宽农民进城限制,允许农民以农村户籍进入城市生活。随着家庭联产承包责任制的实施,农村剩余劳动力不断增加,越来越多的农民流向乡镇企业和更多发达地区,在城市长期生活,由此,形成了进城务工群体。因为户籍的差异,进城务工人员在就业地贡献了大量税收却难以享受与城市居民相同的社会福利待遇,在就业、养老、医疗、教育等方面遇到了一系列困难。为解决农民进城务工、经商的困难,满足他们的落户需求,1984年10月,《国务院关于农民进入集镇落户问题的通知》颁布,规定农民可以进入集镇落户,并同集镇居民享有同等权利、履行同等义务。同时,为加强流动人口管理、维护社会治安,1985年7月,《公安部关于城镇暂住人口管理的暂行规定》出台,通过《暂住证》和《寄住证》对暂住人口进行管理。同年9月,《中华人民共和国居民身份证条例》颁布实施,居民身份证的使用进一步提高了人口管理的效率,标志着我国城市人口管理制度走向健全。因为集镇落户改革范围较小,1997年6月,《国务院批转公安部小城镇户籍管理制度改革试点方案和关于完善农村户籍管理制度意见的通知》出台,进一步放开城镇常住人员的落户制度。2001年3月颁布的《国务院批转公安部关于推进小城镇户籍管理制度改革意见的通知》规定,对办理小城镇常住户口的人员不再实行计划指标管理。

这一时期，国家虽然从中小城镇户籍改革入手，部分缓解了城乡分割现象，但并没有根本改变城乡二元对立的情况。城乡户籍权益仍存在明显差别，农民工的合法权益难以得到保障，城市内农业户籍人口数量仍较多。

为解决一系列农民工问题、改变二元户口结构、实现公民身份平等，2002年起，部分省份开始推行户籍一元化改革，取消"农业户口"和"非农业户口"划分，统称为"居民户口"，建立城乡统一的户籍管理制度。截至2009年6月，共计12个省份①相继出台统一城乡户口登记制度的改革措施。户籍一元化改革也产生了显著成效，利用全国第五次人口普查和2005年人口抽样调查数据，宋锦和李实(2013)研究表明，城乡户籍一元化改革有效改善了本地农村劳动力的就业情况，突破了改革地区内部农业户口和非农业户口的就业壁垒，显著提升了农村劳动力在城市获得就业机会的概率。

2010年开始，我国要素禀赋状况发生改变，劳动力数量增长放缓，劳动力成本加速升高。为改变劳动力市场的供求关系，政府进一步放开户籍制度，吸引农村劳动力进入城市定居。2011年2月，《国务院办公厅关于积极稳妥推进户籍管理制度改革的通知》发布，要求"引导非农产业和农村人口有序向中小城市和建制镇转移，逐步满足符合条件的农村人口落户需求，逐步实现城乡基本公共服务均等化"。2014年7月，《关于进一步推进户籍制度改革的意见》(以下简称《意见》)发布，明确指出要建立城乡统一的户口等级制度，取消城乡二元户籍制，建立与统一城乡户口登记制度相适应的教育、卫生计生、就业、社保、住房、土地及人口统计制度。《意见》的出台标志着我国"农业户口"和"非农业户口"的二元户籍管理模式正式退出历史舞台。同时，农村转移人口的市民化以及相关权益保障工作的落实为推进我国新型城镇化建设提供了帮助，在一定程度上缓解了城镇化发展劳动力短缺问题。遵照《意见》户口迁移政策的基本原则，全面放开建制镇和小城市落户限制、有序放开中等城市落户限制、合理确定大城市落户条件、严格控制特大城市人口规模等要求，户籍制度改革也进入因地制宜的区域化改革阶段。各城市在充分考虑当地经济社会发展水平、城市综合承载能力和提供

---

① 截至2009年6月，我国统一城乡户口登记制度的12个省份分别是河北、辽宁、江苏、浙江、福建、山东、湖北、湖南、广西、重庆、四川、陕西。

基本公共服务能力的情况下，开始实施差别化落户政策并建立了相应准入制度。从实施效果来看，户籍制度的放松提高了人口城镇化率，但农村转移人口落户意愿呈现特大型城市高于中、大型城市，高于小型城市的特征，出现了特大城市进不去、小城市不想进的现象。

可以看出，随着市场化改革的推进，以户籍为基础的社会福利提供模式转变为以就业为基础的社会福利提供模式，减少了户籍对劳动力要素配置的影响，但户籍制度改革仍需在减少落户限制和缩小城乡户籍差距方面持续推进(田明等，2019)。2020年4月，《中共中央 国务院关于构建更加完善的要素市场化配置体制机制的意见》出台，提出"推动超大、特大城市调整完善积分落户政策，探索推动在长三角、珠三角等城市群率先实现户籍准入年限同城化累计互认。放开放宽除个别超大城市外的城市落户限制，试行以经常居住地登记户口制度"，这标志着我国进入户籍制度改革新阶段，朝着全面放开落户限制、劳动力自主有序流动、形成统一劳动力市场的终极目标迈进。

7.2 中国劳动力市场发展趋势

7.2.1 中国劳动力数量变化趋势

2003年起，我国劳动市场进入完善阶段。随着市场化改革的深化，我国劳动力市场也发生了巨大改变。接下来，我们将结合统计数据对我国劳动力市场的变化趋势进行分析。[1]

2003—2020年我国劳动力人口[2]、就业人口数量变化如图7-1所示。可以看到，2003—2020年，我国劳动力规模从7.4911亿增加到7.8392亿，增长了4.65%，就业人口数量从7.3736亿增加到7.5064亿，增长了1.80%；失业率从1.57%增加到4.25%，呈现先增长、后下降的趋势。分阶段来看，2003—

---

[1] 本节数据来自国泰安CSMAR数据库(https://cn.gtadata.com/)、锐思(RESSET)数据库(http://www.resset.cn)和《中国劳动统计年鉴》。

[2] 劳动力人口包括正在从事某项工作(就业人口)和正在寻找工作或随时准备工作(失业人口)的人员。

2014年，劳动力人口数量和就业人口数量稳定上升，失业率逐渐升高，在2015年出现拐点，此时，劳动力规模增加至8.0091亿，就业人口数量上升至7.632亿，失业率为4.71%。随后，2016—2020年，劳动力人口数量和就业人口数量逐渐下降，失业率先降低、后升高。可以看出，随着市场化推进，我国劳动力市场不断扩大。近年来，受到人口年龄结构影响，劳动力数量有所减少，这使得我国劳动力就业市场的供给总量下降。

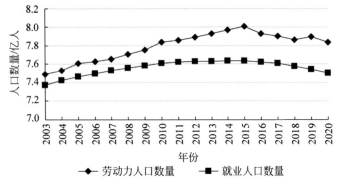

图7-1 我国劳动力人口、就业人口数量变化(2003—2020年)

2010年与2020年我国劳动力市场的年龄结构如图7-2所示。2010年，我国劳动力市场青年人(16~44岁)、中年人(45~59岁)、老年人(60岁及以上)比重为64.8∶27.6∶7.5，到2020年，这一比重变为54.5∶34.2∶11.3。在这期间，20~24岁年龄阶段的劳动力减少最多，从11.1%降低至5.7%；50~54岁年龄阶段的劳动力增加最多，从8.0%增加至12.3%。可以看出，我国就业人口的年龄结构迈向老龄化，青年人比重减少，中年人比重增加最多，老年人比重小幅度增加。

2010年与2020年我国劳动力市场受教育程度结构见图7-3。通过对比可以发现，我国劳动力市场的受教育程度在不断提升。小学及以下、初中等较低学历的就业人口数量大幅减少，从2010年的76.1%减少至2020年的60.4%。大学专科、大学本科、研究生以上等较高学历人口数量快速增加，从2010年的10.1%增加至2020年的22.2%，其中小学学历的就业人口比重减少最多，大学专科的就业人口比重提升幅度最多。劳动力人口受教育程度显著提高与我国教育普及、高职扩招存在紧密联系，有助于提高我国劳动者素质。

接着，结合城镇单位就业数据进一步分析我国劳动力市场的结构变化。对比

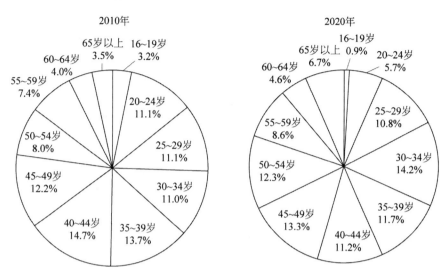

图 7-2 2010 年与 2020 年我国劳动力市场的年龄结构

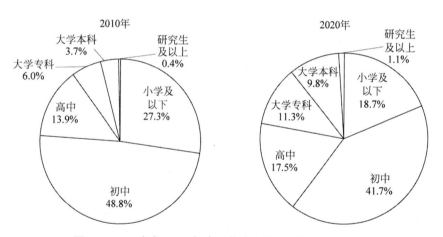

图 7-3 2010 年与 2020 年我国劳动力市场受教育程度结构

2010 年与 2020 年的城镇单位就业人员行业构成(图 7-4)可以发现,就业人员的行业构成没有显著变化,制造业、居民服务和其他服务业分别是吸收城镇就业人口最多与最少的行业。这一时期,制造业,农、林、牧、渔业,采矿业的城镇就业人数显著减少,建筑业,信息传输、计算机服务和软件业,房地产业的城镇就业人数显著增加。

从我国城镇单位女性就业人员占比来看(图 7-5),2003—2020 年,城镇单位女性就业人员占比先降低、后升高,但仍未超过四成,从 2003 年占比 37.9% 增

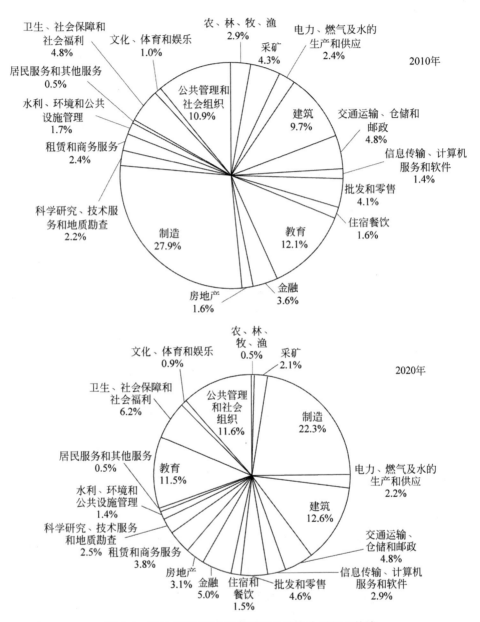

图 7-4 2010 年与 2020 年城镇单位就业人员行业构成

加至 2020 年占比 39.8%，增长幅度为 4.9%。2003—2006 年，城镇单位女性就业人员占比维持稳定，在 38% 左右波动；随后，城镇单位女性就业人员占比不断下降，在 2013 年到达最低点；2014—2020 年，城镇单位女性就业人员逐年升高,并在 2020 年逼近 40%。

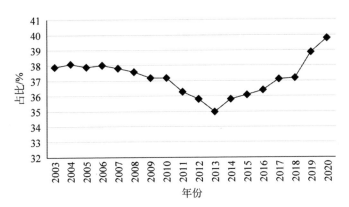

图 7-5　我国城镇单位女性就业人员占比(2003—2020 年)

从我国城镇就业人员的周平均工作时间来看(图 7-6),2003—2020 年,城镇就业人员周平均工作时间呈波动上升趋势,从 2003 年的每周 45.43 小时增加至 2020 年每周 47 小时,增长幅度为 3.46%,均超过了我国劳动法规定的每周 40 小时工作时长。

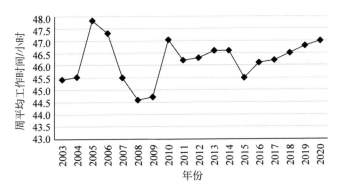

图 7-6　我国城镇就业人员的周平均工作时间(2003—2020 年)

从劳动力市场的城乡就业结构变化来看,2003—2020 年,城镇就业人数大幅上升,从 2.623 0 亿增加到 4.627 1 亿,农村就业人数从 4.750 6 亿减少到 2.879 3 亿,城镇就业人口占比从 35.57% 增加至 61.64%(图 7-7),提升 26.07%。农村就业人数减少与户籍制度改革具有紧密联系,随着户籍改革制度的推进,2003—2020 年,我国农村人口占比从 59.47% 下降至 36.11%,可以看出,户籍制度改革推动了城镇化进程,使城镇就业需求升高。

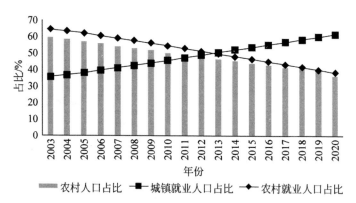

图 7-7 我国劳动力市场的城乡就业结构、人口结构变化趋势(2003—2020 年)

从劳动力市场的就业结构与产业结构变化来看(图 7-8),2003—2020 年,在第一产业就业的劳动者占比逐年下降,在第二产业就业的劳动者比例也有一定增加,但是幅度较小,在第三产业就业的劳动者比例大幅增加。其中,2003 年,

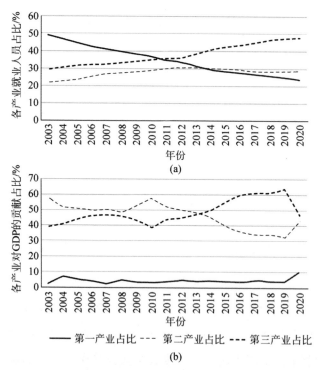

图 7-8 我国就业结构与产业结构变化趋势(2003—2020 年)
(a)就业结构;(b)产业结构

三大产业就业人口占比为 49.1∶21.6∶29.3，而三大产业对 GDP 的贡献率比重为 3.09∶57.95∶38.96，可以看出，此时的就业结构与产业结构明显不协调，农业就业人口占比过高，主要是因为城乡二元户籍分割导致当时的农村劳动力并没能完全流动，农村存在大量"隐形失业"。随着我国经济转型，产业结构发生变化，由农业转向工业、服务业。到 2020 年，三大产业就业人口占比变为 23.6∶28.7∶47.7，三大产业对 GDP 的贡献率比重变为 10.4∶43.3∶46.3，这表明第二、第三产业对劳动力的吸纳能力增强，对经济的拉动作用增强。

从上述对我国劳动力市场发展的趋势分析可以总结，我国劳动力、就业人口增长进入总量减少阶段。其中，劳动力年龄结构迈向老龄化，青年人比重大幅下降；劳动力受教育程度显著提高，高等学历人数显著增加；劳动力行业结构没有显著变化，制造业，农、林、牧、渔业，采矿业呈人口流出趋势，建筑业，信息传输、计算机服务和软件业，房地产业出现人口流入趋势；劳动力年龄结构有所调整，女性就业人数近年来呈现先下降、后上升趋势；劳动力城乡结构发生调整，大量劳动力从农村转移到城市；劳动力产业结构变化显著，部分劳动力从第一产业转移到第三产业，就业结构和产业结构的矛盾减少。

7.2.2　中国劳动力成本变化趋势

改革开放初期，我国大力发展劳动密集型产业，低廉的劳动力成本、丰富的劳动力资源推动了中国经济腾飞。但随着我国人口结构的变化，人口红利期结束，劳动力供给出现低技能劳动力短缺问题，低技能劳动力的成本优势逐渐丧失。同时，劳动力市场改革的不断深入，《劳动法》、最低工资政策等就业保障政策进一步导致劳动力成本升高。在劳动力市场、劳动力政策的共同作用下，我国劳动力成本收入水平、收入结构发生了相应变化。接下来，将结合职工的工资数据对我国劳动力成本的变化趋势进行分析。①

从我国职工工资总额占 GDP 比重变化（图 7-9）可以看出，2003—2020 年，我国劳动所得占 GDP 的比重在 10%～17%，且逐年升高。数据表明，我国劳动

---

① 本节数据来自国泰安 CSMAR 数据库（https://cn.gtadata.com/）、锐思（RESSET）数据库（http://www.resset.cn）和《中国劳动统计年鉴》。

力价格优势正逐渐丧失，但劳动力的分配份额逐渐增多。

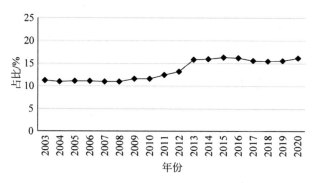

图 7-9　我国职工工资总额占 GDP 比重变化（2003—2020 年）

从职工的平均工资增长来看（图 7-10），2003—2020 年，我国职工平均工资逐年增加，从 2003 年的 12 373 元增加至 2020 年的 97 379 元，同比增长 6.87 倍；平均工资增长幅度在 2003—2007 年呈现上升趋势，随后，平均工资的增长幅度明显下降，2020 年平均工资增长幅度到达最低点 7.60%。这意味着我国企业的劳动力成本大幅上升。

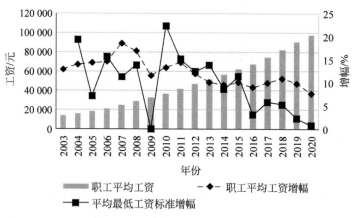

图 7-10　我国职工平均货币工资变化趋势（2003—2020 年）

从劳动力成本的行业分布情况来看，对比 2010 年与 2020 年我国城镇非私营单位分行业从业人员平均工资（图 7-11）。2010 年，19 个行业大类中，有 11 个大类的从业人员平均工资高于全国平均水平，其中，金融业是平均工资最高的行业，为 70 146 元，高出全国平均工资的 91.98%，而农、林、牧、渔业是平均工资最低的行业，为 16 522 元，是全国平均工资的 45.22%。2020 年，19 个行业大类中，有9个大类的从业人员平均工资高于全国平均水平，其中，科研是平均工资最高的行业，为139 851元，高出全国平均工资的43.62%，而农、林、牧、渔业仍旧是平均工资最低的行业，为48 540元，是全国平均工资的49.85%。可以发现，不同行业的平均工资差距在逐渐缩小，但目前仍然较大。

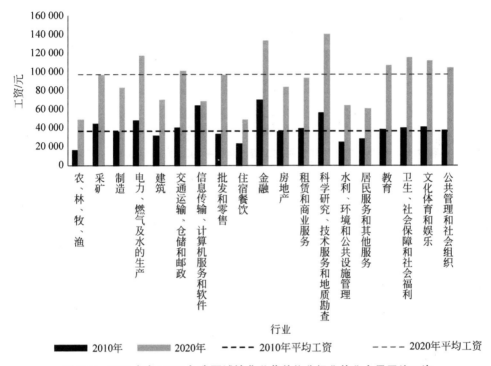

图7-11 2010年与2020年我国城镇非私营单位分行业从业人员平均工资

图7-12展示了东、中、西部地区城镇平均工资的分布情况。2003—2020年，东部地区城镇的平均工资均高于全国平均工资，而中部地区、西部地区城镇的平均工资均低于全国平均工资。随着时间的推移，各地区平均工资逐渐向全国平均工资靠拢，但随着全国平均工资的增长，各地区的工资差距逐渐拉开。2003年，东部地区的平均工资为16 566.75元，比中部地区的平均工资高出5 713.42元，比西部地区的平均工资高出2 940.05元，但到2020年，东部地区的平均工资为107 259元，比中部地区的平均工资高出28 253.78元，比西部地区的平均工资高出13 841.70元。

从上述对我国劳动力成本的分析可以总结，近年来，我国劳动力价格上涨，

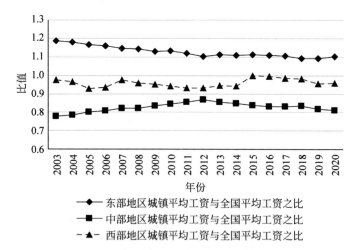

图 7-12 我国不同地区城镇平均工资占全国平均工资比重(2003—2020 年)

价格增速放缓,劳动收入的分配份额逐渐增多;劳动力成本在各行业存在显著差异,农业行业间的劳动力价格逐渐降低;劳动力成本在不同地区的差距逐渐增大,东部地区的平均工资明显高于中、西部地区。

7.3 中国劳动力市场评述与未来展望

劳动是财富之父,是创造价值的过程中不可或缺的部分。经济的发展和人民的幸福都离不开一个完善高效的劳动力市场。自改革开放以来,我国劳动力市场经历了从无到有、各类制度逐渐建立健全的发展过程,为上亿劳动者和数千万我国企业提供了互相匹配的场所,为我国经济发展作出了不可磨灭的贡献。

从我国劳动力市场制度的发展历程可以看出,经过多年的发展,我国劳动力市场的法治化、市场化取得了显著成果,社会保障体系和劳动力保障制度不断健全,阻碍劳动力市场流动的限制逐渐取消。但是,我国劳动者权益保障仍然不够完善、由于户籍制度等种种限制导致劳动力要素配置市场化程度仍然不高等问题仍然存在。目前,要素市场化配置改革、建设统一大市场的政策正在推进,未来我国劳动力市场仍然将朝更加市场化的方向发展。与此同时,我国对于劳动者权益保障的关注度也大大提升,特别是对于如何保障灵活就业和新就业形态的劳动者权益的问题也被提上日程①，我国要如何通过制度建设更好地保障劳动者的权益、建设和谐的劳资关系也是非常值得研究的问题。

纵观我国劳动力市场的发展趋势，可以看到如下一些趋势：第一，在我国人口老龄化程度加深、出生率下降的背景下，我国劳动力人口自2015年来已经进入下降阶段，劳动力的平均年龄也不断增大，但与此同时，随着我国教育普及程度的大幅提升，高学历高质量的劳动力占比越来越高，这些趋势意味着我国劳动力市场从"人口红利"阶段转向"人才红利"阶段；第二，我国劳动力市场上，从事第一产业的劳动者逐渐减少，大量劳动力向第二、第三产业集中，特别是建筑业、信息业、房地产业的城镇就业人数占比大幅提升，同时大量劳动力也从农村转移到城市，女性劳动者占比2013年以来也迅速提升，劳动者工资也保持高速增长、工资占GDP比重逐步提升，这些趋势都与我国制造业和服务业快速发展、城镇化率迅速提升的背景是高度一致的。但是，从数据也可以发现，我国劳动力市场仍然存在劳动者工作时间过长，不同行业、区域的工资差异较大的问题。因此，未来我国在保障劳动者权益、缩小收入分配差距方面还需要进一步改革和提升。

---

① 党的二十大报告中明确指出要"健全社会保障体系""完善促进创业带动就业的保障制度""健全劳动法律法规，完善劳动关系协商协调机制，完善劳动者权益保障制度，加强灵活就业和新就业形态劳动者权益保障"。

第 8 章

中国人力资本对企业决策与资本市场的影响

随着"劳动与金融"这一新兴研究领域在国际学术界受到高度关注,近年来国内学者逐渐开始研究我国的"劳动与金融"问题。我国的市场化体制成立时间不久,其资本市场和劳动力市场与欧美国家在制度环境、市场化程度、劳动力的供需与结构等方面都有显著差异,这使得很多以欧美国家为背景的研究结论不一定适用于我国。我国人口众多,是劳动力大国,我国的"劳动与金融"问题涉及了近 8 亿劳动者的切身利益和福祉,这使得在我国背景下研究该领域问题是非常有现实意义的。因此,接下来的两章围绕着我国的"劳动与金融"研究展开,第 8 章探讨我国的人力资本如何影响公司决策与资本市场,第 9 章探讨我国公司决策和资本市场如何影响人力资本。

在中国人力资本对企业决策与资本市场的影响方面,现有文献主要可以归纳为劳动力成本、劳动保护、劳动力技能、劳动力激励以及劳动力流动性这五个方面。接下来,本章从这五方面出发,对研究现状进行系统的综述和分析,融合自身相关研究,探讨我国目前该领域的研究情况。

8.1　劳动力成本对企业财务决策和资本市场的影响

我国劳动力密集型企业较多,劳动力成本占企业总成本很大比例,是企业最关注的内部劳动力因素之一。国内大量学者从劳动力成本的角度,对员工薪酬这一最主要的劳动力成本如何影响企业决策和资本市场进行了研究。

在企业财务方面,与国外研究一致,部分学者基于劳动力成本是主要成本之一这一特点,提出了"工资侵蚀利润"理论,认为工资上涨会侵蚀利润所得,降低企业财务绩效(戴园晨和黎汉明,1988)。一些学者还关注了债务融资和债务重组场景下劳动力成本的影响。例如,刘晓光和刘嘉桐(2020)研究发现,劳动力成本的提高降低了企业未来盈利水平的预期,从而削弱了银行为劳动力成本比重较高企业提供资金的意愿,导致此类企业信贷配给减少。宋淑琴和陈澈(2021)研究发现,当员工薪酬处于较高水平时,陷入财务困境的公司发生债务重组的概率较小,这是因为进行债务重组会导致债权人的求偿权利转移给员工,从而侵蚀债权人的利益,此时,债权人倾向于通过破产保护个人利益;而当员工规模较大时,债权人预期企业得到政府救助的机会和程度较大,债权人会主动与债务人达成债务重组协议,此时,企业发生债务重组的概率增大。这表明,职工薪酬会影响员工和债权人在财务约束下的现金流分配,影响债务双方的议价能力,从而影响债务重组协议的达成。同样与国外研究类似,也有学者从激励理论的视角出发,认为薪酬制度也能够起到激励员工为公司创造价值的作用,因此给予员工更多薪酬不一定会导致利润的减少。例如,杨瑞龙等(1998)发现,国有企业的职工收入具有效率工资的特点,即企业支付高于市场决定的工资可以激励员工,换取员工更高的生产力(Shapiro and Stiglitz, 1984),给企业带来正面影响。肖文和薛天航(2019)的研究同样表明,给予员工更高的工资可以显著提高企业全要素生产率,且这一促进作用随企业融资成本的提高而减弱,随企业流动性风险的降低而增强。

在企业创新方面,3.3节指出劳动力与创新存在替代关系,因此员工薪酬上升会导致企业更多地进行创新。与之相符,林炜(2013)以我国工业企业全体从业人员的平均工资衡量劳动力成本,分析发现,劳动力成本的上升会迫使工业企业加大发明创新的力度,从而改善创新绩效。然而,张庆昌和李平(2011)结合荷兰等国家的经验提出了"创新工资门槛假说",他们认为,工资上涨促进企业创新和生产率的提升作用是有限度的、存在"门槛效应"。

在公司治理方面,由于企业雇佣行为直接决定了当地的就业形势,国有企业和政府有很强的动机激励企业扩大雇佣规模,导致我国部分企业存在超额雇员问题,因此我国研究会更多结合我国特殊的制度背景和企业性质。例如,曹书军等(2009)证明了政府通过税收优惠的方式来激励企业雇用员工,他们研究2003—2006年的中国制造业上市公司发现,公司雇员的绝对规模、增量规模以及相对规模与公司实际税负显著负相关,且超额雇佣程度越高,实际税负越低。他们认为,雇佣规模过大虽然对公司业绩造成了负面影响,但公司通过税收优惠的方式获得了补偿。袁建国等(2016)以职工平均工资衡量劳动力成本研究发现,劳动力成本上升时,公司更倾向选择负向盈余管理隐瞒利润或报告亏损。他们解释,劳动力成本上升会导致就业减少和失业增加,公司倾向于通过负向盈余管理来凸显劳动力成本上升压力和财务困难,以争取更多的政府补贴、税收优惠、政府采购等资源;或者通过负向盈余管理隐藏利润或报告亏损,来强调劳动力成本压力和接纳就业、减少裁员的困难,以减少政府摊派的超额雇员。张会丽等(2021)则关注了员工薪酬与员工持股比例的关系,发现员工薪酬竞争力不足是我国公司实施员工持股的重要原因之一,为避免因薪酬竞争力不足的潜在成本,管理层倾向于实施员工持股计划,增强薪酬激励,且员工薪酬竞争力越弱,员工持股的锁定期限越长、覆盖人数越多以及员工股比例越高。一些学者也针对我国部分公司存在的冗员、雇用员工数量不合理等问题进行了研究。此外,我国学者也发现我国公司存在高管与员工联盟的现象,陈冬华等(2011)从高管和员工的利益联盟视角研究了员工薪酬与高管变更的关系,发现高管给予员工高薪酬有助于两者建立联盟,使员工薪酬越高时高管被更换的概率越低,且新高管继任后,会积极与员工建立政治联盟,相对于高管没有变更的公司,高管变更的公司当年职工工资有显著增长;相对于公司内部提拔的高管,外聘的高管会更大幅度地为职工提高工资。该结果意味着,高管和员工的利益联盟侵蚀了公司利益。

在资产定价方面,我国的研究相对较少。叶康涛等(2013)关注了我国上市公司员工薪酬与公司市场价值的关系。其研究表明,提高人均工资可以通过增加公司未来现金流、提升劳动效率,同时,提高人均工资可以降低员工离职率,减少业绩波动,降低公司资本成本,因此,人均工资越高的公司,其市场价值越高。孔东民等(2017a)以实际雇用员工数(除以公司规模以标准化)变动率与预期单位规模雇用员工数变动率之差的绝对值构造劳动投资效率指标,研究发现,劳动力投资效率是影响股票收益率的显著因素,公司的劳动投资效率越高,公司当期股票收益率越高,且这种关系在民营和劳动密集型公司更为显著。

8.2 劳动保护对企业财务决策和资本市场的影响

劳动保护制度是学术界与社会共同关注的重要话题。我国对保护劳动者权益一向保持高度重视,为更好地保障员工权益、化解劳企矛盾、保证就业、促进经济发展,国家加强了对劳动保护的立法,出台了一系列重要的劳动保护政策。其中,《劳动合同法》、最低工资标准和《社会保险法》的实施在学术界引起广泛关注。相关研究表明,我国劳动保护政策显著降低了企业劳动力调整的灵活性,提高了企业的经营成本,这与国外劳动保护对公司财务决策和资本市场影响的研究是基本一致的。为进一步了解我国劳动保护如何影响劳动力成本、改变企业决策和资本市场,我们从企业财务风险、企业投资决策、企业治理这三个方面进行梳理。

在企业财务风险方面,相关研究发现,我国劳动保护制度的实施,通过提高用工成本对企业经营、融资产生了不利影响。具体地,劳动保护带来的用工调整成本升高,导致企业经营弹性下降、经营杠杆系数升高(廖冠民和陈燕,2014),进而挤出了企业财务杠杆(黄炳艺等,2020),企业生存概率显著下降(Mayneris et al., 2018)。公司为降低陷入财务困境的可能,倾向于持有更多现金(Cui et al., 2018)。结合产权性质对《劳动合同法》实施后果进行分析,潘敏和袁歌骋(2019)还发现,劳动保护增强导致国有企业和非国有企业杠杆率变动出现分化,国有企业短期杠杆率上升,非国有企业短期杠杆率下降。他们解释,非国有企业杠杆率下降主要是因为经营杠杆升高对财务杠杆的挤出效应，而国有企业杠杆率上升则主要是因为地方政府干预使信贷向国有企业倾斜。也有部分学者研究发现，劳动保护增强可能导致企业杠杆率升高。比如，宫汝凯（2020）研究发现，最低工资每上升1单位标准差，企业杠杆率将平均提高1.77~2.11个百分点，他在文中解释为，当劳动力价格上升时，企业会理性地选择采用资本替代劳动，投资和融资规模扩大，因此负债融资增多。

劳动保护增强带来的劳动力成本升高也对企业利润造成了显著的负面影响。为保证企业持续发展，企业被证实可能会减少人力资本投资、选择相对保守的财务政策，削弱了企业风险承担能力（刘巍和何威风，2020）。魏天保和马磊（2019）关注了社保缴费负担的提高对企业的市场退出风险率的影响，结果表明，市场退出风险率呈现先降低、后提高的U形，这是劳动保护增强对企业劳动产出效率的促进效应和对劳动力投资规模的抑制效应共同作用的结果，拐点处的企业最优社保缴费率（以"社保缴费总额/工资总额"计）平均约为20.28%，以"社保缴费总额/利润总额"计，平均约为36.57%。

部分学者还发现，劳动保护增强可能增加劳动力调整成本，导致企业的债务违约风险升高（虞娅雅和廖冠民，2017；许红梅和李春涛，2020a）。同时，为避免企业违约，银行倾向于提高与企业间的借贷契约标准，导致企业获得的借款规模缩小、长期借款比例下降，借款成本和担保借款比例上升（陈德球等，2014）。通过研究我国最低工资标准，陈晓辉等（2021）还发现，劳动保护加强通过提高企业融资约束、促进企业要素替代加剧了企业投融资期限错配，使企业出现更多短贷长投的现象，企业的偿债压力增加，流动性风险升高，债务违约风险随之增大。此外，江伟等（2016）通过研究2004年我国《最低工资规定》政策发现，劳动保护通过增加企业的劳动力调整成本降低了企业的成本黏性。这主要是因为，当业务量出现上升时，企业权衡了增加的单位雇员成本和不变的单位裁员成本后，会降低企业在业务量上升时的雇员增加幅度，从而弱化企业的成本黏性；由于企业向下调整承诺资源的成本高于向上调整承诺资源的成本，当企业的业务量出现下降时，管理者会通过保留多余的资源如冗员来降低当前的裁员成本，以此减少未来业务量恢复时可能的增员成本，即企业在业务量下降时保留的多余资源也会导致成本黏性。

在企业投资决策方面，与第 3 章展示的国际经验类似，我国学者也发现了劳动保护制度通过改变劳动力成本从而影响投资水平的不同证据。

一方面，劳动保护可能促进企业投资。劳动保护使劳动力价格升高从而产生"要素替代"效应，促使企业加速生产方式转型、进行设备升级和技术创新，以节约企业成本（丁守海，2010）。同时，引进先进技术、设备可以有效提高企业劳动生产力，提升企业竞争力（林炜，2013）。相关实证研究发现，劳动保护增强后，企业投资水平明显升高（刘媛媛和刘斌，2014）、创新投入显著增强（倪骁然和朱玉杰，2016）、技术创新增加带来劳动生产率提高（王小霞等，2018）。具体地，针对固定资产投资，基于 2019 年中国企业社保缴费基数核定方案改革的背景，杜鹏程等（2021）研究发现，社保缴费基数下限负担每降低 10%，企业的资本投入将增加 1.45%，同时产出水平将提高 4.51%。唐珏和封进（2019）分析社会保险缴费对企业资产劳动比的影响时指出，由于社保成本可以部分（完全）转移给员工，所以企业资产劳动比的变化存在多种情况，从大样本的实证结果来看，社保征收会倒逼企业提高技术和机器要素投入、导致人均固定资产增加、劳动力雇佣减少，最终提高企业的生产效率。Hau 等（2020）基于我国制造业企业数据研究最低工资变化如何影响企业劳动资本投入变动时发现，低工资企业在最低工资增长年份资本对劳动力的替代显著增加，就业增长减少，但企业全要素生产率有所提高。綦建红和付晶晶（2021）利用 2000—2013 年中国工业企业数据库和海关数据库的匹配数据，同样发现，最低工资政策通过用工成本上涨和政策遵从加强显著促进了工业机器人应用。

针对无形资产投资，吕铁和王海成（2015）则关注了劳动力市场管制[①]对企业创新的影响，基于世界银行 2012 年中国企业调查数据，利用"劳动力市场管制在多大程度影响了企业当前的运行？"这一回答数据衡量劳动力市场管制力度，研究表明，劳动力市场管制显著提高了企业的技术创新概率。在倪骁然和朱玉杰（2016）研究的基础上，李建强和赵西亮（2020）进一步考虑了 2008 年经济危机的

[①] 吕铁和王海成（2015）认为，劳动力市场管制通常包括保护劳动者利益、保障就业稳定性、协调劳资双方利益三个方面。具体而言，劳动力市场管制是通过法律形式对雇主的用工行为进行制约，主要包括企业雇佣管制和解雇管制。雇佣管制包括劳动合同制定、薪酬福利、员工培训等；解雇管制包括解雇人数、遣散费用、提前通知等。从他们的定义可以看出，劳动力市场管制实则是对劳动力实施的保护行为。

影响，发现劳动保护提升创新数量和创新质量的结论仍然稳健，他们还证实，劳动保护通过调整企业要素结构提高了劳动密集型企业的创新效率。通过研究最低工资制度，李建强等(2020)发现，劳动保护通过改善企业物质资本(硬件)以及减少低技能员工、增加高技能员工，优化企业人力资本(软件)，促进企业创新。

另一方面，劳动保护可能抑制企业投资。相关研究表明，劳动保护带来的劳动价格增加导致资本报酬递减，从而降低了资本积累的速度(蔡昉，2017)；劳动力成本上涨还使企业利润减少、现金流压力增加，从而造成企业投资减少(卢闯等，2015)、创新水平下降(赵健宇和陆正飞，2018)。同时，劳动保护还通过限制用工灵活性，使企业经营弹性降低、外部融资能力减弱，导致企业无法参与周期长、风险高的创新项目，难以实现最优投资。具体地，林灵和曾海舰(2020)研究表明，企业社保成本和投资存在显著的负相关关系，企业社保支出比重每增加1个单位标准差，企业投资率约下降3.3%，该效应能够解释企业投资率变动的6.4%。赵瑞丽和何欢浪(2021)研究发现，最低工资标准上调显著抑制了企业研发投入和新产品产值的提高，他们还发现，最低工资上涨显著扩大了同一行业内企业创新投入和创新产出的差距，使创新资源主要集中在大企业和生产率高的企业，加剧了行业内创新资源配置的不平等。此外，马双和甘犁(2013)研究发现，劳动保护引致的劳动力成本升高导致员工培训等非工资性福利减少，其中，最低工资每增加10%，企业提供在职培训的可能性显著下降0.86个百分点，企业计提的"职工教育经费"显著减少2.3%，而减少员工福利投资会降低员工对企业的黏性，弱化员工对企业的归属感。

结合企业特征，一些学者发现了新的研究证据。比如，金岳和郑文平(2019)研究发现劳动保护与企业投资之间的非线性关系。他们利用我国制造业企业数据证实，最低工资标准与企业资本存量、资本劳动比均呈现倒U形关系，作用机制表明，制造业企业随着生产效率、劳动密集度、所有制性质的不同发生显著的结构性分化现象：按企业生产效率，可划分为低效企业的抑制效应和高效企业的促进效应；按劳动密集度，可划分为劳动密集型企业的倒U形关系和资本密集型企业的负相关关系；按照所有制特征，可划分为国有企业的正相关关系和非国有企业的倒U形关系。潘红波和陈世来(2017)指出，劳动保护增强可能通过影响企业用工的违法违规成本、用工灵活性、员工的工作效率①、使用性能更为先进的设备替代人工这四个方面,改变企业投资水平,以《劳动合同法》的实施作为自然实验进行实证的结果显示,《劳动合同法》显著降低了民营企业投资水平,并进而拖累区域经济增长。王珏和祝继高(2018)则发现,《劳动合同法》的实施弱化了高学历员工对企业创新产出的促进作用,主要体现为企业的非发明专利申请数和有效专利数下降。他们解释,这是因为劳动保护加强了偷懒者效应,降低了高学历员工因为创新产出低而被解雇的风险,同时,对偷懒人员、低学历及低工资员工提供的劳动保护还增加了高学历员工的不公平感,进而导致工作效率和创新产出的降低。

部分学者从企业微观视角关注了劳动保护如何影响外资直接投资(foreign direct investment,FDI),他们普遍通过研究最低工资制度发现,劳动保护增强将导致 FDI 减少。这是因为劳动保护提高了用工成本、压缩企业利润,使劳动密集型企业和低技能密集型产业的比较优势减少,从而导致外资撤离(熊瑞祥等,2021)。具体地,基于中国工业企业数据和城市最低工资数据匹配得到的微观数据库,李磊等(2019)研究发现,月最低工资每上升 1%,外资企业退出中国的概率平均上升 0.074%,且该现象主要出现在低生产率、低端制造以及加工贸易外资企业。他们解释,低技能、低教育水平的工人工资低于最低工资标准的比重更高,因此其受最低工资标准实施与调整的影响也更大。熊瑞祥等(2021)利用我国制造业企业数据库研究发现,相比"市场导向型"外资企业,"成本导向型"外资企业更容易因为最低工资标准提高而退出市场。还有部分人用文献分析了劳动保护如何影响我国企业的出口和对外投资行为。比如,孙楚仁等(2013)采用中国工业企业数据实证分析发现,最低工资还对企业的出口概率和出口额造成了显著的负向影响;Gan 等(2016)发现,最低工资导致的劳动力成本升高、劳动力市场比较优

---

① 潘红波和陈世来(2017)认为,《劳动合同法》对企业用工的违法违规成本、用工灵活性的负面影响,会降低项目的净现值、增长期权价值、转换期权价值和收缩期权价值,最终降低企业的投资水平;而员工工作效率对投资的影响需要取决于公司文化,如果公司拥有良好的企业文化基础,《劳动合同法》的实施将进一步改善企业文化,激励员工进行更多的企业专有化知识的投资,员工工作效率大概率升高。否则,《劳动合同法》增加企业的解雇难度只会助长偷懒者效应(lethargy effect),最终导致员工积极性和工作效率降低。机器设备对劳动力的替代作用也需要考虑《劳动合同法》对项目投资价值的影响和企业的自身财力。

势减少是造成企业出口行为减少的原因。Fan 等（2018）和王欢欢等（2019）发现，劳动力成本升高促进了我国企业对外直接投资。此外，刘贯春等（2017）利用1998—2007 年中国工业企业数据研究发现，最低工资标准提升倒逼市场上的低效率企业主动提升生产率以应对劳动力成本的增加，使得企业生产率离散程度降低，从而有助于改善资源在企业间的配置状况；最低工资标准提高带来的劳动力成本上升也迫使低效率企业退出市场，企业的进入和退出有助于形成良好的产业竞争，从而改善资源在企业间的错配。

在公司治理方面，我国学者发现了劳动保护通过增加劳动力成本影响公司治理水平的不同证据。部分研究与国际经验一致，认为劳动保护会恶化公司治理水平。具体地，朱冰（2020）研究发现，劳动保护通过限制企业的裁员、职位调整行为，加重了并购方的冗员负担，导致涉及劳动密集度较高的目标公司被并购可能性及并购绩效显著降低。刘行和赵晓阳（2019）认为，企业会利用税收规避抵御劳动保护引致的经营风险。他们利用最低工资标准进行实证分析显示，企业所在地区的月最低工资标准每上涨 100 元，企业通过避税所带来的所得税现金流出会下降约 2.52%。另外，与国际经验中将员工与股东看作利益对立的双方，劳动保护势必导致股东权益受损的观点不一致，我国部分学者指出，劳动保护可以改善公司治理。蒋灵多和陆毅（2017）研究《最低工资规定》制度发现，劳动保护促使企业精减雇佣人员实现内部结构调整，通过提高企业生产率、利润率，降低企业负债率，显著抑制了新僵尸企业的形成。廖冠民和宋蕾蕾（2020）研究《劳动合同法》实施发现，劳动保护增强通过缓解"套牢问题"，激励员工进行专用性人力资本，同时，能够有效避免企业的专用性人力资本投资流入竞争对手企业，使企业的全要素生产率提升、股东回报显著提高。以 2011 年《社会保险法》的实施为准自然实验，许红梅和李春涛（2020b）研究发现，社保费征管力度加强通过降低企业信息不对称、增加避税成本，显著抑制了企业避税活动，其中，劳动密集型企业的避税程度显著降低约 1.9%。

从上述梳理可以看出，基于《劳动合同法》、最低工资标准和《社会保险法》等劳动保护政策，我国学者对劳动保护增强通过提高用工成本，影响公司财务风险、公司投资决策、公司治理的相关内容进行了全面分析。其中，大部分研究利用中国数据发现与其他国家保持一致的经验证据，包括：劳动保护如何影响经营风险、风险承担能力、违约风险、贷款能力和贷款结构等公司财务风险因素，资产替代劳动力、技术创新等公司投资决策因素以及如何影响企业并购。也有学者结合我国的制度背景，发现了与国际经验不一致的结果，如劳动保护如何影响财务杠杆等。此外，还有学者发现了新的研究证据，如劳动保护政策如何造成企业投融资期限错配、如何改善公司治理等内容，这加深了对我国劳动保护制度实施与金融的理解和认识。

整体而言，目前我国在该领域的研究以评估劳动保护相关的政策效应为主，实证研究丰富翔实。这里，我们对失业保险与公司财务杠杆、劳动保护对风险投资和私募股权投资的影响、劳动保护与盈余管理等内容进行了补充研究。

研究一：失业保险与公司财务杠杆

失业保险是保障劳动者基本生活、促进再就业的重要社会保障制度。理论上，失业保险金水平对公司财务杠杆的影响具有两面性。一方面，失业保险金的提高可能通过降低劳动力成本进而降低企业杠杆率。失业保险金越高，员工对失业风险的承受力越高，员工需要用于补偿失业的风险溢酬降低，公司劳动力成本下降。这使得公司有更多的自由现金流、更强的盈利能力，使得公司可能运用内源融资替代债务融资，偿还债务以减少财务风险，导致财务杠杆下降。另一方面，失业保险金的提高可能通过降低经营杠杆提升财务杠杆。失业保险金的提高降低了劳动力成本和解雇员工的成本，导致公司经营杠杆下降，在总杠杆一定的情况下，公司能够采取更高的财务杠杆。失业保险金的提高还通过降低员工对失业风险的敏感度、减少员工对提高杠杆率的抵制，使公司提升杠杆率变得更容易。

基于上述分析，我们运用 2009—2019 年我国上市公司数据对失业保险金和公司财务杠杆进行实证检验。其中，失业保险金是上市公司注册地所在省份的月度失业保险金水平上限的自然对数，有息负债率是有息负债与总资产的比值，调整后的资产负债率是排除应付职工薪酬后的资产负债率，公司规模是营业收入的自然对数，员工数量是以人为单位的公司员工总人数的自然对数，公司成长性以营业收入增长率衡量，固定资产比例等于固定资产净值与总资产的比值，人均生产总值是以元为单位的省级层面人均生产总值的自然对数，经济增长速度是公司所在省份实际生产总值增长率，失业率是所在省份城镇登记失业率，地区通胀水平是公司所在省份以百分比计数的居民消费指数，财政收入是公司所在省份以元为单位的政府一般预算收入的自然对数，最低工资水平是公司所在省份以元为单位的月度最低工资上限的自然对数，平均工资水平是公司所在省份以元为单位的月度平均职工工资的自然对数，地区人口数量是公司所在省份以万人为单位人口数量的自然对数，市场化指数是公司所在省份的市场化指数（王小鲁等，2019），该数据截至2016年，2017—2019年的指标用2016年代替。为了避免异方差问题的影响，对回归系数的标准误在省份-年度层面进行了聚类调整。

表8-1为失业保险金对公司财务杠杆影响的回归结果，其中，列（1）和列（3）控制了公司固定效应和年度固定效应，结果显示，失业保险金的系数分别为-0.029和-0.038，均在1%水平下显著。由于财务杠杆可能受到行业周期的影响，列（2）和列（4）额外控制了行业×年度固定效应，结果显示，失业保险金的系数分别为-0.022和-0.033，分别在5%和1%水平下显著，即当地失业保险金水平每增加1%，杠杆率平均下降0.021~0.038个百分点，这表明，失业保险金上升会导致公司财务杠杆显著下降。该结果与Agrawal和Matsa（2013）基于美国数据的研究相悖，我们认为这主要是因为我国与美国在劳动力市场与公司财务、融资状况方面存在差异，我国工会力量不足，因而缺乏类似美国工会组织与公司进行集体谈判的作用机制，员工难以直接干预公司的财务政策。在公司财务、融资状况方面，我国公司存在高杠杆、过度负债的问题且更偏好股权融资，利用财务杠杆的动机并不强烈，反而倾向于降低杠杆；而美国公司过度负债问题并不严重，更可能利用杠杆以节税。

表8-1 失业保险金对公司财务杠杆影响的回归结果

变量	有息负债率		调整后的资产负债率	
	(1)	(2)	(3)	(4)
失业保险金	-0.029***	-0.022**	-0.038***	-0.033***
	(-2.67)	(-2.10)	(-2.85)	(-2.67)
公司规模	0.025***	0.024***	0.037***	0.038***
	(11.80)	(11.71)	(12.21)	(12.50)
员工数量	0.014***	0.013***	0.017***	0.015***
	(7.58)	(7.25)	(5.69)	(5.00)

续表

变量	有息负债率		调整后的资产负债率	
	(1)	(2)	(3)	(4)
公司成长性	-0.009***	-0.008***	-0.003	-0.002
	(-5.63)	(-4.99)	(-1.32)	(-1.08)
固定资产比例	0.139***	0.147***	0.102***	0.100***
	(13.45)	(14.31)	(7.58)	(7.46)
人均生产总值	-0.021	-0.082	0.101	0.043
	(-0.19)	(-0.83)	(0.87)	(0.41)
经济增长速度	0.012	0.013	0.019	0.018
	(0.39)	(0.49)	(0.61)	(0.66)
失业率	1.145***	0.974***	1.672***	1.451***
	(3.09)	(2.79)	(4.06)	(3.78)
地区通胀水平	-0.085	-0.189	0.160	0.092
	(-0.47)	(-1.12)	(0.82)	(0.50)
财政收入	-0.011	-0.012	0.018	0.012
	(-1.03)	(-1.23)	(1.48)	(1.10)
最低工资水平	0.036**	0.033*	0.038*	0.037*
	(1.99)	(1.96)	(1.80)	(1.87)
平均工资水平	0.004	-0.001	0.004	-0.002
	(0.12)	(-0.05)	(0.11)	(-0.07)
地区人口数量	0.018	-0.019	0.023	-0.023
	(0.44)	(-0.51)	(0.57)	(-0.62)
市场化指数	0.003	0.002	0.003	0.002
	(1.56)	(1.19)	(0.94)	(0.80)
常数项	-0.029***	-0.022**	-0.038***	-0.033***
	(-2.67)	(-2.10)	(-2.85)	(-2.67)
公司固定效应	控制	控制	控制	控制
年度固定效应	控制	控制	控制	控制
行业×年度固定效应	不控制	控制	不控制	控制
调整后的 R^2	0.720	0.728	0.753	0.760
观测值	24 761	24 761	24 761	24 761

注：括号内为 t 值，我们对标准差进行了省份-年度层面聚类调整，* 表示在10%水平下显著，** 表示在5%水平下显著，*** 表示在1%水平下显著。

研究二：劳动保护对风险投资和私募股权投资的影响

2008年1月1日实施的《劳动合同法》通过规范我国劳动关系，加大了我国的劳动保护力度。基于此，以《劳动合同法》的实施作为自然实验，考察我国劳动保护对风险投资和私募股权投资(VC/PE投资)的影响。我们认为，劳动保护不仅会影响VC/PE投资绩效表现，也会影响企业获得VC/PE投资的概率。理论上，劳动保护增强会增加企业的直接用工成本(工资)和间接用工成本(社会保险)，进而导致企业现金支出增多、利润减少，同时，劳动保护增强会增加辞退成本、升高企业经营风险，进而导致VC/PE投资绩效下降。而劳动保护对企业获得VC/PE投资的概率的影响具有两面性：一方面，当劳动保护程度提高时，企业低利润、高风险的表现难以吸引专业机构投资者进场，这会导致企业获得VC/PE投资的概率下降；另一方面，劳动保护带来的劳动力成本的上升可能会造成企业资金紧张、融资需求增大，而企业的利润下降、经营杠杆上升又导致银行等债权人对企业的贷款缩紧，企业不得不向股权投资者募集资金。相对于在股票市场公开募集资金，向VC/PE投资者寻求融资在融资成本、专业性等方面更有优势。因此，在劳动保护程度提高后，企业获得VC/PE投资的概率也可能会上升。

运用2003—2017年的VC/PE投资数据，选用双重差分模型进行检验，将投资于高劳动密集度企业的投资项目视为处理组，投资于低劳动密集度企业的投资项目视为控制组，通过比较《劳动合同法》对处理组和控制组影响的差异，劳动保护和VC/PE投资绩效、VC/PE投资概率的关系进行了回归分析。这里，劳动保护程度(连续变量)和劳动保护程度(虚拟变量)是核心的解释变量，劳动保护程度(连续变量)是项目处于《劳动合同法》实施后的比例，以项目在2008年及之后的年数除以总项目持有年数衡量；劳动保护程度(虚拟变量)是《劳动合同法》实施后虚拟变量，若年度在2008年及之后，取1，否则取0。内部收益率和投资可能性是研究的被解释变量，其中，内部收益率是项目在持有期内年化内部收益率，投资可能性是企业是否获得VC/PE投资的虚拟变量。劳动保护密度是以2006年数据计算的劳动保护加强前，企业所在行业的劳动密集度。此外，针对劳动保护与VC/PE投资内部回报率的回归，运用OLS(最小二乘法)模型进行估计，并控制如下变量：以投资项目持有年数衡量的投资持有期，IPO退出，

VC/PE 投资的退出方式为 IPO 退出时取值为 1，否则取 0。并购退出，若 VC/PE 投资的退出方式为并购则取 1，否则取 0。投资阶段，若为种子、天使轮，取 1；A 轮，取 2；B 轮，取 3；C 轮，取 4；D～G 轮，取 5；上市定增与新三板定增，取 6。以持有期内上证综指的平均年化收益率衡量市场收益率，以持有期内生产总值增长率平均值衡量生产总值增长率，以持有期内居民消费价格指数平均值衡量通胀水平。针对劳动保护与企业是否获得 VC/PE 投资的回归，运用 Logit 模型进行估计，并控制如下变量：以企业总资产自然对数衡量的企业规模，以营业收入增长率衡量的企业成长性，以净利润除以平均资产总额衡量的总资产收益率，以企业长短期债务之和与总资产的比率衡量的资产负债率，以流动资产与流动负债的比值衡量的流动比率，以企业第一大股东持股占总股数比例衡量的第一大股东持股比例，以企业前十大股东持股之和占总股数比例衡量的前十大股东持股比例，以及市场收益率、生产总值增长率和通胀水平。为了避免异方差问题的影响，对回归系数的标准误在企业层面进行了聚类调整。

表 8-2A 栏呈现了劳动保护与 VC/PE 投资内部回报率的回归结果，可以看到，劳动保护程度（连续变量）与劳动保护密度的交互项分别在 5% 和 10% 水平下显著为负，这说明，劳动保护程度的提升导致 VC/PE 投资者的投资绩效下降。表 8-2B 栏为劳动保护与企业是否获得 VC/PE 投资的回归结果，可以看到，不论是否剔除 2007 年样本、是否剔除金融行业样本，劳动保护程度（虚拟变量）与劳动保护密度的交互项均在 1% 水平下显著。这说明，劳动保护增强后，劳动密集度高的公司获得 VC/PE 投资的概率增大，VC/PE 投资有效地缓解劳动保护程度提升给企业带来的资金压力。

表 8-2 劳动保护对风险投资和私募股权投资影响的回归结果

A	劳动保护与 VC/PE 投资内部回报率	
	内部收益率	
变量名称	(1)	(2)
劳动保护程度 （连续变量）	2.558*** (6.919)	2.414*** (6.502)
劳动保护程度（连续变量）× 劳动保护密度	-0.241** (-2.226)	-0.204* (-1.863)
投资持有期	-0.143*** (-8.221)	-0.140*** (-8.149)

续表

A	劳动保护与VC/PE投资内部回报率	
	内部收益率	
变量名称	(1)	(2)
IPO退出	0.272***	0.276***
	(13.059)	(13.009)
并购退出	0.125***	0.131***
	(4.387)	(4.480)
投资阶段	-0.033***	-0.030***
	(-3.592)	(-3.272)
市场收益率	0.263	0.271
	(1.399)	(1.414)
生产总值增长率	75.379***	75.225***
	(8.005)	(7.921)
通胀水平	-0.163**	-0.164**
	(-2.429)	(-2.431)
常数项	10.552*	10.635*
	(1.685)	(1.687)
行业固定效应	控制	控制
投资年度固定效应	控制	控制
退出年度固定效应	控制	控制
地区固定效应	不控制	控制
调整后的R^2	0.362	0.367
观测值	3 314	3 285
B	劳动保护与VC/PE投资概率	
	投资可能性	
变量名称	(1)	(2)
劳动保护程度(虚拟变量)	-2.437	-2.603*
	(-1.482)	(-1.729)
劳动保护程度(虚拟变量)×劳动保护密度	3.316***	2.623***
	(2.680)	(2.692)
公司规模	0.882**	0.955**
	(2.410)	(2.521)
公司成长性	0.549*	0.535*
	(1.742)	(1.693)
总资产收益率	-3.529	-3.414
	(-0.715)	(-0.682)
资产负债率	-7.862***	-7.905***
	(-3.764)	(-3.780)

续表

B	劳动保护与VC/PE投资概率	
	投资可能性	
变量名称	（1）	（2）
流动比率	-0.329***	-0.323***
	(-2.611)	(-2.598)
第一大股东持股比例	-8.499**	-8.713**
	(-2.089)	(-2.116)
前十大股东持股比例	9.394***	9.343***
	(3.059)	(3.039)
市场收益率	0.768**	0.894**
	(2.277)	(2.424)
生产总值增长率	-31.361	-27.166
	(-1.493)	(-1.295)
通胀水平	-0.057	-0.040
	(-0.401)	(-0.279)
是否剔除2007年	否	是
是否剔除金融行业	否	是
公司固定效应	控制	控制
调整后的R^2	0.311	0.305
观测值	669	644

注：为了避免异方差问题带来的影响，我们运用稳健（robust）标准误，括号内为t值。*表示在10%水平下显著，**表示在5%水平下显著，***表示在1%水平下显著。

研究三：劳动保护与盈余管理——基于最低工资政策变动的实证分析

理论上，一方面，最低工资升高会增加企业劳动力总成本，进而负面影响企业利润，在股东与市场的监督下，账面利润的下降通常会带给上市公司管理层压力，增强管理层进行盈余管理的动机。另一方面，最低工资作为一种劳动保护政策，可能通过增强员工的稳定感与满足感，提高劳动力的生产积极性与生产力，提高盈利水平，削弱进行盈余管理的动机。

为此，以1997—2013年度沪深两市的上市公司为研究样本，对最低工资水平和公司盈余管理进行了回归分析。其中，最低工资水平是以千元/月为单位的上市公司注册地所在省份当年最低月工资标准上限，公司规模是期末总资产的自然对数，总资产收益率等于净利润除以平均资产总额，总资产周转率等于销售收入总额与资产平均总额的比值，公司成长性以主营业务收入增长率衡量，股权集中度为前五大股东持股比例之和，国有股权比例为公司国有股数和公司总股数的比值，员工人数的单位为万人，人均生产总值增长率为公司注册省份当年人均生产总值增长率。为了避免异方差问题的影响，对回归系数的标准误在公司层面进行了聚类调整，结果如表 8-3 所示。

表 8-3　最低工资水平对公司盈余管理影响的回归结果

变量名称	应计盈余管理		真实盈余管理	
	（1）	（2）	（3）	（4）
最低工资水平	0.041***	0.056***	0.764***	0.970***
	(0.009)	(0.009)	(0.292)	(0.353)
公司规模	-0.007**	-0.033***	0.341***	0.230***
	(0.003)	(0.001)	(0.105)	(0.069)
总资产收益率	0.722***	0.635***	-16.061***	-20.594***
	(0.022)	(0.018)	(0.806)	(0.852)
总资产周转率	-0.016***	-0.017***	1.862***	1.925***
	(0.004)	(0.002)	(0.187)	(0.134)
公司成长性	0.011	0.085***	-0.940	2.120***
	(0.019)	(0.006)	(1.354)	(0.217)
资产负债率	-0.046***	-0.004	0.356	0.665***
	(0.009)	(0.006)	(0.237)	(0.176)
股权集中度	0.043***	0.040***	0.390	0.096
	(0.012)	(0.006)	(0.395)	(0.241)
国有股权比例	-0.025***	-0.030***	-0.144	-0.013
	(0.005)	(0.004)	(0.203)	(0.165)
员工人数	0.010*	-0.003	-1.818***	-2.091***
	(0.006)	(0.002)	(0.366)	(0.230)
人均生产总值增长率	0.104***	0.099***	-2.068***	-1.806***
	(0.014)	(0.015)	(0.470)	(0.596)
年份	-0.005***	-0.003***	-0.048**	-0.047*
	(0.001)	(0.001)	(0.024)	(0.026)
常数项	10.931***	6.277***	88.211*	90.524*
	(1.512)	(1.474)	(47.354)	(52.043)
公司固定效应	控制	不控制	控制	不控制
省份固定效应	不控制	控制	不控制	控制
行业固定效应	不控制	控制	不控制	控制
调整后的 R^2	0.364	0.240	0.519	0.157
观测值	19 186	19 175	19 274	19 274

注：括号内为在公司层面聚类调整的标准误。* 表示在 10% 水平下显著，** 表示在 5% 水平下显著，*** 表示在 1% 水平下显著。

从结果可以看出，在控制公司层面特征以及宏观层面经济情况的影响后，无论是应计盈余管理还是真实盈余管理，无论是控制公司固定效应还是控制省份固定效应和行业固定效应，最低工资水平的系数均显著为正。这说明，最低工资上调导致公司操纵性应计利润提高、异常生产成本增加，即最低工资的上调会导致盈余管理的动机增加。

8.3 劳动力技能对企业决策和资本市场的影响

除了数量和薪酬外，劳动力技能对微观企业的影响也受到大量学者的关注。已有研究主要以我国在 20 世纪末进行的"大学扩招"为制度背景，对劳动力技能如何影响公司决策和资本市场进行了分析。1999 年，教育部出台了《面向 21 世纪教育振兴行动计划》，拉开了"大学扩招"的序幕。"大学扩招"是适应经济发展、扩大内需、缓解就业压力的重要教育制度改革。随着招生规模扩大，高校录取人数一直保持高速增长，录取人数由 1998 年的 108 万人增加到 2020 年的 967 万人。按照 4 年制大学本科推算，扩招后录取的大学生从 2003 年开始大量涌向就业市场。很明显，高校扩招改变了我国劳动力市场人力资本积累的状况，受过高等教育的劳动者数量增加显著提高了我国高素质、高技能人才的比重。基于此，部分学者开展了实证研究。

在企业财务方面，曹亚军和毛其淋（2019）研究发现，因"大学扩招"引致的人力资本扩张显著提高了企业的成本加成率，经测算，人力资本扩张对企业成本加成率提升的贡献度为 14.8%。他们解释，这是因为"大学扩招"政策的实施提高了企业高技能劳动力要素的投入，有助于企业生产高质量的产品，进而制定相对较高的价格水平，同时，高素质人才还可以提高企业的生产效率、降低企业边际生产成本、影响企业成本加成定价能力。利用 1998—2013 年中国工业企业数据库，方森辉和毛其淋（2021）研究发现，"大学扩张"带来的人力资本扩张显著提升了企业产能利用率，拥有近 6.1% 的贡献度。他们解释，当企业雇用与其生产适应的高素质劳动力时，人力资本与物质资本联动配套可以提升设备使用率，进而提高企业产能利用率。他们指出，人力资本扩张还能通过促进出口扩张、赋予企业更高的市场扩张潜力并提高资本预期回报率、推动研发创新、提高资源利用率以及促进人力资本效率溢出等方式提升企业产能利用率。Che 和 Zhang(2017)研究发现,大学扩招通过提升高技能人才比例,促进了企业对新技术的采用,进而提高企业生产率。少部分文献基于员工受教育数据,对劳动力技能对企业绩效的影响展开了分析。邓学芬等(2012)利用 60 家上市高新技术企业的公开资料,以企业员工受高等教育的平均年限衡量人力资本存量,实证结果表明,高新技术企业人力资本与企业绩效呈正相关,且随着企业成长能力的提高,企业人力资本存量对企业绩效的影响减弱,而企业人力资本流动对企业绩效的影响增强。程虹等(2016)研究同样证实,员工平均受教育年限与企业的绩效存在显著正相关关系。

在公司投资决策方面,毛其淋(2019)以"大学扩招"政策的实施作为准自然实验,利用 2000—2013 年我国加工贸易企业数据研究发现,人力资本扩张很大程度上缓解了加工贸易企业长期以来面临的技能劳动力供给不足,大量高技能劳动力的供给为技术、发展升级提供了动力;渠道检验表明,人力资本扩张不仅促使加工贸易企业增加研发投入、加大在职培训的力度,而且促进了加工贸易企业进口使用更多种类和更高质量的中间投入品,同时还激励了加工贸易企业增加固定资产投资。基于 1998—2007 年中国工业企业数据,张明昂等(2021)研究则发现,大学扩招促进了企业固定资产投资和资本品进口的增加,资本对劳动的替代降低了技能溢价,而高技能劳动者供给增加显著降低了企业劳动收入份额。Rong 等(2020)估计 1999 年中国大学扩招对企业创新的影响时,利用城市层面教师数量密度衡量劳动力技能的配置变化,结果表明,中国大学扩招在短期内对企业创新和区域创新产生了负面影响。他们解释,这是因为大学扩招后,受过高等教育的劳动力更倾向于留在大学工作,这使工业企业科研人员的数量相对减少。但吴延兵和刘霞辉(2009)利用我国民营企业调研数据,运用员工教育水平来衡量人力资本,研究企业法人代表、企业总经理和企业员工三个层面的人力资本水平对企业研发行为时发现,企业总经理和员工的人力资本水平越高,企业拥有独立研发机构的可能性越大,人力资本积累增加了企业创新活动。

从上述分析可以看出,利用"大学扩招"政策和员工受教育程度数据,我国学者从学习经历视角,集中对劳动力技能与企业财务、投资的关系进行了研究,但相关研究证据仍较少,目前只揭示了劳动力技能如何影响财务绩效、企业劳动生产力、企业固定资产支出以及企业创新等方面,未来可以从现金持有、债务融资等方面寻找更多基于我国微观企业数据的实证证据。同时,关于劳动力技能与公司治理、资本资产定价的关系尚存在研究空缺,与国际前沿存在一定的差距。此外,该领域还缺乏工作经历差异视角的相关文献,如员工级别、员工在企业和行业的工作年限等如何影响公司决策和资本资产定价,这也值得深入挖掘。

为补充我国劳动力技能影响公司治理机制的研究证据,利用 A 股上市公司数据,运用员工学历水平衡量劳动力技能,对劳动力技能与机构投资者持股比例的关系进行如下分析。

研究四:劳动力技能对机构投资者决策的影响

公司员工的技能水平对公司的基本面有重大影响,可能影响机构投资者的投资决策。人力资本理论认为,当员工获得更多的人力资本时,其所在的组织也能够有更大的竞争优势(Schultz,1961)。因此,公司员工的技能水平越高,公司绩效越好、价值越高,这使机构投资者更愿意投资于高技能员工占比更大的公司。然而,高技能员工往往要求公司支付更高的工资,这会推高公司的劳动力成本,导致公司短期绩效下降。预料到这一点,机构投资者也可能不愿意投资于高技能员工占比更大的公司,因此,劳动力技能如何影响机构投资者决策存在一定的不确定性,需要进行实证研究。

基于 2001—2018 年我国 A 股上市公司样本,对劳动力技能和机构投资者决策进行了回归分析。其中,机构投资者持股比例为机构投资者持股占公司总股数的比例,在回归中,使用未来一期的机构投资者持股比例进行回归,以缓解可能存在的内生性问题、解决年报披露的时滞问题。劳动力技能水平分别使用本科及以上员工比例和硕士及以上员工比例进行衡量。我们还控制了如下变量:账面市值比,即公司净资产的账面价值与公司总市值的比值;总市值,即以千元为单位的公司市值的自然对数;股票流动性,即年度股票交易数量和总股数的比值;股息率,即公司每股税前现金股利与年末收盘价的比值;股票系统性风险因子,即运用 CAPM(资本资产定价模型)估计的系统性风险因子 β;公司年龄,即上市公司成立年限加 1 的自然对数;资产负债率,即期末总负债除以期末总资产;是否亏损，即如果公司净利润小于 0，取 1，否则取 0 的虚拟变量。同样，为了避免异方差问题的影响，对回归系数的标准误在公司层面进行了聚类调整。

表 8-4 为劳动力技能对未来一期机构投资者决策影响的回归结果，可以看到，当不加入控制变量时，本科及以上员工比例的系数为 0.068，加入控制变量时，其系数为 0.053，均在 1% 水平下显著。该结果说明，在其他条件不变的情况下，公司本科及以上员工比例每提高 1 个百分点，机构投资者持股比例平均提高 0.053~0.068 个百分点。在使用硕士及以上员工比例作为自变量时，结果与上述结果类似，当不加入控制变量时，硕士及以上员工比例的系数为 0.207，在 1% 水平下显著；加入控制变量时，其系数为 0.180，在 5% 水平下显著。该结果说明，在其他条件不变的情况下，公司硕士及以上员工比例每提高 1 个百分点，机构投资者持股比例平均提高 0.180~0.207 个百分点。上述结果表明，员工学历水平越高，机构投资者持股比例越高，即劳动力技能可以吸引机构投资者进行投资，从而改变公司股权结构。

表 8-4 劳动力技能对未来一期机构投资者决策影响的回归结果

因变量	机构投资者持股比例$_{t+1}$			
	(1)	(2)	(3)	(4)
本科及以上员工比例	0.068*** (0.019)	0.053*** (0.018)		
硕士及以上员工比例			0.207*** (0.078)	0.180** (0.077)
账面市值比		−0.016 (0.011)		−0.021 (0.014)
总市值		−0.002 (0.005)		−0.012* (0.006)
股票流动性		−0.096*** (0.007)		−0.094*** (0.009)
股息率		0.745*** (0.187)		0.766*** (0.243)
股票系统性风险因子		0.016*** (0.005)		0.017** (0.007)
公司年龄		0.036* (0.021)		0.019 (0.025)

续表

因变量	机构投资者持股比例$_{t+1}$			
	(1)	(2)	(3)	(4)
资产负债率		-0.023		-0.023
		(0.016)		(0.020)
是否亏损		-0.004		-0.004
		(0.004)		(0.005)
常数项	0.086***	0.045	0.105***	0.241**
	(0.008)	(0.081)	(0.010)	(0.100)
公司固定效应	控制	控制	控制	控制
年度固定效应	控制	控制	控制	控制
观测数	26 569	25 685	17 427	16 851
调整后的 R^2	0.650	0.658	0.652	0.660

注：括号内为在公司层面聚类调整的标准误。*表示在10%水平下显著，**表示在5%水平下显著，*** 表示在1%水平下显著。

8.4 劳动力激励对企业财务决策和资本市场的影响

在计划经济时代，企业在分配上按照平均主义，"大锅饭"式的分配体制导致劳动者非常缺乏激励，进而导致生产效率低下等种种不良后果。随着以按劳分配为主体、多种分配方式并存的分配制度确立，我国经济活力被大大激发，生产力飞速提升。这一段特殊的历史背景使得我国社会各界对分配制度非常重视，我国"劳动与金融"领域关于企业劳动力激励的研究也更为丰富。

与国外企业类似，目前我国对员工常用的激励方式也包括三种：一是制定与业绩挂钩的薪酬制度，让表现好的员工获得更多报酬；二是通过设定合理的薪酬差距，让员工为晋升而努力工作；三是让员工持有一定股份，这使得公司价值与员工收益直接挂钩，从而激励员工努力工作，增加公司价值。接下来，我们就从这三个方面总结劳动力激励对企业财务决策和资本市场的影响。

8.4.1 薪酬激励对企业财务决策和资本市场的影响

从理论上说，员工薪酬激励会对企业绩效产生正面影响，大量文献也给出实证证据支持了这一观点。陈冬华等（2010）以556家国有非上市公司为研究对象研究发现，在工资具有弹性的企业样本中，工资增长和业绩增长存在显著的正相关关系，但员工薪酬的刚性特征可能产生负向激励作用。陈冬华等(2015)研究显示，员工薪酬激励对未来业绩增长具有积极作用。他们还发现，普通员工对企业未来业绩的积极作用高于高管；高管与普通员工的薪酬变化同步性越强，对未来业绩的积极作用越明显。夏宁和董艳(2014)研究发现，员工薪酬激励能够提升公司成长性，但这一激励作用仅存在于国有中小上市企业中。

8.4.2 薪酬差距对企业财务决策和资本市场的影响

薪酬差距也是重要的激励手段。与 2.1.2 节展示的国际经验类似，薪酬差距对企业决策和资本市场的影响可归结为锦标赛理论和社会比较理论①两种竞争观点。锦标赛理论指出，晋升是激励员工的重要手段，因此扩大企业内部不同层级员工的薪酬差距，可以加大员工晋升的动力，从而起到激励员工的作用。与之相对，社会比较理论则认为员工的激励程度不仅与激励大小有关，还与激励是否公平有关，过大的薪酬差距会加大员工的不公平感，打击员工工作的积极性，产生负向激励效应。我国学者也关注了企业内部薪酬差距现象及高管与员工薪酬差距的经济后果。

支持锦标赛理论的学者普遍认为，薪酬差距扩大可以激励员工，提高员工工作积极性，进而对企业产生正面影响。周权雄和朱卫平(2010)从政府干预、共同代理的角度对经典的锦标赛模型进行了细化与拓展。研究发现，我国地方国有上市企业内部薪酬差距越大，财务绩效和市场绩效表现越好。刘春和孙亮(2010)研究同样表明，我国国企高管与职工的薪酬差距释放了经营者的积极性，显著提高了企业业绩。郭蕾等(2019)研究高管与员工薪酬差距对创新的影响，结果表明，内部薪酬差距变大时，升职加薪会激励员工努力工作，因此，薪酬差距能促进创新产出。

支持社会比较理论的学者普遍认为，内部薪酬差距会加大员工的不公平感，降低员工的努力程度，从而对企业造成负面影响。张正堂(2008)指出，国有企业中"不患寡而患不均"的思想还在影响着企业的经营，因此高管与员工薪酬差距

---

① 详情见 2.1.2 节。

不宜过大。雷宇和郭剑花(2017)从内部薪酬分配的规则公平视角,通过对高管和员工的薪酬黏性差距研究发现,员工薪酬与高管薪酬变化不同步会使员工产生不公平感,内部薪酬规则不公平导致员工懈怠工作,加剧"搭便车"问题,导致企业全要素生产率下降。基于我国2002—2011年上市公司的数据,杨志强和王华(2014)研究发现,高管和员工薪酬绝对差距越大,公司盈余管理程度越高,他们解释,这是管理层通过增加盈余管理实现薪酬的"公平性"和"合理性"。缪毅和胡奕明(2016)以2003—2012年的A股上市公司为样本,同样研究发现,企业内部薪酬差距过大会增加内部盈余管理。他们解释,当企业内部的收入差距相对过大时,高管人员需要为自身过高的薪酬寻找合理的依据,如提高报酬—业绩敏感度为自身薪酬"结果正当性"做辩护,因此增强操纵盈余、管理业绩的动机,管理层还通过设立薪酬委员会、建立完善的薪酬考核机制等,证明薪酬的"程序正当性"。张蕊和管考磊(2016)研究发现,高管与员工薪酬差距越小,高管实施侵占型职务犯罪的可能性越大,这是因为较小的内部薪酬差距会使高管的财富水平处于较低水平,降低高管的薪酬满足感,不公平感使高管不惜以实施侵占型职务犯罪的方式来满足个人的欲望和满足感。

但也有部分学者研究发现,薪酬差距的影响呈非线性关系,同时支持锦标赛理论和社会比较理论。比如,利用中国制造业348家上市公司数据,高良谋和卢建词(2015)采用门限面板模型研究发现,内部薪酬差距与公司绩效存在倒U形关系。孔东民等(2017b)研究发现,管理层与普通员工的薪酬差距水平较低时,扩大薪酬差距能提升企业创新,锦标赛理论占主导;但薪酬差距水平较高时,扩大薪酬差距对企业创新有负面作用,社会比较理论占主导。他们发现,薪酬差距对创新的正向激励作用主要由管理层薪酬溢价驱动,员工薪酬溢价反而在一定程度上降低了创新产出,这表明,过高的员工薪酬可能是一种资源浪费,挤占研发投入,影响创新。此外,利用2003—2010年我国制造业国有上市公司的数据,黎文靖和胡玉明(2012)研究发现,国企内部薪酬差距与企业绩效、日常经营业绩均正相关,但内部薪酬差距越大,企业投资越无效率,管理层权力与薪酬差距正相关。他们解释,这一结论表明内部薪酬差距可能并不激励高管,而是一定程度上反映管理层权力,不能单纯用锦标赛理论或社会比较理论来解释。

高管的"天价薪酬"和普通员工的最低工资差距引起了社会热议,为维护社会公平,加强公司治理水平,我国有关部门分别出台了《关于进一步规范中央企业负责人薪酬管理的指导意见》(2009年)与《中央管理企业负责人薪酬制度改革方案》(2014年)等限薪政策,对不合理的偏高、过高收入进行调整,解决管理者与员工薪酬差距过大问题。一些学者利用"限薪令"的实施设计了准自然实验,对限薪政策的经济后果进行了关注。沈艺峰和李培功(2010)检验了2009年政府"限薪令"的影响,结果表明,"限薪令"的颁布并没能降低国有企业高管薪酬,高管薪酬契约激励仍明显不足。张楠和卢洪友(2017)运用倾向匹配得分双重差分法检验2009年限薪政策发现,虽然"限薪令"没有对国有企业高管、普通职工的货币薪酬产生实质影响,但有效减小了高管货币薪酬的增长幅度。其研究还发现,"限薪令"加剧了地方国有企业高管的在职消费和不当在职消费;通过减少管理层冒进的投资行为抑制了企业过度投资,通过缩小内部薪酬差距激励员工,提高了全要素生产率。基于2007—2011年中小板上市公司数据,杨青等(2018)发现,2014年"限薪令"显著缩小了央企高管的货币薪酬与企业内部薪酬差距,进一步利用事件研究法研究发现,"限薪令"使竞争性央企出现显著负的市场反应。他们解释,这是因为"限薪令"的出台扭曲了原本有效的薪酬激励,加之政策执行成本,导致公司价值减小。此外,利用排名前三的高管薪酬总额衡量薪酬管理的严重程度,徐细雄和刘星(2013)还发现,薪酬管制引起了更多的高管腐败。此外,薪酬差距引起的关注也能带来一定的积极治理效应,杨薇等(2019)发现薪酬差距通过提高分析师、媒体等金融中介对企业的关注度和监督程度,削弱了管理层的盈余操纵动机,进而降低盈余管理水平。

8.4.3 员工持股计划对公司决策和资本市场的影响

随着我国资本市场的不断完善,员工持股计划这一激励手段被越来越多的企业所采用。我国的员工持股计划可以追溯到20世纪80年代,其发展历程大致能分为以下三个阶段。

1. 员工持股配合产权改革(1984—1998年)

这一时期的员工持股被称为"内部职工股",这是伴随着股份制改革工作推进的一项政策,主要来源于公司员工自公司成立之时即获得的股份,即"定向募集股",以及公司上市时职工按新股发行价格所认购的股份,即"公司职工股"。根据1992年《中国经济体制改革年鉴》统计,截至1991年末,3 332家股份制改造试点企业中有86%为内部职工持股试点企业,职工持股总金额达到3亿元(作为对照,当年A股累计发行额为12.86亿元),职工股占比平均近20%。随着改革的逐步深入,内部职工持股管理不规范现象显现,超比例、超范围发行以及权力股和关系股等问题横生。针对乱象,《股份制企业试点办法》《股份有限公司规范意见》《定向募集股份有限公司内部职工持股管理规定》先后出台,但效果甚微。鉴于此,证监会于1998年底发布《关于停止发行公司职工股的通知》,要求股份有限公司公开发行股票一律不再发行公司职工股。自此,随着存量内部职工股逐步被回购或者上市交易,内部职工股逐步退出历史舞台。

2. 股权激励计划的重启(1999—2012年)

这一阶段,员工持股计划是股权激励的方式之一,用于激励公司内部员工,提高工作积极性。早在1997年,一些公司就开始尝试股票期权制度,但由于法律限制,并没有广泛推行。2005年,证监会出台《上市公司股权激励管理办法(试行)》,首次在制度上承认了股权激励计划的合法性,放松了之前的政策限制,此后,实施员工持股计划的公司数量明显增多。根据同花顺数据,2006—2012年有约450家公司陆续公布股权激励方案。

虽然证监会对股权激励对象的界定包含了"其他员工",但这一阶段股权激励主要采用股票期权、限制性股票或者股票增值权等形式对董监高人员和业务骨干等"核心雇员"进行激励,并非面向普通员工。相比之下,员工持股计划主要是股票的形式,更强调覆盖的广泛性,面向公司的普通职工,有时也包括CEO等管理人员。在性质特征上,二者也存在较大差异。例如,员工持股计划在设立中强调利益共享和资源配置,遵循保护投资者的原则,而股权激励计划是从绩效考核角度出发,对被激励对象作出选择。

3. 员工持股计划逐渐成熟(2013年至今)

证监会发布的《上市公司员工持股计划管理暂行办法(征求意见稿)》,首次对国内员工持股作出了制度上的肯定与规范,主要明确了以下几点:资金来源上,主要是工资、奖金;股票来源上,主要是二级市场购入;管理机构上,可委托给资产管理机构。遗憾的是,制度设计上限制过多导致对上市公司的吸引力有限。在深化资本市场改革的大背景下,2014年6月,证监会制定并发布《关于上市公司实施员工持股计划试点的指导意见》,确立了"依法合规""自愿参与"和"风险自担"三项原则,从多个角度较为详细地对员工持股作出政策认可与规范,这使员工持股重新进入业界和学术界的视野。

利用中国微观企业数据进行实证研究的学者集中分析了企业实施员工持股计划的一系列经济后果。具体地,在财务风险方面,与国际经验一致,相关文献也普遍认为,企业实施员工持股计划可以显著提升企业财务绩效。通过研究638家发行内部职工股的上市公司,宁向东和高文瑾(2004)即发现,有职工股的公司在财务业绩上显著优于没有职工股的公司,并且职工股的持股比例与财务业绩显著正相关,但在职工股上市流通之后,曾经发行过职工股的公司在财务业绩和市场业绩上均显著低于从未发行过职工股的公司。他们解释,这是因为内部职工股上市流通后,职工可以利用上市交易套现获利,一旦职工股出售,职工关心公司业绩的程度将降低,内部职工股对业绩的激励作用也会消失,甚至产生负面影响。以2000年上市公司(其中存在员工持股的公司为107家)为样本,张小宁(2002)发现,实施员工持股计划的公司,其净资产收益率显著高于未实施公司,但人均持股数和人均持股比例与净资产收益率并不显著相关。王晋斌(2005)指出,只有在员工持股计划中给予管理层以足够的激励,让公司管理层和员工感受到这是一种长期的激励计划,使其预期到个人财富要依靠未来公司现金流的增值,且这种增值又依赖于管理层和员工的专用性人力资本的努力程度,创造一种管理层和员工积极合作的公司文化,才能有效缓解委托—代理问题,使公司财务绩效增长。基于1 302家国有企业的数据,黄桂田和张悦(2009)的研究部分验证了上述观点,即员工持股计划中管理层的参与比例越高,企业财务绩效改善程度越大,但他们发现,这一关系随着管理层参与比例的提高存在拐点。沈红波等(2018)还考察了不同性质企业实施员工持股计划的差异,研究表明,员工计划实施后,相比民营企业,国有企业因受到员工范围和持股比例的双重约束,财务绩效的激励效果较弱,但股票来源为非公开发行的国有企业与民营企业在财务绩效方面差距缩小,这是因为非公开发行预案以及募投项目状况需要经过双重审核,项目的收益率与投资前景可以得到保障。

在企业投资决策方面，相关文献普遍发现，我国员工持股计划对企业创新存在积极影响。周冬华等(2019)发现，员工持股计划通过降低企业成本、提高企业风险承担能力，促进了企业创新。以2009—2015年实施包括非高管员工股权激励的上市高科技企业为样本，郭蕾等(2019)研究同样表明，对非高管员工的股权激励可以促进企业的创新产出；且创新产出与激励比例呈显著正相关，范围较大的股票期权更能促进创新产出，范围较小的限制性股票更能促进创新产出。他们还发现，业绩考核较为严格更能促进创新产出，但过于严格会抑制创新。以2011—2017年中国A股上市公司为样本，孟庆斌等(2019)则研究发现，员工持股计划通过"利益绑定"功能，提升了员工在创新过程中的个人努力、团队协作和稳定性，从而提高了创新效率，但员工持股计划持股人数的增加可能引发"搭便车"问题，不利于创新产出。

在公司治理方面，我国员工持股计划对公司治理水平的影响存在一定争议。张永冀等(2019)发现，公司实施员工持股计划能一定程度地提高员工的议价能力和员工的股东身份认同感，改变员工以往与高管进行薪酬等利益谈判的被动状态，有效缓解公司内部薪酬分配规则的不公平问题，从而改善公司治理水平；具体表现为，实施员工持股计划的上市公司，其员工薪酬-业绩敏感性与薪酬黏性显著增强，高管-员工薪酬黏性差距显著缩小。沈红波等(2018)从产权性质的视角展开分析，发现实施员工持股计划在降低代理成本、提高投资效率和减少超额雇员等公司治理层面的改善效果仅存于民营企业，国有企业并不显著，其经营绩效也弱于民营企业。沈昊和杨梅英(2019)则通过对招商局集团混合所有制改革的案例分析，发现员工持股对公司治理的改善效应有限，员工持股比例偏低，且由于其身份所限，无法干预公司重大决策，这导致员工持股增加无法带来公司治理的改善。此外，宋常等(2020)考察了员工持股对公司外部治理的影响，利用2014—2018年上市公司数据研究发现，实施员工持股计划的公司，其审计费用明显更高，他们认为，这是因为为实现员工持股的激励效果，管理层的员工持股计划会向公司管理层施加业绩管理的压力，导致公司财务活动透明度降低、公司财务信息质量降低，审计师对此持有谨慎态度，倾向于提高审计收费。

在资产定价方面，相关研究集中关注我国员工持股计划的公告效应，普遍发现投资者反应积极。Fang等(2015)研究发现公司采用员工持股计划后，经营绩效显著提升,且公司股价对员工持股计划公告响应积极,但并不存在长期异常收益。王砾等(2017)认为,投资者的积极反应表明员工持股计划对企业员工具有激励效应,且其发现,国有企业发布员工持股计划的公告效应更为显著,推行员工持股计划的企业员工教育水平越高,市场反应也越显著。但沈红波等(2018)却发现,国有企业的短期公告效应与民营企业无差异,长期公告效应却显著弱于民营企业。

根据文献梳理可以发现,我国员工持股的已有文献集中关注了员工持股计划如何影响企业财务绩效、企业创新、公司治理水平以及员工持股计划的公告效应,研究证据较为丰富,且大部分研究结果表明,我国员工持股计划是有效的、积极的,可以取得类似欧美等发达国家企业开展员工持股计划的效果,如提升企业绩效、促进创新产出等,但是员工持股计划在改善公司治理方面也存在一定的局限性。其中,部分文献还结合我国国有企业的特殊股权性质进行了研究,这有助于进一步理解和分析我国员工持股计划在国有企业的实施效果,并从制度设计层面提供可靠的建议。

从第4章员工持股影响公司治理的国际研究证据可知,员工持股对公司治理的影响存在正负两种效应,目前利用我国企业微观数据得出的结论偏正面或者没有显著影响,但是员工持股计划是否可能在我国存在负面治理效应?基于此想法,我们探究了员工持股计划与公司盈余管理行为之间的关系。

研究五:员工持股计划对公司盈余管理的影响

理论上,一方面,员工持股是重要的反收购手段,可以有效增加管理层安全感,使管理层更加着眼于长期的经营战略而不是短期的业绩指标,从而削弱盈余管理动机;同时,员工持股可以增强员工的"主人翁"意识,使其工作积极性提高、对管理层的监督作用增强,减少管理层盈余管理,从而改善公司治理,此时,员工持股比例与公司盈余管理呈负相关关系。另一方面,员工持股使员工在享受红利的同时也希望上市套现,而管理层有动机通过盈余管理推升股价、为员工股上市套现做好准备,从而"讨好"员工、避免冲突、享受平静生活;此外,员工受制于管理层,对管理层的制约作用有限,员工持股反而可能为管理层的盈余管理行为大开方便之门。因而,员工持股也可能造成公司盈余管理增多。

基于 1992—2005 年以及 2014—2016 年 A 股非金融上市公司数据，对员工持股和盈余管理进行了回归分析。其中，应计盈余管理为被解释变量，采用 Dechow 等提出的修正的 Jones 模型进行衡量，员工持股变量为解释变量，包括员工持股比例连续变量和是否实施员工持股虚拟变量。控制变量如下：公司规模，即期末总资产的自然对数；公司年龄，即上市公司成立年限的自然对数；资产负债率，即期末总负债除以期末总资产；固定资产比例，即固定资产净值与总资产的比值；国有股权比例，即公司国有股数和公司总股数的比值；高管持股比例，即公司高级管理人员的持股数和公司总股数的比值；股权集中度，即前十大股东持股比例。为了避免异方差问题的影响，当控制公司固定效应、行业固定效应时，分别采取公司、行业层面的方差集聚。

表 8-5 为员工持股计划对盈余管理影响的回归结果，其中，列(1)至列(4)控制公司固定效应和年度固定效应，列(5)和列(6)控制行业固定效应和年度固定效应。可以看到，员工持股显著增加了企业盈余管理规模，根据列(3)回归结果，员工持股增加 10%，企业应计盈余管理平均增加 0.011 8（约相当于 5 倍应计盈余管理的平均值或者 1/8 的应计盈余管理标准差）。根据列(4)回归结果，存在员工持股的企业相对于不存在员工持股的企业，企业应计盈余管理增加 0.008（约相当于 3 倍应计盈余管理的平均值或者 1/11 的应计盈余管理标准差）。这表明，员工持股显著提高了盈余管理水平。

表 8-5 员工持股计划对盈余管理影响的回归结果

因变量	应计盈余管理					
	(1)	(2)	(3)	(4)	(5)	(6)
员工持股比例	0.146*** (0.046)		0.118*** (0.044)		0.147*** (0.033)	
是否实施员工持股		0.013*** (0.004)		0.008*** (0.004)		0.013*** (0.003)
公司规模	0.014*** (0.002)	0.014*** (0.002)	0.018*** (0.002)	0.018*** (0.002)	0.008*** (0.001)	0.008*** (0.001)
公司年龄	−0.045*** (0.006)	−0.045*** (0.006)	−0.028*** (0.006)	−0.028*** (0.006)	−0.007** (0.002)	−0.007** (0.002)
资产负债率			−0.115*** (0.010)	−0.115*** (0.010)	−0.079*** (0.006)	−0.079*** (0.006)

续表

因变量	应计盈余管理					
	(1)	(2)	(3)	(4)	(5)	(6)
固定资产比例			-0.053*** (0.010)	-0.053*** (0.010)	-0.058*** (0.005)	-0.058*** (0.005)
国有股权比例			-0.002 (0.007)	-0.002 (0.007)	-0.001 (0.004)	-0.001 (0.004)
高管持股比例			0.041 (0.037)	0.042 (0.037)	0.029*** (0.009)	0.028*** (0.008)
股权集中度			0.030* (0.015)	0.029* (0.015)	0.007 (0.007)	0.006 (0.007)
公司固定效应	控制	控制	控制	控制	不控制	不控制
年度固定效应	控制	控制	控制	控制	控制	控制
行业固定效应	不控制	不控制	不控制	不控制	控制	控制
观测数	16 627	16 627	16 546	16 546	16 546	16 546
调整后的 R^2	0.014	0.014	0.043	0.042	0.056	0.056

注：括号内为在公司或行业层面聚类调整的标准误。* 表示在10%水平下显著，** 表示在5%水平下显著，*** 表示在1%水平下显著。

8.5　劳动力流动性对企业决策和资本市场的影响

随着我国市场化程度的不断加深，劳动者更换工作越发频繁，劳动力市场的流动性越来越高。目前，国际学术界也非常关注劳动力流动性对微观企业的影响（Donangelo, 2014; Jeffers, 2019; Shen, 2021）。我国学者对劳动力流动性的研究主要针对劳动力流动性与企业投资决策的关系，发现劳动力流动性升高会增加企业投资，运用机器和创新替代劳动力。比如，戴蕙阳等（2021）以户籍总迁移率衡量劳动力流动，发现地区劳动力流动增强可以从提高劳动力成本、增加人才知识储备两方面促使企业进行更多创新；宁光杰和张雪凯（2021）则基于世界银行2012年中国企业调查数据，以临时工人数占总雇佣员工人数的比例来识别企业的劳动力流转率。① 研究结果表明，劳动力流转率升高会通过增加招聘的次数和

---

① 宁光杰和张雪凯（2021）将劳动力流转率定义为企业一定时期内（如1年）员工变动数量（离职员工与新增雇佣员工数量之和）与平均员工数量的比率，劳动力流转率高通常表现为员工变动率、离职率和临时工比例较高。

筛选的成本提高企业内部劳动成本，这将促使企业更多地使用机器替代劳动和资本深化，进而提升企业人均机器设备投资和人均研发投入；马鑫（2022）发现，公司所在城市户籍限制明显抑制了企业创新。

总体来看，目前从微观企业视角研究我国劳动力流动性如何影响公司决策和资本市场的文献较少，仅有的研究也局限在投资方面，这可能是因为我国劳动力流动性概念较为抽象、难以衡量。而国外用于衡量劳动力流动性的方法包括：通过各种职业在不同行业的分布来衡量员工跨行业流动可能性（Donangelo，2014），通过竞业禁止条款执行力度（Jeffers，2019）、绿卡政策（Shen，2021）等劳动力流动性政策进行衡量，这些方式均不适用于我国。

为补充我国劳动力流动性影响公司决策和资本市场的研究证据，基于我国户籍制度背景，以我国上市公司为样本，构造了与公司同行业但处在不同城市的竞争公司的户籍开放度均值作为劳动力流动性的衡量指标。该指标的基本思路如下：户籍制度是影响我国劳动力流动的主要因素，户籍制度造成了地区间劳动力流动的巨大差异，其配套制度包括社保异地转移制度，随迁子女就学政策等也对劳动力流动产生了限制，因此，利用户籍限制构建劳动力流动性指标具有合理性。

据此，利用我国A股上市公司数据，运用上述指标作为劳动力流动性衡量指标，对劳动力流动性对公司财务杠杆、公司治理、市场价值的影响进行了如下具体分析。

研究六：劳动力流动性对公司财务杠杆

理论上，公司在面临更高的劳动力流动性时倾向于降低财务杠杆。当劳动力流动性增强时，员工有更多的外部工作机会，这使公司面临更大的人才流失风险，因此，为了控制公司的总风险，其有动机降低财务杠杆、减少财务风险。

为了验证上述假设，以2010—2016年A股上市公司数据作为样本，对劳动力流动性与财务杠杆的关系进行检验。这里，我们运用有息负债率（即短期借款、长期借款、应付债券、长期应付款、一年内到期的长期负债之和与总资产之比）和资产负债率（总负债与总资产之比）作为财务杠杆的衡量方式，运用双向固定效应模型进行OLS回归。由于负债率的调整需要一定时间，我们在回归时使用了未来一期的财务杠杆指标作为因变量。这里,我们进行了加入控制变量和不加入控制变量的回归,这里控制变量均为相关文献常用的控制变量,包括:公司规模,即期末总资产的自然对数;公司年龄,即上市公司成立年限的自然对数;托宾 Q 值;年度股票收益率;是否亏损,公司该年度亏损记为 1,否为 0;固定资产比例,即固定资产净值与总资产的比值;是否国企,是为 1,否为 0;经营净现金流量,即经营净现金流与总资产之比;董事长与总经理二职合一,当董事长与总经理为同一人时取 1,否则取 0;董事会规模,即上市公司董事会人数的自然对数;前十大股东持股比例;行业竞争度,即按照销售收入计算的公司所处行业的赫芬达尔指数;城市户籍开放度,即公司所在城市的户籍开放度数值;地区生产总值,即公司所在城市生产总值的自然对数;人口增长率,即公司所在城市的人口增长率;最低工资水平,即公司所在省份的年最低工资标准的自然对数。为了避免异方差问题的影响,对回归系数的标准误在公司层面进行了聚类调整。

表 8-6 为劳动力流动性对财务杠杆影响的回归结果,可以看到,无论使用何种财务杠杆衡量方式,劳动力流动性的系数均显著为负,且从系数大小可以看出,当公司不同城市竞争对手所处城市的户籍开放度均值提升 0.1 时,公司负债率平均降低约 1 个百分点。该结果说明,劳动力市场流动性的提升可以有效降低企业财务杠杆。

表 8-6 劳动力流动性对财务杠杆影响的回归结果

变量名称	不加入控制变量		加入控制变量	
	有息负债率$_{t+1}$ (1)	资产负债率$_{t+1}$ (2)	有息负债率$_{t+1}$ (3)	资产负债率$_{t+1}$ (4)
劳动力流动性	-0.106*** (0.035)	-0.103** (0.044)	-0.110*** (0.036)	-0.090** (0.043)
公司规模			0.059*** (0.004)	0.064*** (0.005)
公司年龄			0.047** (0.019)	0.117*** (0.023)
托宾 Q 值			0.000 (0.001)	0.002 (0.002)
年度股票收益率			0.002 (0.002)	0.004* (0.002)

续表

变量名称	不加入控制变量		加入控制变量	
	有息负债率$_{t+1}$ (1)	资产负债率$_{t+1}$ (2)	有息负债率$_{t+1}$ (3)	资产负债率$_{t+1}$ (4)
是否亏损			0.010*** (0.003)	0.023*** (0.004)
固定资产比例			0.091*** (0.016)	0.068*** (0.019)
是否国企			0.004 (0.012)	0.014 (0.015)
经营净现金流量			-0.213*** (0.016)	-0.143*** (0.018)
董事长与总经理二职合一			-0.003 (0.004)	-0.004 (0.005)
董事会规模			-0.009 (0.013)	-0.001 (0.015)
前十大股东持股比例			-0.115*** (0.016)	-0.203*** (0.020)
行业竞争度			0.095** (0.039)	0.075 (0.049)
城市户籍开放度			-0.022** (0.009)	-0.023** (0.010)
地区生产总值			-0.028 (0.020)	-0.032 (0.021)
人口增长率			-0.005 (0.031)	-0.025 (0.038)
最低工资水平			0.018 (0.018)	0.053** (0.021)
常数项	0.252*** (0.021)	0.497*** (0.027)	-0.970*** (0.230)	-1.226*** (0.268)
公司固定效应	控制	控制	控制	控制
年度固定效应	控制	控制	控制	控制
观测数	16 565	16 565	13 908	13 908
调整后的 R^2	0.774	0.797	0.801	0.821

注：括号内为在公司层面聚类调整的标准误。* 表示在10%水平下显著，** 表示在5%水平下显著，*** 表示在1%水平下显著。

研究七：劳动力流动性对公司治理的影响

理论上，劳动力流动性增强会提高公司治理水平。高流动性的劳动力市场上存在更多的外部工作机会，此时员工倾向于离开治理水平低的公司、加入治理水平高的公司，形成"用脚投票"的机制，从而对公司管理者形成压力，迫使管理者改善公司治理。

同样以2010—2016年A股上市公司为研究样本，用高管离职与公司绩效的敏感性来衡量公司治理水平，对劳动力流动性和公司治理水平进行了回归分析。相关研究表明，高管离职与绩效的敏感性越强，公司的治理水平越高（Bertrand and Mullainathan，2001），因此选用高管离职指标作为被解释变量，若样本公司当年CEO离职，取1，否则取0，由于高管离职变量为虚拟变量，同时运用OLS和条件Logit模型进行估计。劳动力流动性指标利用户籍开放度指数构造公司同行业、不同城市的竞争公司的户籍开放度均值进行衡量。① 这里，总资产收益率为净利润除以平均资产总额，控制变量为公司规模、公司年龄、固定资产比例、资产负债率、董事会规模、前十大股东持股比例、城市户籍开放度、地区生产总值、最低工资水平，这些变量的定义与研究六一致。同样，为了避免异方差问题的影响，对回归系数的标准误在公司层面进行了聚类调整。

表8-7为劳动力流动性对高管离职与公司绩效敏感度影响的回归结果，其中，列（1）、列（3）中总资产收益率系数分别为-0.209、-1.272，分别在5%和1%水平下显著，说明总资产收益率每提高1个百分点，CEO离职概率下降0.209%~0.215%。② 列（2）、列（4）显示，劳动力流动性与总资产收益率的交叉项系数显著为负，说明劳动力流动性越高，高管在公司业绩下降时离职的概率越大，结果表明，劳动力流动性显著提升了高管离职与公司绩效的敏感度，公司治理水平有所提高。

---

① 中国人民大学国家发展与战略研究院劳动力市场研究中心课题组（2019）在年度研究报告《中国劳动力市场化指数编制》中构造了2010—2016年地级市层面的户籍开放度指数，基于该数据，我们通过计算出样本公司的竞争公司所在城市户籍开放度的均值作为公司 i 的劳动力市场流动性指标，具体地，在样本公司中寻找与公司 i 处于同一行业的竞争公司 i'，并排除同一个城市的竞争公司（同一城市的员工流动受户籍开放度的影响较小）；接下来，按照公司 i' 所处的地级市 c' 将上市公司与户籍开放度数据匹配，进而计算出样本公司的竞争公司所在城市户籍开放度的均值。

② 0.215%是列（3）中条件Logit回归的边际效应。

表 8-7 劳动力流动性对高管离职与公司绩效敏感度影响的回归结果

变量名称	OLS 回归		条件 Logit	
	(1)	(2)	(3)	(4)
劳动力流动性		0.127 (0.109)		0.650 (0.737)
劳动力流动性×总资产收益率		-1.959*** (0.734)		-6.974* (4.178)
总资产收益率	-0.209** (0.084)	0.978** (0.449)	-1.272*** (0.485)	2.985 (2.601)
公司规模	0.038*** (0.011)	0.043*** (0.011)	0.232*** (0.065)	0.252*** (0.066)
公司年龄	0.055 (0.040)	0.059 (0.040)	0.815** (0.356)	0.813** (0.356)
固定资产比例	0.053 (0.051)	0.057 (0.052)	0.403 (0.326)	0.422 (0.328)
资产负债率	0.002 (0.038)	-0.004 (0.038)	0.014 (0.242)	0.000 (0.243)
董事会规模	-0.130*** (0.043)	-0.128*** (0.042)	-0.807*** (0.270)	-0.801*** (0.270)
前十大股东持股比例	0.120** (0.054)	0.109** (0.054)	0.408 (0.346)	0.353 (0.348)
城市户籍开放度	0.003 (0.029)	0.001 (0.029)	-0.003 (0.190)	-0.015 (0.192)
地区生产总值	-0.063 (0.053)	-0.058 (0.053)	-0.302 (0.328)	-0.268 (0.332)
人口增长率	-0.093 (0.138)	-0.090 (0.138)	-0.610 (1.033)	-0.586 (1.035)
最低工资水平	-0.076 (0.069)	-0.077 (0.069)	-0.670 (0.488)	-0.671 (0.490)
常数项	0.502 (0.663)	0.280 (0.675)		
公司固定效应	控制	控制	控制	控制
年度固定效应	控制	控制	控制	控制
观测数	15 440	15 440	10 137	10 137
调整后的 R^2/伪决定系数 R^2	0.028	0.028	0.020	0.020

注：括号内为在公司层面聚类调整的标准误。* 表示在10%水平下显著，** 表示在5%水平下显著，*** 表示在1%水平下显著。

研究八：劳动力流动性对公司市场价值的影响

劳动力流动性如何影响公司市场价值是一个颇具争议的话题。一方面，劳动力流动性提高会导致公司人才流失风险更大，且公司在流动性高的劳动力市场上，想要留住人才必须付出更高的薪酬，这会导致公司市场价值下降；但另一方面，劳动力流动性的提升会带来劳动力资源配置的优化，且能提升公司治理水平，这会使公司市场价值提升。那么，劳动力流动性对公司市场价值的影响究竟是怎样的呢？我们以托宾 Q 值来衡量公司的市场价值，同样运用 2010—2016 的 A 股上市公司数据进行回归分析。

我们认为，劳动力流动性通过优化劳动力资源配置、改善公司治理来提升企业市场价值的作用可能需要一个较为长期的过程，而劳动力流动性带来的人才流失风险增加和劳动力成本上升会立即反应在市场上。为了区分劳动力流动性对市场价值的长期影响和短期影响，我们分别运用当年(t 年)的托宾 Q 值，未来 1~5 年的托宾 Q 值($t+1$ 年至 $t+5$ 年)作为因变量，运用双向固定效应模型进行 OLS 回归。这里，我们同样进行了不加入控制变量和加入控制变量的回归。控制变量包括公司规模、公司年龄、固定资产比例、是否国企、经营净现金流量、董事长与总经理二职合一、董事会规模、前十大股东持股比例、城市户籍开放度、地区生产总值、人口增长率、最低工资水平。对于标准误，我们同样在公司层面进行了聚类处理。

图 8-1 展示了运用第 t~$t+5$ 年的托宾 Q 值作为因变量时，劳动力流动性的系数及 95% 的置信区间。可以看到，当使用当年(第 t 年)的托宾 Q 值作为因变量时，劳动力流动性指标显著为负，这说明短期内劳动力流动性的提升对公司市场价值有显著负面影响，但是，随着年度的推进，劳动力流动性的系数逐渐增大，且在 $t+2$ 年及之后，劳动力流动性的系数显著均为正，这说明劳动力流动性对公司市场价值的正面影响会在长期逐渐显现。这些结果也验证了劳动力流动性对公司市场价值来说是一把"双刃剑"，但是其负面影响主要体现在短期，从长期来看，提高劳动力市场流动性有助于提升公司未来的市场价值。

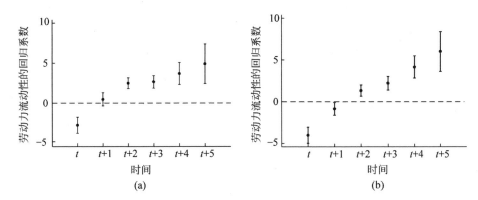

图 8-1　劳动力流动性对当年至未来 5 年公司市场价值的影响
（a）不加入控制变量；（b）加入控制变量
注：黑色圆点表示劳动力流动性系数的估计值，以黑色圆点为中心的线段是其 95% 置信区间。

8.6　中国人力资本对企业决策与资本市场影响的研究评述

对比我国和国外的人力资本对企业决策与资本市场影响研究可以发现，两者的研究思路、重点、结论既有相似之处，也有较大差异。

在劳动力成本方面，无论是国外学者的研究还是我国学者的研究，其思路基本上都是从劳动力成本侵蚀利润、劳动力成本激励员工正负两个方面进行分析，研究结论也在很大程度上是一致的。但是，我国的研究更加关注政府实现更大规模就业的特殊动机，这使我国企业，特别是国有企业的雇佣行为受到政府意志的影响，从而产生一些特殊的经济后果。

在劳动保护方面，由于我国和国外的制度差异较大，研究的重点和结论也均有较大差异。我国学者的研究重点主要在于最低工资标准、《劳动合同法》、《社会保险法》等制度，而国外学者更多关注工会、不当解雇法、失业保险金等制度。而且，即使研究同一类型的劳动保护制度，我国的结果和国外的结果也有很大区别，如我国失业保险金提升会导致企业杠杆率下降，而国外研究则发现相反的结果。

在劳动力激励方面，国外学者的研究主要关注了员工持股计划的作用，对薪酬激励、薪酬差距①的研究相对较少。我国学者对劳动力激励的研究较为丰富，而且由于我国员工持股计划发展的历程较为曲折、成熟期较短，我国学者对于员工持股计划的研究相对较少。此外，我国国有企业的劳动力激励问题也是我国学者关注的一个重点话题。

在劳动力流动性方面，国外学者目前非常关注劳动力流动性的影响，但我国相关研究则刚刚起步。由于各种政策法规是限制劳动力流动的主要障碍之一，因此国外研究与国内研究势必会有较大差异。目前我国劳动力市场流动性较差，劳动力要素配置效率不高，这不仅提高了企业获得人才的难度，也会导致人才难以发挥其最大价值。因此，以中国为背景进行劳动力流动性的研究是一个非常有价值的方向。

总结上述文献可以看出，在我国特殊的劳动力市场环境和制度背景下，人力资本对企业决策与资本市场的影响具有很强的中国特色。虽然无论是我国还是国外，基本的经济学理论和逻辑仍然是一致的，但是我国劳动力市场与其他国家的区别也会导致一些与其他国家不同的经济后果，这些经济后果加深了我们对于人力资本如何影响企业决策与资本市场的理解，丰富了我们思考该问题的视角。因此，在我国的劳动力市场背景下研究人力资本如何影响企业决策与资本市场不仅是对国际文献的一个重要补充，也具有很强的学术价值和现实意义。

---

① 这里特指研究薪酬差距产生的激励对企业决策与资本市场影响的研究。国外学者也非常关注企业内部薪酬差距，但是大多研究中薪酬差距往往被看作公司治理的一个方面，过大的薪酬差距被看作公司治理水平低下的一个表现。

第9章

中国企业决策与资本市场对人力资本的影响

近年来,一些国内学者也开始关注企业的财务金融决策以及资本市场环境如何影响劳动力要素配置,并基于中国资本市场的发展现状开展了相关研究。现有文献主要从企业财务风险、企业投资决策、公司治理、资产定价及其他资本市场因素等视角,识别了企业决策和资本市场环境与人力资本的因果关系,本章根据上述分类对已有文献进行了全面梳理,以助于了解我国该领域的研究现状。

9.1 企业财务风险对人力资本的影响

目前国内研究企业财务风险如何影响人力资本的相关文献主要从企业经营风险、融资约束、税收负担等视角展开分析。

关于企业财务绩效,已有文献发现企业经营风险会显著影响劳动收入份额、劳动力生产效率。使用同地区同行业内亏损企业的比例衡量企业经营风险,贾珅和申广军(2016)研究发现,企业风险与劳动收入份额呈正相关关系。他们解释,企业风险降低时,劳动者努力程度明显提高,产出水平和工资均实现增长,但是人均产出增长更快，因而劳动收入份额（劳动者报酬占增加值比重）下降。利用1999—2014年工业企业上市公司样本，李广众等（2018）研究同样表明，债务水平升高会通过提高企业破产风险，降低员工生产率，且融资约束和财务困境会加剧债务对员工劳动生产率的不利影响。

劳动力报酬支付和企业现金流的错配往往使企业需要依赖外部融资进行人力资本投资，因此，外部融资也是影响企业劳动力资源配置的重要因素。

已有研究结论关于融资约束如何影响企业劳动力投入存在一定争议。部分学者发现，面临信贷收紧时，企业会减少劳动力投入，降低劳动力成本。汪伟等（2013）运用1978—2011年的企业数据研究发现，融资约束困境导致中小（民营）企业被迫通过利润留成方式进行内源融资，资金受限也使中小（民营）企业倾向于减少劳动力雇佣、降低员工薪酬成本，从而导致家庭劳动收入的份额下降。基于2003年世界银行对中国企业的调查数据，罗长远和陈琳（2012）使用负债资产比作为融资约束的代理变量，他们同样发现，面临融资约束的企业，因偿债能力、贷款能力不足，倾向于减少劳动力雇佣量或者降低员工工资。他们还发现，只有私人企业的负债资产比和劳动收入份额显著负相关。与此类似，邵敏等（2013）利用世界银行《中国投资环境调查》（2005年）中对2004年我国12 400家企业的调查数据进行研究发现，不论是企业否存在贷款行为，企业的信贷融资约束均会通过降低企业的劳动生产力，负面影响员工的薪酬水平。余明桂和王空（2022）则关注了地方政府债务融资对企业劳动雇佣的挤出效应，该研究指出，地方政府债务融资会挤出企业信贷资源，加剧企业融资约束，使企业难以通过贷款的方式获得流动资金，进而推迟或减少对劳动力的投资；同时，地方政府债务融资还通过提高金融产品的收益率，吸引企业将资金投资于金融领域，降低经营性投资，对劳动雇佣产生负面影响。而另一部分学者则发现，融资约束的存在迫使企业利用更加廉价的劳动力而非资本，从而导致劳动力投入增加。基于1999—2007年的工业企业数据，张杰等（2016）研究发现，企业所遭受的融资约束程度越大，企业的资产劳动比越小，这表明，融资约束对企业进行资本替代劳动过程造成了阻碍效应，他们还发现，这种制约效应在小规模、年轻企业、未获得政府补贴和民营企业中尤为突出。江轩宇和贾婧（2021）通过考察债务融资对劳动收入份额的影响发现，债券融资能通过降低银行贷款成本，有效缓解融资约束，进而提高企业劳动收入份额。此外，李小荣和张丽男（2021）从供应商角度切入，发现供应商集中度越高，企业获得的商业信用越少且生产经营风险越高，这制约了企业对劳动力的投入。

一些学者认为，企业财务风险对劳动力的影响还体现在企业税收负担与劳动力需求的关系中，并利用税收制度改革展开了研究。他们普遍发现，减少企业税收负担可以增加劳动力需求、提高企业劳动生产效率。王跃堂等（2012）利用2007年企业所得税改革政策研究发现，税改后所得税率降低的企业，因资产边际效率和企业净利润升高，劳动力需求明显增加，且新企业所得税法对内外资企业统一采用"实际发生的合理薪金支出据实扣除"的政策，增加了内资企业工资薪金支出的税前抵扣空间，由此产生的"就业税盾"增加也显著提高了企业的劳动力需求，他们还发现，税率和"就业税盾"对劳动力需求的影响在非国有控股企业更突出。王娜等（2013）以2007年企业所得税改革为背景进行研究，发现"限额扣除"政策取消后，通过降低职工薪酬转嫁税收负担的动机减弱，而提高薪酬可以提高员工的努力程度，因此，企业高管和职工的工资薪酬显著增加。同时，他们发现，税改后企业支付高管工资的税后成本下降程度要远大于支付普通职工工资的税后成本下降程度，这导致高管与普通职工工资之间的薪酬差距扩大。韩晓梅等（2016）同样发现，新企业所得税法的薪酬抵税改革使员工总薪酬、平均薪酬显著提高。这主要是因为薪酬抵税改革导致薪酬税收成本降低、劳动力要素的有效投入价格降低，此时，企业有动机通过增加劳动力，替代更昂贵的资本。当劳动力供给具有完全弹性时，员工数量的增加会提高总薪酬；而当劳动力供给缺乏弹性时，劳动力需求的上升无法完全转化为劳动力数量的增加，因而劳动力工资倾向于提高，此时表现为员工平均工资水平升高。但与王娜等（2013）不同的是，他们发现，薪酬抵税改革通过缩小企业高管与普通员工的薪酬差距，提高了企业的全要素生产率。他们解释，薪酬抵税改革实际上是一笔财政补贴，因此高管和员工之间的再分配会受政府的影响。郑宝红和张兆国（2018）利用新企业所得税法的实施进行研究同样发现，降低企业所得税率可以通过优化资源配置、缓解融资约束、加大研发投入和人力资本投入等途径提高企业的生产效率，且降低所得税率对企业生产率的促进效应在当年最大。刘啟仁和赵灿（2020）基于2014年固定资产加速折旧政策分析发现，固定资产加速折旧政策带来额外的税收激励会在激励企业创新、增加固定资产投资的同时，也促使试点企业的人力资本升级。具体地，企业技能劳动力的雇佣量和占比均显著增加。谢申祥和王晖(2021)利用2014年和2015年固定资产加速折旧政策作为准自然实验研究发现，固定资产折旧政策通过促进企业扩大产量增加了就业规模。苏梽芳等(2021)则基于我国"营改增"财税体制改革背景，利用2009—2015年中国服务业上市公司数据，研究发现"营改增"使企业劳动收入额显著提高了5.96%。他们解释，这是因为"营改增"后购进固定资产可以进项抵扣，使得资本要素相对价格降低、固定资产购入增多，而服务业的资本和劳动存在互补关系，因此劳动力需求相应提高。

从上述分析可以看出，我国学者利用中国企业数据、中国制度改革背景，并考虑了民营企业、中小企业融资难的特殊问题，从企业经营风险、融资风险、税收负担等视角分析了企业财务风险如何作用于企业劳动力雇佣规模、劳动力薪酬以及劳动力生产率。已有文献得出的结论与国际经验基本一致，如融资约束对劳动力雇佣的异质性影响，减税对劳动力需求、劳动生产率的积极影响。部分学者还补充了企业经营风险正面影响劳动力生产率的经验证据，但就企业财务结构、财务状况如何影响劳动要素配置尚缺乏相关实证，未来需要加以补充。

为补充相关证据，基于A股上市公司，我们探究了股权再融资如何影响劳动力技能结构并进行了以下分析。

研究九：股权再融资对劳动力配置的影响

外部融资是影响企业劳动力配置的重要因素，理论上，筹集外部资金如何影响就业和劳动主要取决于资金用途。如果资金用于单纯的扩大生产规模，如增加使用同样生产技术、生产相同产品的工厂，此时外部资本对就业的影响根据规模效应增加。如果资金用于技术投资，资本带来的技术可能对就业产生两种相反的影响：一方面，技术可能会创造更多劳动力需求，带来就业的增加；另一方面，技术的自动化会导致高技能劳动力增加和低技能劳动力减少，而通常低技能劳动力的减少值会超过高技能劳动力的增加值，总的体现为，企业的劳动力需求减少。

为检验企业外部融资究竟如何影响劳动力要素配置，我们采用工具变量回归方法，对 2000—2012 年中国 A 股上市公司进行了如下实证分析。其中，SEO 为股权再融资虚拟变量，公司进行 SEO 的当年和接下来的两年内均取值为 1，否则为 0。考虑到劳动力要素配置会直接影响企业融资的可获得性，存在内生性问题，因此，我们构建了 SEO 工具变量。若证券会在 2006 年和 2008 年修改 SEO 发行资格后，公司不再符合发行条件，则取值为 1，否则取值为 0，考虑到 SEO 发行获得批准到资金募集完成存在一段时间，我们对该变量进行滞后两期处理。劳动力规模以总就业人数进行衡量，并且按照员工技能类别将员工分为生产员工、普通员工、研发员工、销售和营销员工、金融员工、其他员工。我们对相关的变量法律制度、公司特征变量进行了控制，其中，法律制度变量有 3 个，包括：最低工资水平，为公司所在省份的年最低工资标准的自然对数；法律制度环境，使用 Wang 等（2008）构建的法律制度环境指数；劳动要素强度，以 2007 年每个行业员工总数与固定资产总额的平均比率进行衡量，2008—2012 年实施监管后，该指标取值为 1。公司特征指标有 10 个，包括：派息率，以公司近 3 年的派息率进行衡量；派息率虚拟变量，若派息率为负，取值为 1，否则为 0；公司规模，以公司销售额的自然对数衡量；股权集中度，以最大股东所持股份百分比衡量；股息支付率，以向股东分派的股息占公司盈利的百分比衡量；国有股权比例，以地方或中央政府持有的股份百分比衡量；独立董事比例等于董事会中独立董事的百分比；非流通股比例，是非流通股股数和总股数之比；资产负债率等于期末总负债除以期末总资产；固定资产比例，为固定资产净值与总资产的比值。为了避免异方差问题的影响，我们对回归系数的标准误在公司层面进行了聚类调整。

表 9-1 为股权再融资对劳动力技能结构影响的回归结果，其中，A 栏展示了工具变量第一阶段的回归结果，列（1）至列（5）解释变量 SEO 的工具变量均显著；B 栏展示了工具变量第二阶段回归结果，可以发现，SEO 导致公司层面的就业人数下降 9.1%。根据不同员工类别来看，SEO 导致生产员工、普通员工分别减少 25.3% 和 46.2%，技术研发员工、销售和营销员工分别增加 13.4% 和 10.3%。这表明，公司进行股权融资降低了公司层面的劳动力需求，改变了劳动力技能结构。

表 9-1 股权再融资对劳动力技能结构影响的回归结果

A 变量	工具变量第一阶段回归						
	(1) 劳动力规模	(2) 生产员工	(3) 普通员工	(4) 技术研发员工	(5) 销售和营销员工	(6) 金融员工	(7) 其他员工
SEO的工具变量	-0.085** (0.041)	-0.215** (0.106)	-0.498*** (0.129)	0.238*** (0.077)	0.164** (0.083)	-0.001 (0.062)	-0.275 (0.257)
常数项	3.371*** (0.296)	7.112*** (0.670)	4.392*** (0.671)	5.448*** (0.403)	4.270*** (0.607)	3.385*** (0.316)	2.772** (1.236)
公司固定效应	控制	控制	控制	控制	控制	控制	控制
年度固定效应	控制	控制	控制	控制	控制	控制	控制
公司层面的时间趋势	控制	控制	控制	控制	控制	控制	控制
观测数	17 597	17 597	17 597	14 438	15 064	13 840	17 597
B 变量	工具变量第二阶段回归						
	(1) 劳动力规模	(2) 生产员工	(3) 普通员工	(4) 技术研发员工	(5) 销售和营销员工	(6) 金融员工	(7) 其他员工
SEO	-0.091** (0.042)	-0.253*** (0.092)	-0.462*** (0.110)	0.134** (0.068)	0.103** (0.052)	0.007 (0.047)	-0.068 (0.184)
最低工资水平	-0.259*** (0.051)	-0.178 (0.118)	0.038*** (0.015)	0.002 (0.008)	0.016* (0.009)	-0.004 (0.007)	-0.030 (0.033)
法律制度环境	-0.013*** (0.005)	0.010 (0.011)	0.063 (0.061)	-0.063* (0.032)	0.035 (0.035)	-0.035 (0.029)	0.052 (0.141)
劳动要素强度	-0.004 (0.004)	-0.041*** (0.009)	-0.250** (0.113)	-0.199** (0.085)	-0.119 (0.093)	-0.162*** (0.058)	0.055 (0.246)
派息率	0.011* (0.007)	0.045*** (0.013)	0.004 (0.009)	0.003 (0.006)	0.013 (0.008)	-0.011** (0.005)	-0.069*** (0.020)
派息率虚拟变量	-0.017 (0.022)	-0.025 (0.053)	0.011 (0.008)	0.006 (0.005)	-0.025*** (0.009)	0.002 (0.004)	0.050*** (0.015)
公司规模	0.421*** (0.010)	0.326*** (0.023)	0.259*** (0.023)	0.396*** (0.017)	0.415*** (0.020)	0.320*** (0.013)	0.324*** (0.037)
股权集中度	-0.094 (0.089)	-0.273* (0.153)	0.241* (0.145)	0.022 (0.115)	0.082 (0.134)	0.130* (0.076)	0.084 (0.314)
股息支付率	0.005 (0.012)	0.008 (0.018)	0.008 (0.018)	0.002 (0.015)	-0.002 (0.011)	0.003 (0.008)	-0.004 (0.023)

续表

B	工具变量第二阶段回归						
变量	(1) 劳动力规模	(2) 生产员工	(3) 普通员工	(4) 技术研发员工	(5) 销售和营销员工	(6) 金融员工	(7) 其他员工
国有股权比例	0.125*** (0.029)	0.007 (0.080)	0.073 (0.067)	0.076 (0.051)	-0.007 (0.070)	0.060 (0.039)	0.221 (0.148)
独立董事比例	0.039 (0.048)	-0.190* (0.106)	-0.042 (0.114)	0.228*** (0.071)	0.192** (0.084)	0.079 (0.057)	0.151 (0.230)
非流通股比例	0.040 (0.046)	0.046 (0.095)	-0.102 (0.109)	-0.077 (0.068)	-0.056 (0.068)	-0.012 (0.037)	0.028 (0.177)
资产负债率	0.261*** (0.051)	-0.130 (0.090)	0.278** (0.118)	0.207*** (0.072)	0.203** (0.099)	0.429*** (0.051)	0.580*** (0.186)
固定资产比例	0.529*** (0.064)	0.962*** (0.104)	0.451*** (0.103)	0.272*** (0.080)	-0.236** (0.097)	-0.078 (0.057)	-0.501** (0.222)
常数项	1.421*** (0.311)	4.992*** (0.726)	3.331*** (0.693)	3.905*** (0.532)	2.844*** (0.614)	2.401*** (0.343)	1.004 (1.512)
公司固定效应	控制	控制	控制	控制	控制	控制	控制
年度固定效应	控制	控制	控制	控制	控制	控制	控制
公司层面的时间趋势	控制	控制	控制	控制	控制	控制	控制
观测数	16 964	16 964	16 964	16 964	13 916	10 576	13 326

注：括号内为在公司层面聚类调整的标准误。* 表示在10%水平下显著，** 表示在5%水平下显著，*** 表示在1%水平下显著。

9.2 企业投资决策对人力资本的影响

投资是企业获取未来收益的重要途径，在本节，我们将根据投资的类型梳理相关文献，分析企业的投资行为如何影响人力资本。

首先是固定资产投资。与3.2节呈现的国际经验类似，我国学者同样发现企业进行固定资产投资对劳动力需求可能产生"生产力效应"或者"替代效应"。"生产力效应"是指企业进行固定资产投资后，通过增强劳动力的边际产量，进而提高企业劳动力需求。綦建红和付晶晶（2021）的研究结论支持了这一观点，他们发现，工业机器人的应用显著增加了企业劳动力雇佣和工资水平，而工资水平提升的来源主要是劳动者依靠自身技能水平获得的工资部分,即技能组成工资。"替代效应"具体是指企业利用固定资产投资进行技术升级,企业生产效率得以提高,进而企业的劳动力需求减小。文雁兵和陆雪琴(2018)利用1998—2013年中国工业企业数据,运用全要素生产率衡量技术偏向、固定资产和雇佣人数比值的自然对数衡量资本深化。研究发现,市场竞争通过技术偏向和资本深化两个渠道显著降低了劳动收入份额。一些学者还基于我国增值税转型政策背景考察了企业固定资产投资影响劳动力需求的两种效应,增值税转型的主要内容是允许特定行业的纳税人企业在进项税额中抵扣固定资产所缴纳的税额,因此,增值税由生产型向消费型转型后,企业的固定资产投资规模显著提升。利用2004年在东北地区实行的增值税转型政策作为外生事件,刘璟和袁诚(2012)利用2000—2007年东北三省40 000多家企业数据研究发现,此次税改导致的固定资产增加对企业劳动力雇佣需求具有正向影响,支持了"生产力效应"。然而,同样以2004年的东北增值税改革试点为研究对象,聂辉华等(2009)却发现增值税转型通过促进企业固定资产投资,促使企业利用资本替代劳动力的方式,提高了企业的资本劳动比和生产率,支持了"替代效应"观点,具体地,增值税转型在2005年使每个企业的固定资产投资平均增加了大约971万元,使企业的劳均资本平均增加了大约1.5万元。毛捷等(2014)基于2009年增值税全面转型改革的研究结论同样支持"替代效应"。王跃堂和倪婷婷(2015)也证实2009年增值税转型后资本对劳动的"替代效应"大于"生产效应",企业劳动力需求普遍下降,且该效应在民营企业中更显著。

其次是信息技术投资。随着企业的信息技术水平提升,其劳动力需求、劳动力技能结构也有所调整。姚先国等(2005)基于中国微观企业数据研究证实,企业技术进步使其对高级技能劳动力需求增加。宁光杰和林子亮(2014)运用世界银行2005年和2012年企业调查数据研究发现,信息技术应用显著提高高技能劳动力比例的同时,降低了低技能劳动力比例,使得收入差距进一步扩大。何小钢等(2019)通过考察信息与通信技术(information and communication technology,ICT)应用对劳动力结构的影响,利用使用计算机的员工占比衡量企业ICT应用程度,研究发现,企业ICT应用与高技能劳动力、长期雇佣员工存在互补效应,高技能劳动力可以匹配ICT应用带来的生产方式与组织结构变革,而长期雇佣员工提升了企业对信息与通信技术应用导致的生产柔性与分工深化的适应能力，二者共同强化了 ICT 生产率相应。利用企业计算机数量与固定资产的比值衡量企业 ICT 应用程度，邵文波和盛丹（2017）关注了企业信息化发展对人力资本投资规模的影响，研究结果表明，企业信息化程度提高会导致劳动收入占比和劳动力需求数量下降，且行业层面和地区层面的垄断程度加深都会加剧信息化对劳动力需求的负面作用。此外，陈凌等（2010）使用浙江省收集的企业-职工配对数据研究发现，当控制企业所处地区、行业和职工的人力资本后，企业的技术效率可以完全解释企业规模对职工工资的正向作用。他们解释，这是因为大企业往往是资本密集型企业，且其技术和设备更加引进。为此，其需要雇用更多高素质、高技能员工，以提高企业生产效率，此类员工的薪酬水平也相对更高。

引入外资一直是我国对外开放政策的重要方面。引入外资不仅给我国企业带来了资金，也带来了更先进的技术和管理经验。基于此，很多学者也关注了外商直接投资对人力资本的影响。一方面，外商直接投资带来的技术进步偏向于资本（张莉等，2012），这导致企业劳动力需求下降、劳动力收入减少；且如果是以追求廉价劳动力成本为目标的外资进入，企业可能会为了利益侵害员工的合法权益。由于外资企业的管理可以起到示范作用而且外资企业的进入也加大了劳动力市场的竞争，邵敏和包群（2013）研究发现，外资企业的相关侵权行为会显著地提高当地同行业中内资企业侵害相关劳工权益的概率，但外资企业不侵害劳工权益的行为却未能产生显著的正向外溢效应。另一方面，外资进入也可能产生正面影响，如通过引进技术，提高企业生产率、增加劳动力报酬，促进就业增长。基于 2007—2014 年沪深两市 A 股上市公司数据，王雄元和黄玉菁（2017）研究发现，外商直接投资通过技术进步即提高公司专利数量和全要素生产率，显著提升了职工收入份额。异质性研究表明，水平型外资进入对职工收入份额具有促进作用，而垂直型外资进入对职工收入份额促进作用消失。

此外，罗明津和铁瑛（2021）还关注了企业金融化投资对劳动收入份额的影响，基于 2007—2017 年 A 股上市公司数据，利用企业金融化资产占总资产比重衡量企业金融化程度，他们发现，企业金融化可以显著提高劳动力收入份额，企业金融化能通过增加企业收益，带动工资上涨、劳动份额增加，但当金融投资收益率回归合理区间，金融化所带来的工资上升效应就将逐步消融，而金融化对企业主业经营及技术进步水平的损害将限制企业的长期发展能力，导致劳动力工资水平难以得到持续性提高，并可能对劳动收入份额的上升产生抑制，且高管的劳动收入份额获益幅度小于普通员工，这表明，企业金融化投资的主要动力来源于金融市场的收益激励，而企业金融化对劳动收入份额的提升是不可持续的。

根据上述文献梳理可以发现，该领域现有实证经验较少，且集中关注固定资产投资、信息技术投资、外商直接投资、金融化投资等投资类型如何影响人力资本投资水平。出现这一现象的可能原因是公司投资对劳动力的影响更多体现在员工技能结构和员工流动性等方面，但企业层面这类数据的信息较少，一些研究从宏观、行业层面对公司投资如何影响劳动力收入、劳动力技能结构、劳动力流动进行了补充（陈媛媛等，2022，孔高文等，2020；杨飞和范从来，2020；孙早和侯玉琳，2019）。此外，与国际研究经验相比较，国内尚且缺乏创新投资、并购投资等方面的相关文献。

为补充我国并购投资影响劳动力技能结构的研究证据，我们利用 A 股上市公司数据进行了如下分析。

研究十：兼并收购对劳动力结构优化升级的影响

企业在发生并购重组等任何涉及控制权转移的行为时，对人力资本的调整是重要的考虑因素。对企业人力资本的调整直接关系着并购是否可以成功顺利完成以及并购的协同效应是否可以实现。因为公司的并购重组，最难的并不是钱和技术，而是人员的调整。理论上，被并购后，随着资金注入，企业融资约束会得到缓解，企业可以进行被并购前无法完成的生产技术升级。这些生产技术升级既可以通过自主研发，也可以通过购买先进的机器设备、办公软件、信息操作系统等渠道来完成，这将提高企业对非常规(non-routine)高技能劳动力的需求；而并购后的技术升级倾向于使用机器设备或办公自动化软件来替代人工，这将减少企业对常规(rountine)低技能劳动力的需求。与此同时，并购通常会带来企业生产规模扩大，这种"规模效应"会提高对所有生产要素的需求，包括非常规高技能劳动力和常规低技能劳动力，而常规低技能劳动力数量的影响需要进一步考察"技术替代效应"和"规模效应"的相对大小。但总体而言，我们认为并购后，目标公司的非常规高技能劳动力占比会显著增加，常规低技能劳动力占比会显著减少。

基于2000—2016年我国沪深A股上市公司样本，我们对并购投资和劳动力结构的关系进行了回归分析。其中，劳动力结构是基于锐思数据库职业技术分类信息，根据Autor等(2003)的分类方法，将生产工人和职员加总定义为常规低技能劳动力，将科技人员、销售和市场人员、财务人员加总定义为非常规高技能劳动力，分别构造常规低技能劳动力数量占比指标和非常规低技能劳动力数量占比指标作为被解释变量，同时我们还利用劳动力受教育水平衡量劳动力技术变化，以本科及以上学历劳动力人数占总劳动力人数的比例作为被解释变量。并购变量为解释变量，若公司当年、前一年或前两年发生30%以上股权交易的被并购事件取值为1，否则为0。公司规模为去除通货膨胀影响的公司期末总资产的自然对数，公司年龄为上市公司成立年限的自然对数，资产负债率等于期末总负债除以期末总资产，总资产收益率等于净利润除以平均资产总额，省大学生扩招人数以公司所在省份大学生扩招人数加1的自然对数衡量，省人均生产总值增长率等于公司所在省份人均生产总值除去通货膨胀影响后计算得到的增长率，海归高管人数以公司海归高管数量衡量，最低公司水平是公司所在地当年的最低工资水平的对数值，CEO持股比例等于CEO持股数量除以总股数，董事会规模为上市公司董事会人数的自然对数，产业结构差异系数参考贺菊煌(1993)的计算方法衡量上市公司所在省份的产业结构省份系数差异。为了避免异方差问题的影响，这里对标准差在年份层面进行了聚类处理。

表9-2为公司被并购对劳动力技能结构影响的回归结果，其中，列(1)~列(3)分别是以常规低技能劳动力数量占比、非常规低技能劳动力数量占比、劳动力受教育水平为被解释变量的回归结果。可以看到，被并购后公司常规低技能劳动力占比下降1.5%，公司非常规低技能劳动力的占比则增加了1.72%，公司本科及以上学历劳动力的占比增加了1.51%，均在1%的水平上显著。其结果表明，公司被并购会引起公司的劳动力结构优化升级、常规低技能劳动力数量占比减少，非常规低技能劳动力数量占比和劳动力受教育水平有所提升。

表 9-2　公司被并购对劳动力技能结构影响的回归结果

因变量	(1) 常规低技能劳动力数量占比	(2) 非常规低技能劳动力数量占比	(3) 劳动力受教育水平
并购变量	−0.015 *** (0.004)	0.017 *** (0.006)	0.0151 *** (0.0050)
公司规模	−0.009 * (0.005)	−0.010 ** (0.005)	0.013 *** (0.005)
公司年龄	0.005 (0.004)	−0.011 (0.008)	−0.016 (0.013)
资产负债率	0.000 ** (0.000)	−0.000 ** (0.000)	−0.000 ** (0.000)
总资产收益率	−0.000 * (0.000)	0.000 ** (0.000)	0.000 ** (0.000)
省大学生扩招人数	−0.006 * (0.004)	0.011 ** (0.005)	0.013 *** (0.004)
省人均生产总值增长率	−0.009 (0.011)	0.006 ** (0.003)	0.010 ** (0.004)
海归高管人数	−0.007 (0.013)	0.020 (0.017)	0.023 * (0.013)
最低工资水平	−0.007 (0.010)	0.008 (0.009)	0.011 (0.010)
CEO 持股比例	0.010 (0.017)	−0.016 ** (0.008)	−0.000 (0.000)
董事会规模	−0.028 (0.030)	0.003 (0.005)	0.006 * (0.003)
产业结构差异系数	−0.005 (0.005)	0.006 (0.006)	0.104 (0.114)
常数项	0.423 ** (0.061)	0.115 ** (0.032)	−0.100 (0.088)
公司固定效应	控制	控制	控制
年度固定效应	控制	控制	控制
观测数	16 024	16 024	16 024
调整后的 R^2	0.756	0.804	0.771

注：括号内为在年份层面聚类调整的标准误。* 表示在10%水平下显著，** 表示在5%水平下显著，*** 表示在1%水平下显著。

9.3 企业治理对人力资本的影响

我国学者在企业治理对人力资本的影响方面做了丰富的工作。由于国有企业的治理问题一直是我国公司治理实践的重点问题，而国有企业的超额雇佣问题（也称为冗员问题）一直是制约国有企业高效运行的核心问题之一，因此很多学者研究了我国国有企业背景下公司治理对人力资本的影响。此外，随着我国市场化程度的提升和公司治理机制的完善，也有学者从传统的公司治理结构、公司治理质量等视角进行研究。接来下，我们从这两个方面，对我国企业的公司治理如何影响人力资本进行总结与分析。

9.3.1 国有企业背景下公司治理对人力资本的影响

根据企业利益最大化的准则，理论上公司应根据生产目标雇用最优的员工数量，提高劳动力配置效率。但在我国社会主义市场经济体制下，国有企业常常被赋予承担社会责任的重任，如保障充分就业、员工福利、维护社会稳定、承担财政负担等（梁莱歆和冯延超，2010），这些社会性政策负担使我国国有企业出现了冗员[①]（也称超额雇员）的现象。一些研究针对国有企业冗员的原因进行了深入分析。曾庆生和陈信元（2006）指出，国有企业上市前的改制不彻底是超额雇员问题的根源，这也使得原国有企业承担的就业压力一直存在。且政府可能出于解决就业的动机，继续通过直接或间接的方式限制国有企业裁员，如通过增加对国有企业管理层在就业率指标的考核，迫使管理层保持现有劳动力数量；或者是通过税收优惠、政府补助等财税政策手段（曹书军等，2009；薛云奎和白云霞；2008）引导企业承担更多就业；政府还可能通过党委会作用于国有企业公司治理，进而影响公司的雇佣政策和薪酬政策（马连福等，2013），这种干预在经济下行、带给政府边际效益更高时（周权雄和朱卫平，2010）尤为突出。少数学者对国有企业冗员规模进行了测度，基于1994年以前的国有企业调查数据，Bodmer（2002）研究发现，国有企业冗员率约为20%。Dong和Puterman（2003）指出，国有企业平均劳

---

① 冗员指企业生产中存在劳动边际效率为零的情况。

动力冗余率在 1991—1994 年增长了 15.8%。针对冗员规模的影响因素，刘磊等（2004）研究发现，国有企业中的国有股比例越高，国有企业冗员比例越高。薛云奎和白云霞（2008）研究结果表示，高失业区的国有企业承担了更多的冗余雇员。利用 2008—2010 年 A 股国有上市公司数据，马连福等（2013）研究发现，国有企业党委会参与公司治理会扩大公司冗余雇员的规模，降低公司高管的绝对薪酬，抑制高管攫取超额薪酬的行为，缩小高管与普通员工的薪酬差距。部分学者发现，民营企业也承担了来自政府的就业压力。李汇东等（2017）关注了民营企业控制权结构下的地方政府干预动机，结果表明，政府通过采取一系列隐形方式干预了民营企业的雇佣行为，导致民营企业雇员冗余更多，且当民营企业控股股东的控制权较大时，交易成本或谈判成本更低，政府干预能够更显著地提高企业的雇员规模。以 2006—2009 年在深圳、上海证券交易所上市的民营企业为样本，梁莱歆和冯延超（2010）也发现，具有政治关联的民营企业，其雇员规模、薪酬成本均显著高于非政治关联企业，并且政治关联程度越高，雇员的规模及其薪酬成本也越高。

　　针对国有企业冗员的经济后果，我国学者展开了大量研究，已有成果普遍认为，国有企业冗员对经营绩效、企业价值、企业投资、公司治理等产生了一些系列负面影响。林毅夫等（2004）指出，国有企业的冗员问题是其绩效差的真正原因。薛云奎和白云霞（2008）发现，超额雇员对国企的绩效产生了显著的负面效应，并且冗员越多的国有企业，其雇员的平均工资率越低，这表明对国有企业绩效的负面效应是由于降低了对雇员、高管的薪酬激励，从而导致经理人员的代理成本增加，而非承担了额外的劳动力成本。以企业员工人数的自然对数和退休员工人数的自然对数衡量企业所承担的社会性负担，陈德球等（2014）研究发现，企业承担的社会性负担通过降低银行筛选标准、银行对企业的担保要求，增加了企业的道德风险，导致企业债务违约概率显著升高。以 2008 年版《劳动合同法》颁布作为外生事件，杨德明和赵燦（2016）实证研究证明，超额雇员导致公司价值降低的主要机制是超额雇员引致的劳动力成本提高，而非企业生产效率降低，增加媒体曝光度可以减少这一负面影响。以我国 2000—2007 年工业制造业企业数据，黄俊和李增泉（2014）分析了冗员对企业投资行为的影响，实证结果表明，在政府就业压力的干预下，即使企业面临行业衰退、投资环境不利，雇员较多的企业也不会削减投资,进而导致投资过度问题严重。张敏等(2013)则关注了国有企业冗员对高管薪酬业绩敏感性的影响,研究发现,在国有企业,冗员负担显著降低了高管的薪酬业绩敏感性,加剧了薪酬黏性,且为弥补高管在现金薪酬方面的损失,国企高管的在职消费水平明显升高。他们解释,如果强化国有高管薪酬治理机制,势必导致高管出于提升薪酬水平,努力提高公司业绩,减少冗员规模的行为,这有违实现社会就业目标。宋浩和王伟(2012)对 2003 年、2008 年国有控股和非国有控股上市公司的高管薪酬与员工人数进行配对比较研究同样发现,国有控股比非国有控股的上市公司支付了更低的高管平均薪酬,雇用了更多的员工。

但也有研究表示,承担社会性负担可以在政府补贴和政府救助、信贷、高管晋升等方面带来收益。唐清泉和罗党论(2007)研究发现,政府补贴比例与上市公司员工比例存在显著正向相关关系,这表明,政府通过补贴的形式增强了上市公司的社会效益。以超额雇员率和雇员数量衡量企业的社会性政策负担,胡宁和靳庆鲁(2014)研究发现,虽然社会性负担显著提升了企业面临财务困境(表现为被 ST)的概率,但社会性负担形成的预算软约束有助于 ST 公司在短期内实现摘帽。陈德球和董志勇(2014)以 2002—2010 年民营上市公司为样本,同样发现民营企业承担的社会性负担越高,其获得政府补助越多,且政府提供的隐性担保提高了企业向银行获取贷款的能力,融资约束显著降低。廖冠民和沈红波(2014)则关注了国有企业冗员对公司治理的影响,研究发现,国有企业承担超额雇员有利于 CEO 获得晋升,且当公司所处地区的政府干预程度较高、失业率较高时,政策性负担对晋升的影响更大;但国有企业承担政策性负担会降低企业经营业绩与股票回报,使用股权制衡与股权激励可以抑制国有企业承担政策性负担。刘青松和肖星(2015)同样发现,高管晋升与企业冗员率呈正相关关系。

针对如何解决国有企业冗员问题,一些学者开展了实证分析,主要可以分为提高公司内部治理和外部治理两个方面。从公司的内部治理提升入手,杨治等(2009)发现,政府控制通过改制退出集体企业时,企业经营目标更趋向利润最大化,冗员现象显著减少。周明海等(2010)研究发现,以国企改制、民营化和外资进入为特征的所有制结构变动可以通过减少要素扭曲、提升经济效率,使得企业劳动收入份额明显下降。张雯等(2011)研究发现,当国有企业控制权转移给其他国有企业后，企业的冗员负担显著上升，且上升幅度显著大于其他类型的控制权转移，民营企业转移给国有企业后，企业的冗员负担在控制权转移后的第二年也有一定程度的上升，而控制权转移给民营企业，企业的冗员负担显著下降，此外，控制权转移给国有企业后，业绩显著表现不如转移给民营企业。该结果同样表明，产权转移是解决国有企业冗员的重要途径。耿云江和马影（2020）研究表明，非国有大股东能够显著降低国企超额雇员，降低超额雇员对公司价值的损害作用。从作用机制来看，非国有大股东参与公司治理可以增强国有企业实现利润最大化的动机，优化劳动力配置决策，节约劳动力成本，同时非国有大股东可以一定程度上解决国企所有者缺位问题，提高高管薪酬业绩敏感性、降低超额薪酬和超额在职消费，增强激励机制。马新啸等（2020）同样发现，非国有股东参与国企高层治理可以显著改善员工激励机制和工作氛围，从而对国有企业的人力资本结构产生积极影响，使国有企业的冗员水平降低和高层次人才规模扩大，且人力资本结构调整后的国有企业创新水平和生产能力得到显著提升。杨德明和赵燦（2016）从公司的外部治理入手研究发现，媒体曝光的增加能够一定程度抑制超额雇员对公司业绩的不利影响。

部分研究还关注了高管权力如何影响劳动力成本，普遍认为由于高管和员工的权力不对等，管理层权力会使企业薪酬设计维护管理层利益，侵蚀员工利益。方军雄（2011a）研究发现，业绩上升时，高管获得了相比普通员工更大的薪酬增幅，而在业绩下滑时，高管的薪酬增幅并没有显著小于普通员工，即业绩上升时高管的薪酬绩效敏感性高于普通员工，但业绩下降时高管薪酬相比员工薪酬则体现出明显的黏性特征，这使得上市公司高管与职工薪酬差距拉大。

部分学者还从产权差异关注了公司治理对劳动力配置的影响。以1999—2009年我国A股上市企业为样本，陆正飞等（2012）研究发现，国有企业支付了更高的职工薪酬，其中，中央政府控制的国有企业普通职工工资显著高于地方政府控制的国有企业，而地方政府控制的国有企业又显著高于非国有企业；国有企业高管薪酬与非国有企业并无显著差异，但中央政府控制的国有企业高管薪酬显著高于地方政府控制的国有企业和非国有企业。他们从三个方面对股权性质影响员工收入的结果进行了解释：首先，因为国有企业更注重社会和政治目标，对经济效益关注不足，所以更可能提高劳动力收入份额；其次，国有企业具有更好的外部环境，能获取更多经济资源和政策优惠，因此更有能力支付高工资；最后，非国有企业因生存和发展空间被挤压，更可能出现利润侵蚀工资的状况，而国有企业，由于所有者缺位，更可能形成内部人控制，通过支付高工资的方式与职工结成联盟。王雄元等（2014）则关注国有企业高管对员工薪酬的影响，实证结果表明，权力大的国有企业 CEO 更倾向于支付较低的职工薪酬。此外，刘慧龙等（2010）分析了高管政治关联对企业冗员的影响，结果表明，高管政治关联能够影响公司员工配置效率，具体地，在国有控股公司，政治关联公司的员工冗余程度更高；在非国有控股公司，政治关联公司的员工冗余程度较低。他们解释，这是产权性质差异导致的结果，国有控股公司的最终控制人是政府，政府指派高管的目的是保障控制权、服务社会发展，而非国有控股公司聘任政治关联人员作为高管，是期望利用其政治身份为公司创造价值，降低企业的不确定性。刘海洋等（2019）还发现，虽然国有企业在初始阶段利用政府提供的资金优势以及垄断地位，增加了雇佣规模，但由于国有企业效率低，其就业增长率明显低于非国有企业，因此，他们认为，国有企业并不是促进社会就业的优势力量。一些学者还从政治关联的角度进行了分析。一些学者考察了政治联系如何影响民营上市公司。郭剑花和杜兴强（2011）基于 2004—2009 年民营企业上市公司样本即发现，具有政治关联的企业更容易受到政府干预，企业雇员负担更重，但也因此可以获得更多的政府补助。利用 2004 年、2006 年和 2008 年全国民营企业调查数据，魏下海等（2013）研究了政治关系对劳动收入份额的影响，结果表明，相对于无政治关系的企业，有政治关系的企业的劳动收入份额更低，且政治关系程度越深，劳动收入份额越低。他们解释，这是因为有政治关系的企业得到了更多政治关系租金，而当企业劳动力工资水平差异不大时，有政治关系的企业的劳动收入份额会下降。此外，基于 2005—2012 年最终控制权人为国有企业的上市公司样本，步丹璐等（2017）考察了高管晋升预期对企业内部薪酬差距的影响，结果表明，高管晋升预期较高时，倾向于领取较低薪酬，迎合"限薪令"背景下缩小薪酬差距的政治目标，通过树立正面的公众形象，以追求政治升迁，由此，企业的内部薪酬差距相应缩小，而且高管晋升预期的行政级别越高，内部薪酬差距越小。但他们发现，出于政治晋升动机的薪酬举措并未缓解股东与管理层之间的代理问题，也未能激励高管创造更好的业绩。

9.3.2 公司治理结构、公司治理质量对人力资本的影响

企业市场化改革的推进拓展了公司治理与人力资本的相关研究,一些学者开始从公司治理结构、质量等视角考察公司治理对人力资本的影响。在公司治理结构方面,方军雄(2011b)研究了股权结构、董事会特征等公司治理因素对劳动收入比重的影响,结果表明,民营公司、设立薪酬委员会的公司以及独立董事比重更大的公司,其普通员工的收入份额显著较低,而高管的收入份额却显著较高,这表明,民营大股东的存在可以有效缓解股东与经理之间的委托代理问题,减少员工-管理层联盟形成,而薪酬委员会和独立董事可以确保管理层和股东利益最大化。基于12个城市1 269家企业的调查数据,钟宁桦(2012)考察了公司治理结构对员工福利的影响发现,治理结构好的企业可以约束经理人的短时行为,为员工提供更好的福利水平,具体包括增加员工薪酬、降低员工工作时长以及提高员工保险覆盖率等。

关于公司治理质量,现有文献认为,管理效率、内部控制质量是影响劳动力要素配置的重要因素。程虹(2018)利用2015—2016年"中国企业—劳动力匹配数据",根据受访企业2015年管理效率得分是否大于或等于中位数,将企业样本划分为高、低管理效率,对于企业进行K近邻匹配实证研究发现,管理效率提升显著促进了企业劳动力生产率增长,管理效率每提升10%,企业的劳动生产率平均提高14.2%,其解释,这是因为管理效率更高的企业,在人力资本质量、物质资本质量、产品质量竞争力、内部知识分享等方面表现更优秀。基于2013—2015年"中国企业—劳动力匹配调查"(CEES)数据,李唐等(2018)发现,管理效率、质量能力均是提升企业全要素生产率的重要因素,与管理效率相比,质量能力对于全要素生产率提升具有更强的直接效应,管理效率则主要通过提高质量能力而对全要素生产率产生间接影响。使用"迪博·中国上市公司内部控制指数"衡量公司内部控制质量,李小荣等(2021)研究发现,我国上市公司的内部控制显著提升了企业的劳动力投资效率、降低了企业的劳动力投资不足,提高信息透明度和降低代理成本是内部控制提高劳动力投资效率的路径,他们还发现,内部控制通过促使劳动力投资不足的企业增加高学历员工配置,优化了人力资本结构,从而

有利于企业绩效的提升。

另有部分学者从公司外部治理视角进行了研究，关注了政府、审计师等外部公司治理主体对劳动力因素的影响。以2007—2010年中国A股上市公司的5 118个样本为研究对象，步丹璐和王晓艳（2014）研究发现，公司获得政府补助后内部薪酬差距呈扩大趋势，并指出这是高管利用控制权使政府补助成为其"伪装"业绩的结果，且政府补助导致的薪酬差距会削弱薪酬差距对公司未来业绩的正向影响。戴璐和林黛西（2018）运用2014—2016年实施员工持股计划的上市公司样本研究发现，高质量的外部审计能有效约束员工持股计划后高管为实现利益最大化进行的盈余操纵行为。

从9.3.1节及9.3.2节的文献梳理可以发现，我国公司治理与人力资本的早期研究集中关注了国有企业背景下公司治理与人力资本的关系，对国有企业冗员的成因、经济后果、解决手段以及国有企业性质如何影响劳动力要素配置进行了详细分析。近年来，随着我国公司治理制度改革推进，公司治理结构趋于合理化、公司治理质量明显提升，也促使更多学者从公司治理结构、公司治理质量展开研究，但相关研究证据仍不足。为补充我国公司治理与劳动力要素配置的实证证据，我们开展了以下研究。

研究十一：外部公司治理机制对人事制度的影响——以分析师关注度为视角的研究

公司治理会对公司人事制度产生直接影响，以往研究主要关注内部公司治理如何影响雇佣政策、员工薪酬制度等人事制度，少有从外部治理视角入手的研究，本研究拟从分析师关注度角度进行补充。分析师是重要的外部治理机制之一，理论上，分析师关注度越高，分析师给公司带来的外部监督越强，公司治理越好，公司管理者"享受平静生活"的行为更容易被发现，为了员工利益而牺牲股东和公司利益的情况更少，这迫使公司管理者根据公司的绩效及时调整员工数量和员工薪酬，解雇冗余的员工、制订更加高效的薪酬方案，因此，分析师关注增强利于提升公司人事制度的效率。

基于2006—2018年我国A股上市公司样本，探究了分析师关注度对公司员工数量、员工薪酬与公司绩效敏感度的影响。其中，员工数量等于公司员工总数减去高管人数的自然对数，员工薪酬等于以元为单位，公司"支付给职工以及为职工支付的现金"减去高管薪酬的自然对数，上述指标均取未来一期。分析师关注度是公司该年度分析师报告数量加1后的自然对数，销售收入增长率等于公司该年度销售收入减去上一年度销售收入，除以上一年度销售收入，公司市值是以千元为单位公司年初总市值的自然对数，公司年龄是公司成立年限的自然对数，固定资产比例等于固定资产净值与总资产的比值，无形资产比例等于无形资产净值与总资产的比值，资产负债率是公司长短期债务之和与总资产的比率，经营活动现金流等于公司经营活动现金流的自然对数，第一大股东持股比例以公司第一大股东持股占总股数比例衡量。企业性质，若公司是国有企业，则为1，否则为0。是否亏损，若公司当年亏损则为1，否则为0。董事会规模等于公司董事会人数的自然对数，独立董事比例等于公司独立董事人数与董事会人数之比。两职合一，若公司董事长与总经理为同一人，则为1，否则为0。同样，为了避免异方差问题的影响，我们对回归系数的标准误在公司层面进行了聚类调整。

表9-3为分析师关注度对公司员工数量、员工薪酬与公司绩效敏感度影响的回归结果，可以看到，在四列中分析师关注度的系数都显著为正，这表明，分析师关注度越高，公司治理越好，其继续扩张、扩大员工规模的概率越高，也越倾向于给予员工好的待遇，证实分析师这一外部治理机制可以提高公司人事制度的效率。

表9-3 分析师关注度对公司员工数量、员工薪酬与公司绩效敏感度影响的回归结果

因变量	(1) 员工数量$_{t+1}$	(2) 员工薪酬$_{t+1}$	(3) 员工数量$_{t+1}$	(4) 员工薪酬$_{t+1}$
分析师关注度	0.078*** (0.008)	0.111*** (0.007)	0.034*** (0.008)	0.052*** (0.006)
销售收入增长率	0.040* (0.023)	0.069*** (0.023)	0.054** (0.025)	0.087*** (0.023)
分析师关注度×销售收入增长率	0.024** (0.010)	0.025*** (0.009)	0.025** (0.010)	0.026*** (0.010)
公司市值			0.251*** (0.017)	0.333*** (0.016)
公司年龄			0.226** (0.106)	0.218** (0.092)

续表

因变量	(1) 员工数量$_{t+1}$	(2) 员工薪酬$_{t+1}$	(3) 员工数量$_{t+1}$	(4) 员工薪酬$_{t+1}$
固定资产比例			0.421*** (0.097)	0.276*** (0.084)
无形资产比例			0.713*** (0.259)	0.646*** (0.225)
资产负债率			0.344*** (0.097)	0.382*** (0.078)
经营活动现金流			−0.083 (0.087)	0.022 (0.072)
第一大股东持股比例			0.245 (0.157)	0.138 (0.141)
企业性质			0.159** (0.079)	0.203*** (0.067)
是否亏损			−0.074*** (0.021)	−0.055*** (0.019)
董事会规模			0.146* (0.083)	0.188*** (0.071)
独立董事比例			0.039 (0.193)	0.067 (0.153)
两职合一			0.030 (0.024)	0.010 (0.020)
常数项	7.232*** (0.034)	17.966*** (0.029)	2.559*** (0.436)	12.165*** (0.382)
公司固定效应	控制	控制	控制	控制
年度固定效应	控制	控制	控制	控制
观测值	18 247	18 247	15 715	15 715
调整后的 R_2	0.886	0.919	0.900	0.936

注：括号内为在公司层面聚类调整的标准误。* 表示在10%水平下显著，** 表示在5%水平下显著，*** 表示在1%水平下显著。

研究十二：资本市场配置效率与劳动收入份额——来自股权分置改革的证据

"股权分置制度"形成于20世纪90年代初期，是国有企业股份制改造的产物，是重要的公司治理制度改革。理论上，股权分置改革对劳动收入份额的影响存在两方面：一方面，股权分置改革后，公司内部控制机制和外部控制权市场完善，管理者经营压力增大，为了提高公司绩效，可能通过高薪来激励员工和吸引高素质人才，使劳动收入份额增加。另一方面，股权分置改革后，形成了全流通的新形势，股权更为分散，国有资本撤出，民间资本流入，会使上市公司经营目标向利润最大化转移，工资侵蚀利润的现象改变，劳动收入份额减少。

基于沪深两市 A 股上市公司 1998—2016 年的数据，我们采用双重差分法分析股权分置改革对我国上市公司劳动收入份额的影响，其中，劳动收入份额等于"支付给职工以及为职工支付的现金"除以"营业总收入"，股改前非流通股占比等于公司在股权分置改革获准公告日前一日非流通股占比，政策实施虚拟变量为股权分置改革实施前后的虚拟变量，若为公司股权分置改革前的年份取 0，否则取 1。同样，为了避免异方差问题的影响，我们对回归系数的标准误在公司层面进行了聚类调整。

表 9-4 为股权分置改革对我国上市公司劳动收入份额影响的回归结果。前三列是使用公司"股改获准公告日前一日"的非流通股占比来衡量公司受到政策冲击的大小。其中，第(1)列只控制企业固定效应和年度固定效应，这时交乘项系数为负但并不显著。但公司选择改革年份受到了地区和行业特征的影响，如果在模型中不加以控制会导致估计偏误。因此，在第(2)列中加入"城市-年度固定效应"以控制不同地区随年份变化的特征，这时交乘项的系数为 -0.036，并且在 5% 的显著性水平下显著。在第(3)列中进一步加入"行业-年度固定效应"，这时交乘项系数为 -0.043，也在 5% 的显著性水平下显著。其含义是，若某公司在改革前非流通股占比比其他公司高 10 个百分点，股权分置改革后，其劳动收入份额会降低约 0.41 个百分点。为了检验结果是否取决于非流通股所在的改革前日期，第(4)、第(5)列我们分别选取"改革前一年年底"和"改革前一年当日"的非流通股占比衡量公司受改革的影响强度，这两个时点距改革日更长，可以提供更稳健的结果。我们发现，这两种设定下，非流通股占比和改革虚拟变量的交乘项估计系数均在 5% 的水平下显著为负，表明股权分置改革降低了上市公司的劳动收入份额。

表 9-4 股权分置改革对我国上市公司劳动收入份额影响的回归结果

变量	劳动收入份额				
	(1)	(2)	(3)	(4)	(5)
股改前非流通股占比×政策实施虚拟变量	−0.019 (0.013)	−0.036** (0.015)	−0.043** (0.016)		
改革前一年年底股改前非流通股占比×政策实施虚拟变量				−0.040** (0.016)	
改革前一年当日股改前非流通股占比×政策实施虚拟变量					−0.036** (0.015)
企业固定效应	控制	控制	控制	控制	控制
年度固定效应	控制	控制	控制	控制	控制
城市-年度固定效应	不控制	控制	控制	控制	控制
行业-年度固定效应	不控制	不控制	控制	控制	控制
样本数	16 089	14 182	14 020	14 020	14 020
R^2	0.576	0.627	0.673	0.673	0.673

注：括号内为在公司层面聚类调整的标准误。* 表示在10%水平下显著，** 表示在5%水平下显著，*** 表示在1%水平下显著。

9.4 资产定价对人力资本的影响

与国外等成熟市场不同，我国资本市场仍然是新兴市场，开放程度不高，对外开放一直是我国资本市场的重要改革方向。因此，很多分析资产定价如何影响人力资本的国内文献主要关注了资本市场开放对员工薪酬、生产率及劳动力雇佣规模的影响。现有研究指出，资本市场开放对劳动力要素配置的影响存在两面性：一方面，资本市场开放可以通过引入境外投资者、国际资本优化投资者结构，境外投资者的成熟经验可以帮助提升公司的定价效率和治理质量，发挥有效的监督作用，提高企业劳动力投资效率。但另一方面，资本市场开放后，境外资本追求短期收益的特质可能加剧企业面临的市场风险，造成股价波动。企业面临的不确定性升高时，更可能出现企业的劳动力投资错配。从实证结果来看，已有文献倾向于支持资本市场正面影响劳动力要素配置。张昭等（2020）通过研究"沪港通"开通发现，资本市场开放通过强化监事会的监督力度，显著缩小了企业内部薪酬差距。基于2011—2017年沪深两市A股上市公司数据，李小荣和王文桢（2021）研究发现，"沪港通"和"深港通"机制的启动显著扩大了企业的劳动力投资规模，他们认为资本市场开放能通过缓解融资约束、拉动其他资产投资等方式促进企业增加劳动力投入。以"沪港通"的实施作为资本市场开放的准自然实验，戴鹏毅（2021）分析认为，资本市场开放通过引入境外机构投资者发挥信息优势，可以提高股价信息含量、资本市场定价效率，矫正股票的错误定价，进而改善企业投资效率，促进企业全要素生产率提升。

还有少数学者从控制权转让价格、股价崩盘、卖空机制等视角分析了资产定价对劳动力要素配置的影响。利用1999—2008年我国上市公司民营化样本，李广子和刘力（2013）考察了控制权转让价格与民营化后公司雇员规模的变化，研究发现，民营化过程中控制权的转让价格越低，民营化后上市公司雇员规模下降幅度越小，其中，低素质员工被裁员的可能性相对更大，高素质员工规模变化不明显。他们解释，该现象是上市公司原国有控股股东追求社会目标的结果，国有控股股东在转让控制权时会考虑社会经济后果，因此愿意牺牲当前利益，通过降低控制权转让价格以换取新民营控股股东在上市公司民营化后减少裁员。陈运佳等（2020）分析上市公司选择员工持股计划的动机时发现，公司倾向于在发生股价崩盘后推出员工持股计划，利用员工持股计划向外界传递正面信号，实施计划需要从二级市场购入股票，有利于维持股价稳定，保障股东财富和控制权安全。这表明，上市公司员工可能出于市值管理的动机选择员工持股计划。朱琳等（2022）利用我国股票市场引入融资融券交易制度作为准自然实验，关注了完善资本市场卖空机制对公司劳动收入份额的影响，结果表明，卖空约束放松通过降低公司未来的债务融资成本有效提高了标的公司未来的劳动收入份额。

9.5 中国企业决策与资本市场对人力资本影响的研究评述

对比我国和国外的企业决策与资本市场对人力资本影响研究可以发现，虽然我国学者和国外学者的研究有一定相似之处，但由于我国资本市场特殊的制度背景和我国国有企业、民营企业面临的特殊情况，我国学者的研究视角更具中国特色，研究了如国有企业冗员问题、外资进入、资本市场开放问题等中国特色背景下的"劳动与金融"问题。

具体来说，在企业财务风险方面，我国学者与国外学者都主要从企业经营风险、融资约束、税收负担等视角进行研究，但是我国学者在研究过程中融入民营企业融资难、地方政府债务挤出企业融资等中国现实问题；在企业投资决策方面，我国学者在固定资产投资与信息技术投资上的相关研究与国外研究基本一致，但也有部分学者结合我国对外开放背景研究了外商直接投资带来的技术进步或对人力资本的影响，部分学者还结合我国企业产生金融化趋势的现实情况，研究企业金融化对人力资本的影响；在公司治理方面，我国研究与国外研究存在较大差异，我国研究更多关注了国有企业治理对人力资本的影响，侧重于解决国有企业的冗员问题，而且，政府出于"稳就业"的目的有动机干预企业雇佣决策，因此也有学者关注政府干预对于雇佣的影响；在资产定价方面，我国和国外的研究都比较少，而且我国研究主要集中在资本市场开放方面。

从上述文献也可以看到，我国企业决策和资本市场对人力资本影响的研究也结合了我国特色的政策背景，这为国外相关研究提供了新的思路，也有助于解决我国的实际问题。而且，由于证监会要求上市公司披露员工相关信息，我国上市公司在员工结构、薪酬、数量上数据更为丰富，这也为我国学者研究公司决策和资本市场对人力资本的影响提供了良好的条件。在我国资本市场进一步深化改革的背景下，未来的研究可以更多地结合我国的资本市场改革，从新的角度探讨企业决策和资本市场如何影响人力资本。

第四篇　新时代下劳动与金融领域的研究展望

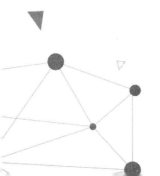

第10章

未来研究展望

　　劳动与金融领域的研究在近年来蓬勃发展,对劳动力因素与公司金融、资本市场之间相互关系的认识不断加深。自 2010 年以来,科学技术、价值理念发生了颠覆性变化,社会经济环境发生了重大改变。在科学技术方面,以互联网、人工智能、区块链、云计算、大数据为代表的数字技术取得了重大进展,并迅速普及到各个行业,改变了传统的生产生活方式;在价值理念方面,环境、社会和公司治理(environment, social and governance, ESG)的投资理念不断深入,利润不再是投资者和公司唯一的目标和评价标准,这深刻影响了公司的经营决策和资本市场对企业价值的判断。那么,这些技术变革和价值理念的变化会如何影响未来的劳动与企业、资本市场的关系呢?本章就围绕着数字经济和 ESG 理念这两个新背景,展望劳动与金融领域未来可能的研究方向。

10.1　数字经济背景下的劳动与金融研究

　　从经济的发展规律来看,随着经济发展形态变迁,生产要素的构成、地位也会发生重大转变。农业经济时期,劳动力和土地是最重要的生产要素,工业革命后,资本、管理、技术等生产要素替代了土地和劳动力,成为创造财富的主要来源。如今,数字技术的迅速兴起和普及,标志着我们正式步入数字经济时代,数据成为新的生产要素。数字技术也对劳动力市场、资本市场都产生了巨大影响。从劳动力市场角度来看，数字技术会改变企业对劳动力数量、技能的需求，改变企业与员工的匹配方式、工作形式、合同关系，拓宽员工与企业和社会的沟通渠道，从而影响公司决策和资本市场；从资本市场角度来看，数字技术对资本市场的改变也会影响公司投融资决策、现金流情况等，进而影响公司内部的人事决策。接下来，我们从上述两方面展开，探讨数字技术带来的变化。

10.1.1 数字经济背景下劳动力市场的改变及其影响

第一，人工智能等数字技术改变了公司对劳动力的需求。随着人工智能技术的崛起，大量常规工作能够被人工智能替代，这导致公司对常规的、低技能的劳动力需求大幅下降，而对非常规的、高技能的劳动力需求增加。从公司角度来看，运用人工智能替代常规、低技能劳动力可以提升其生产率、降低其劳动力成本，更多的高技能员工也可以增强公司的创新能力和核心竞争力，但是，当公司更加依赖非常规的、高技能的员工时，由于非常规的、高技能的员工在市场上更少，员工辞职带来的负面影响会更大，这使得公司的"人力资本风险"增加，从而对公司的市场价值和融资能力产生一定的负面影响。那么，数字经济带来的劳动力数量、技能结构变化对公司的具体影响是什么？资本市场又应当如何帮助依赖高技能、非常规人才的公司进行融资？这是在数字经济背景下，劳动与金融领域需要进一步研究的问题。

第二，互联网技术改变了企业与员工的匹配方式。随着互联网的普及，线上招聘已经成为企业招聘员工的主要方式，员工也可以通过 LinkedIn 等面向职场的社交平台向企业展示自身，劳动力市场逐渐转移至线上，这大大缓解了劳动力市场上的信息不对称问题，减少了劳动力市场摩擦。对企业来说，通过互联网进行招聘能够大大增加员工人选、降低招聘成本、提升岗位与员工的适配度，起到积极效果。与此同时，线上劳动力市场的参与者不仅是企业和劳动者，其他利益相关方也能够非常容易地知晓企业的招聘行为和录用情况。这在一定程度上能够增加外部投资者、媒体等相关人士对公司的了解，但也可能会给企业带来一定风险。比如，企业的招聘广告若涉嫌就业歧视等，就很容易被公众指出，导致公司形象受损。那么，互联网技术带来的线上劳动力市场如何改变公司决策和资本市场对公司价值的判断呢？这也是劳动与金融领域可以进一步探究的问题。

第三，以远程办公为代表的数字技术改变了员工的工作形式。互联网技术打破了固定工作场所的限制，通过互联网实现远程办公已经是很多公司的选择。但是，目前关于远程办公对公司和个人的影响颇具争议。一部分学者认为，远程办公能有效缓解员工的通勤压力，提高员工的工作效率，同时通过增加员工在作息方式、工作地点的自由度，使员工的工作环境质量提升，更好地平衡工作与生活（Angelici and Profeta，2020），增加工作满意度和工作忠诚度（Kelliher and Anderson，2010），提升劳动力生产率（Boltz et al.，2020），降低员工离职率（Bloom et al.，2015）。但另一部分学者也提出了远程办公的一些负面效果：一是远程办公虽然增加了员工的自由度，但也减少员工与员工之间、员工与领导之间的沟通互动频率，导致员工的归属感不足、努力程度下降；二是办公地理位置的不同还会降低领导对员工的认识程度，进而降低员工晋升概率（Bloom et al.，2015），使员工满意度下降、流失率增加；三是远程办公可能会产生工作溢出效应，导致员工工作和生活的边界被不断模糊（Kelly et al.，2011）、工作时间变相延长（Goldin，2014）、疲劳感增加，进而引起激励机制失效，员工愿意利用灵活性享受生活的可能性增加；四是远程办公存在监管难问题，员工效率难以保证，家庭琐事可能影响员工的正常工作，使其难以顺利完成工作任务，这无形中增加了员工的工作压力，导致家庭关系紧张、员工幸福感降低（Mas and Pallais，2020）。那么，远程办公究竟如何影响公司的生产力和业绩呢？是否会进一步影响公司的投融资决策？资本市场对公司远程办公的工作方式如何反映呢？这不仅是数字经济背景下劳动与金融领域的重要研究问题，也是在远程办公越来越成为主流的情况下，需要进行深入研究的问题。

第四，互联网平台企业的崛起也催生了零工经济（gig economy），使原有的"企业—员工"雇佣合同制度逐渐向"平台—个人"的交易模式转变。在"平台—个人"的交易模式下，劳动者不需与平台签署雇佣合同，属于零工工人范畴（Abraham et al.，2017），这使得劳动者的就业形式更加灵活。目前，零工经济也被越来越多的平台和劳动者接受，灵活就业已经是重要的就业形式之一。零工经济这一新形式的出现也带来了很多值得探究的问题。从公司角度来看，零工经济的兴起使公司能够更加灵活地调整员工人数、劳动力调整成本更低，这会降低公司的经营杠杆和风险；从劳动者角度来看，零工经济的兴起增加了其就业机会和自由度，这些效应使零工经济会给企业和劳动者带来积极影响。但雇佣合同的缺失使现行的劳动保护制度难以覆盖从事零工经济的劳动者，这使劳动者的权利难以保障，也可能使公司与劳动者之间更容易产生纠纷，从而产生一定负面效应。零工经济的兴起和灵活用工形式具体会给公司带来怎样的影响？这也是数字经济背景下劳动与金融领域研究可以更加深入探讨的问题。

第五，以社交网络、自媒体为代表的数字技术拓宽了员工个体的发声渠道。在传统媒体占据主导地位时，外界对于公司信息的了解大多来自公司报告、分析师对于公司的研究报告、公司高管的讲话等，这些信息的来源往往集中于公司内部的少数高层，如董事长、CEO、CFO（首席财务官）等，而占据公司绝大多数的普通员工掌握的信息往往被忽视。数字经济背景下，社交网络、自媒体的崛起使每个人都能够在互联网上分享自己的见闻和知识，公司员工也是如此。目前，一些以职场为主题的社交网站，如 Glassdoor 等，都有供公司员工留言评价公司的功能，部分员工也会在公司内部论坛或其他平台上发表一些与公司相关的信息。目前，员工通过社交网络、自媒体爆料公司信息的案例层出不穷，如 2021 年 2 月中国人寿嫩江支公司员工通过自媒体举报公司造假事件①，社交网络的存在也导致社会对这些信息更多地关注和讨论，这一方面给投资者带来了更多的信息获取渠道，另一方面也给公司带来了更大的舆情压力。现有研究也发现，员工在社交平台上的留言有很高的信息含量（Green et al.，2019；Huang et al.，2020；Sheng，2022），并且员工在社交网络上爆料企业负面信息能够起到显著的约束规范公司管理者的作用（Dube and Zhu，2021）。相比公司的官方信息，员工提供的信息有两点特殊优势：一是时效性很高，普通员工处在公司一线，可以第一时间获得信息，且通过互联网发声速度很快，而通过正规渠道获得的公告、报告等都需要较长的信息处理时间；二是更容易获得负面信息，由于负面信息会导致公司形象和公司价值受损，从而影响到高管的薪酬和职业前景，因此高管有强烈动机去掩盖公司负面信息，而普通员工没有强烈的掩盖负面信息的动机，且员工可能揭发高管自身的不良行为，故相比公司高管，从员工获取信息更容易了解到负面

---

① 详情见：https://news.cctv.com/2021/02/24/ARTIxSYrjvVPIJij0upaw3za210224.shtml。

信息。但是，员工通过互联网发布的信息也有两点劣势：一是信息真伪难辨，在互联网上发布信息无须严格审核流程，发布主体的身份大多也无须进行证实，因此互联网上传播的公司信息为假消息的概率较大；二是信息较为片面，员工只能了解与其相关的信息，无法从公司整体角度全面了解信息，存在一定的片面性。那么，在这些优势和劣势同时存在的情况下，员工的社交网络、自媒体起到怎样的治理作用？这对公司决策及其资本市场表现有何影响？资本市场对员工爆料公司信息是如何反映的？公司应当如何应对员工通过互联网施加的舆论压力？这都是未来劳动与金融领域值得研究的问题。

10.1.2 数字经济背景下资本市场的改变及其影响

首先，数字技术改变了资本市场的信息披露形式。目前，公司通过网络与投资者进行交流已经非常常见，在 IPO 阶段公司就可以通过线上路演的方式进行融资，在上市后公司可以网上集体接待日的形式开展业绩说明会，并通过上证 e 互动等官方网络平台回答投资者问题等。这些新的信息披露形式大大提高了公司与投资者或者其他利益相关者的互动频率，能够帮助公司与投资者建立良好关系。这一方面降低了资本市场的信息不对称程度，从而降低公司的融资成本；另一方面也使上市公司更好地从投资者处获取信息，可以改善公司决策。[①] 这些积极影响都有助于公司治理的改善和公司价值的提升。从员工视角来看，更好的公司治理和更高的企业价值无疑也有助于员工获得更好的待遇和职业发展前景，故理论上，数字技术带来的资本市场信息披露形式的改变也会影响劳动相关因素。那么，该影响是否存在？具体有哪些影响？这也是目前数字经济背景下可以深入探讨的劳动与金融问题。

其次，数字技术拓宽了资本市场参与者的信息来源渠道、提升了信息处理效率。大数据技术的发展使"另类数据"成为投资者、监管者等利益相关方的重要信息来源。不同于交易所披露、公司公告披露的传统数据，另类数据是由非传统信息组成或是通过非传统方式获取的数据，包含上文提到的社交网络数据以及遥感卫星数据、电商数据等。这些数据有助于投资者、监管者等利益相关方对公司

---

① 现有理论指出，公司也会从资本市场获取信息来辅助其进行投资决策，从而提升公司投资效率。

活动进行判断,如证监会在查办獐子岛案时借助了北斗卫星导航系统。① 因此,在大数据技术的加持下,投资者、监管者等公司外部利益相关方能够更好地监督公司、评估公司价值。除了另类数据带来的信息来源新渠道,人工智能、云计算等技术能够对大量信息进行快速处理和准确预测,这大大提升了市场参与者的信息处理效率。比如,对于投资者来说,使用人工智能模型能够帮助其更好地判断公司价值、作出投资决策;对于监管者来说,使用人工智能模型能够帮助其更加高效地监管上市公司。更多的信息来源和更高效的信息处理大大降低了资本市场的信息不对称程度,增加了公司的违规成本、改善了公司治理,也能够帮助资本市场更好地进行资源配置、提升资本市场效率。从员工视角来看,与上文类似,公司治理的改善也会影响员工的待遇和职业发展前景;从劳动力市场视角来看,资本配置效率的提升也势必带来劳动力资源的重新配置。因此,在数字经济背景下,信息来源的增加和信息处理效率的提升如何影响员工个体与劳动力市场呢?这也是劳动与金融领域可以深入探讨的话题。

10.2　ESG 理念下的劳动与金融研究

ESG 理念是一种关注环境、社会、公司治理绩效的价值理念和投资策略。ESG 理念起源于社会责任投资,最早期的社会责任投资是投资者表达社会价值导向的重要方式,如机构投资者明确拒绝投资酒精、烟草、军火等相关项目,重点关注和投资劳工权益、环境保护企业等。

2004 年,联合国首次提出 ESG 这一概念,联合国秘书长 Kofi Atta Annan 发起倡议,倡导将 ESG 理念融入资本市场分析决策过程。2006 年,联合国成立负责任投资原则组织(Principles for Responsible Investment,PRI),旨在鼓励签署负责任投资原则的金融机构、企业将 ESG 纳入其投资决策过程。此后,ESG 理念发展迅速,各国政府、金融机构、大型企业都纷纷接受 ESG 理念,相应地,ESG 的信息披露制度也由可选项转变为强制性披露制度。近年来,受全球气候变化、环境恶化的影响,社会各界对 ESG 理念的重视程度达到空前的高度,截至 2021

---

① 详情见:https://www.sohu.com/a/404523172_100151842。

年，已有 3 404 家机构投资者签署了负责任投资原则①，ESG 投资已经是资本市场的重要参与者。对于企业而言，践行 ESG 理念不再仅是企业社会责任的体现，也是获得资金支持、对冲风险、展现长期合作意向、减少公司负面事件影响的重要方式（McCarthy et al., 2017）。

对于员工而言，ESG 与员工自身利益紧密相关。一方面，员工相关因素是 ESG 中社会（social）的重要组成部分；另一方面，目前大量的案例显示，员工对公司的 ESG 表现也非常关心，甚至会通过抗议等方式主动推动公司提升 ESG 表现。接下来，我们从这两方面展开，探讨 ESG 理念下劳动与金融领域的未来研究方向。

10.2.1 员工作为社会因素的重要组成部分

在传统的、以利润最大化为目标的投资理念下，劳动相关因素只能通过影响劳动力成本、劳动生产率、信息不对称程度等方面间接影响公司股价和投资者决策。而 ESG 理念的目标是实现相关方利益最大化，员工又是公司最重要的利益相关者之一，是社会因素的重要组成部分，因此，ESG 投资的兴起能够使劳动相关因素与公司股价和投资者决策产生直接联系，从而对资本市场和公司劳动政策产生影响。

ESG 投资理念下劳动相关因素如何影响投资者决策和资本市场存在一定争议。一方面，由于员工是社会因素的重要组成部分，理论上，ESG 投资的兴起会导致投资者更多地投资于员工评价更好的公司。目前，所有 ESG 指标体系都会包含员工评价因素。这些员工评价因素主要包括：工会建设情况、员工健康安全情况、员工薪酬、员工数量、员工关系、员工权力（员工持股和员工代表制度）、职业发展、工作场所、员工薪酬差距、员工举报保护、员工性别和种族多样性、灵活用工、罢工、员工流失率相关情况，解雇制度、公司利润分享制度、退休制度、劳动管理制度等方面。当公司给予员工更好的待遇、更舒适的工作环境、更平等的工作机会和薪酬制度、更大的话语权时，ESG 指标中的社会得分会更高。而投资者会根据 ESG 指标来选择股票，社会因素得分更高自然也会吸引 ESG 投

---

① 数据来源：*Principles for Responsible Investment Annual Report 2021*. 链接：https://dwtyzx6upklss.cloudfront.net/Uploads/s/u/b/pri_annualreport_2021_15698.pdf。

资机构的关注和投资。然而，另一方面，ESG 投资并非不看重投资者利益，ESG 中的公司治理就反映了该理念对投资者利益的重视，当公司给予员工过高的福利待遇时，投资者利益也会受损，公司治理得分更低，这可能使投资者减少对员工福利待遇。

进一步地，ESG 投资对于资本市场的影响也会改变公司的劳动相关政策。如果 ESG 理念下的投资者确实更倾向于投资员工评价更好的公司，那么，ESG 投资也会倒逼公司提高员工待遇、注重员工权益；而如果 ESG 理念下的投资者并没有更加倾向于投资员工评价更好的公司，而是更加倾向于保障投资者利益的公司，那么，ESG 投资反而会倒逼公司降低员工待遇。

此外，不同的 ESG 评级机构对于员工评价因素和投资者保护相关因素的给分差异很大，Berg 等(2022)研究了 6 个常用的 ESG 评级发现，社会得分的平均相关系数只有 0.42，公司治理得分的平均相关系数只有 0.30；不同 ESG 披露标准对于员工评价因素和公司治理因素的披露要求也不一致，如全球报告倡议组织(Global Reporting Initiative，GRI)的标准考虑了育儿假这一因素，而可持续发展会计准则委员会(Sustainability Accounting Standards Board，SASB)的标准没有考虑。这些差异可能会导致使用不同 ESG 评级体系、参考不同 ESG 披露标准的投资者对于员工评价因素的看法有所差异，导致投资者对员工评价因素的反映有所差异。从公司角度来看，为了迎合 ESG 评级体系或 ESG 披露标准，公司可能会制定更加有利于该评级体系或者披露标准的劳动力政策。

因此，ESG 投资者究竟如何看待公司的劳动政策？公司如何在 ESG 理念的指导下制定劳动政策和公司治理政策来平衡员工利益和投资者利益？ESG 评级体系、ESG 披露标准是否会影响投资者对公司劳动政策反应以及公司劳动政策？这都是在 ESG 理念下劳动与金融领域非常值得探讨的问题。

10.2.2　员工作为推动公司 ESG 表现的重要动力

员工个人不仅是公司的一员，也是整个社会的一员。目前，个人的社会意识大大增强，社交媒体等互联网新媒体也给予了普通员工更多的表达自身想法和诉求的机会，这使得当公司利益侵犯到公众利益时，员工会更倾向于积极行动，捍卫社会利益。比如，2019 年 4 月，亚马逊员工签署公开信要求公司针对气候变化采取措施①；同年 9 月，沃尔玛员工联名请愿，呼吁公司停止出售枪械、停止支持美国全国步枪协会。② 近年来，此类行为越来越频发，一些学者注意到该现象，并将其称为"员工积极主义"（employee activism）。Miles 等（2021）认为，员工积极主义是员工推进 ESG 发展的重要机制，员工积极主义迫使管理层作出回应，这会推动公司更多地关切社会、政治和环境问题，更加关注社会和公众的利益。因此，员工积极主义也会对公司的 ESG 实践产生积极影响。

进一步地，员工积极主义行为也会影响资本市场。一方面，员工采取激进的方式来表达自身诉求的行为是公司内部员工与管理层产生重大冲突的一种体现，投资者可能将其视为一个负面信号，从而导致公司股价下跌；另一方面，员工积极主义也会暴露公司不道德、甚至不合法的行为，这会大大降低公司声誉，导致投资者抛售股票、公司股价下跌。但是，如果公司管理者采取了恰当的措施来面对员工积极主义行为，提高公司的 ESG 表现，那么从长远来看，这可能对公司价值有积极影响。

目前，随着 ESG 理念的深入人心、员工话语权的上升，员工积极主义行为也在不断增加（Reitz and Higgins，2022）。然而，目前尚未有人深入研究员工积极主义如何影响公司政策和资本市场。员工积极主义是否能够干预公司决策，真正起到推动公司践行 ESG 理念的作用？投资者是否关注员工积极主义行为？它又如何影响公司的股票价格表现？这些问题也是未来的劳动与金融领域研究中可以进一步探究的问题。

10.3 未来研究展望总结

劳动与资本市场、公司金融的关系取决于技术以及投资理念。在传统的工业经济生产模式下，企业根据生产函数（技术）、以利益最大化（投资理念）为目标，选择劳动力的投入和资本投入，从而产生了劳动与金融问题。现阶段，数字技术带来了更加先进的技术，ESG 的提出带来了更加先进的投资理念。劳动与资本市

---

① WIESE K. Employees push Amazon to do more on climate[N]. The New York Times，2019-04-11.
② BOSE N，FARES M. Walmart faces pressure to stop gun sales after U.S. mass shooting[R]. Retuers，2019.

场、公司金融的关系也随着新技术和新理念的诞生发生了变化，产生了新的劳动与金融问题，即：数字技术给员工、企业、生产关系、投资方式等方面带来的变革，ESG 投资理念给资本市场、投资者、员工、企业带来的变化，以及这些改变带来的经济后果。这些问题都是非常值得深入研究和探讨的。

在未来的研究中，结合数字技术和 ESG 投资理念进行劳动与金融研究是时代的必然要求，能够帮助我们深入了解新时代下的劳动与资本市场的关系，有助于制定更加符合时代发展的劳动制度和政策，更好地完善资本市场，有重大的理论和实践意义。

参 考 文 献

ABE N, SHIMIZUTANI S, 2007. Employment policy and corporate governance—an empirical comparison of the stakeholder and the profit-maximization model[J]. Journal of comparative economics, 35(2): 346-368.

ABEBE G, CARIA A S, ORTIZ-OSPINA E, 2021. The selection of talent: experimental and structural evidence from ethiopia[J]. American economic review, 111(6): 1757-1806.

ABOWD J M, 1989. The effect of wage bargains on the stock market value of the firm[J]. American economic review, 79(4): 774-800.

ABRAHAM K G, TAYLOR S K, 1996. Firms' use of outside contractors: theory and evidence[J]. Journal of labor economics, 14(3): 394-424.

ABRAHAM K, HALTIWANGER J, SANDUSKY K, et al., 2017. Measuring the gig economy: current knowledge and open issues[M]//CORRADO C, et al. Measuring and accounting for innovation in the twenty-first century. Chicago, IL: University of Chicago Press: 257-298.

ACEMOGLU D, RESTREPO P, 2018. Artificial intelligence, automation, and work[M]//AGRAWAL A, GANS J, GOLDFARB A. The economics of artificial intelligence: an agenda. Chicago: University of Chicago Press: 197-236.

ACEMOGLU D, RESTREPO P, 2020. Robots and jobs: evidence from US labor markets[J]. Journal of political economy, 128(6): 2188-2244.

ACEMOGLU D, HE A, LE MAIRE D, 2022. Eclipse of rent-sharing: the effects of managers' business education on wages and the labor share in the US and Denmark[R]. National Bureau of Economic Research.

ACHARYA V V, BAGHAI R P, SUBRAMANIAN K V, 2013. Labor laws and innovation[J]. The journal of law and economics, 56(4): 997-1037.

ACHARYA V V, BAGHAI R P, SUBRAMANIAN K V, 2014. Wrongful discharge laws and innovation[J]. The review of financial studies, 27(1): 301-346.

ACHARYA V V, EISERT T, EUFINGER C, et al., 2018. Real effects of the sovereign debt crisis in Europe: evidence from syndicated loans[J]. The Review of financial studies, 31(8): 2855-2896.

ACS Z J, AUDRETSCH D B, 1988. Innovation in large and small firms: an empirical analysis[J]. American economic review, 78(4): 678-690.

ADAMS R B, FERREIRA D, 2009. Women in the boardroom and their impact on governance and performance[J]. Journal of financial economics, 94(2): 291-309.

AGHION P, ANTONIN C, BUNEL S, et al., 2020. What are the labor and product market effects of automation? new evidence from France[Z].

AGRAWAL A K, MATSA D A, 2013. Labor unemployment risk and corporate financing decisions[J]. Journal of financial economics, 108(2): 449-470.

AGRAWAL A, TAMBE P, 2016. Private equity and workers' career paths: the role of technological change[J]. The review of financial studies, 29(9): 2455-2489.

AGRAWAL A, HACAMO I, HU Z, 2021. Information dispersion across employees and stock returns [J]. The review of financial studies, 34(10): 4785-4831.

AI W, CHEN Y, MEI Q, et al., 2019. Putting teams into the gig economy: a field experiment at a ride-sharing platform[Z].

AKERLOF G A, 1982. Labor contracts as partial gift exchange [J]. The quarterly journal of economics, 97(4): 543-569.

AKERLOF G A, YELLEN J L, 1990. The fair wage-effort hypothesis and unemployment[J]. The quarterly journal of economics, 105(2): 255-283.

ALBUQUERQUE R, KOSKINEN Y, ZHANG C, 2019. Corporate social responsibility and firm risk: theory and empirical evidence[J]. Management science, 65(10): 4451-4469.

ALDATMAZ S, OUIMET P, VAN WESEP E D, 2018. The option to quit: the effect of employee stock options on turnover[J]. Journal of financial economics, 127(1): 136-151.

ALEKSEEVA L, AZAR J, GINE M, et al., 2021. The demand for AI skills in the labor market[J]. Labour economics, 71: 102002.

ALGAN Y, BENKLER Y, MORELL M F, et al., 2013. Cooperation in a peer production economy experimental evidence from Wikipedia[C]//NBER Summer Institute. SI 2013 Economics of IT and Digtization Workshop. Available at SSRN 2843518.

ALI A, LI N, ZHANG W, 2019. Restrictions on managers' outside employment opportunities and asymmetric disclosure of bad versus good news[J]. The accounting review, 94(5): 1-25.

ALIMOV A, 2015. Labor market regulations and cross-border mergers and acquisitions[J]. Journal of international business studies, 46(8): 984-1009.

ALIMOV A, 2015. Labor protection laws and bank loan contracting[J]. The journal of law and economics, 58(1): 37-74.

ALMEIDA P, KOGUT B, 1999. Localization of knowledge and the mobility of engineers in regional networks[J]. Management science, 45(7): 905-917.

ANDERSON S P, GOEREE J K, HOLT C A, 1998. A theoretical analysis of altruism and decision error in public goods games[J]. Journal of public economics, 70(2): 297-323.

ANDREONI J, BERNHEIM B D, 2009. Social image and the 50-50 norm: a theoretical and experimental analysis of audience effects[J]. Econometrica, 77(5): 1607-1636.

ANGELICI M, PROFETA P, 2020. Smart-working: work flexibility without constraints[R].

ANTONI M, MAUG E, OBERNBERGER S, 2019. Private equity and human capital risk[J]. Journal of financial economics, 133(3): 634-657.

AOBDIA D, 2018. Employee mobility, noncompete agreements, product-market competition, and company disclosure[J]. Review of accounting studies, 23(1): 296-346.

AOBDIA D, CHENG L, 2018. Unionization, product market competition, and strategic disclosure [J]. Journal of accounting and economics, 65(2-3): 331-357.

参考文献

AOKI M, 1982. Equilibrium growth of the hierarchical firm: shareholder-employee cooperative game approach[J]. American economic review, 72(5): 1097-1110.

AOKI M, 2013. A model of the firm as a stockholder-employee cooperative game [J]. American economic review, 70(4): 600-610.

ARULAMPALAM W, DEVEREUX M P, MAFFINI G, 2012. The direct incidence of corporate income tax on wages[J]. European economic review, 56(6): 1038-1054.

ATANASSOV J, KIM E H, 2009. Labor and corporate governance: international evidence from restructuring decisions[J]. Journal of finance, 64(1): 341-374.

AUTOR D H, KERR W R, KUGLER A D, 2007. Does employment protection reduce productivity? Evidence from US states[J]. The economic journal, 117(521): F189-F217.

AUTOR D H, LEVY F, MURNANE R J, 2003. The skill content of recent technological change: an empirical exploration[J]. The quarterly journal of economics, 118(4): 1279-1333.

BABENKO I, LEMMON M, TSERLUKEVICH Y, 2011. Employee stock options and investment[J]. The journal of finance, 66(3): 981-1009.

BABINA T, 2020. Destructive creation at work: how financial distress spurs entrepreneurship[J]. The review of financial studies, 33(9): 4061-4101.

BABINA T, HOWELL S T, 2019. Innovation investment and labor mobility: employee entrepreneurship from corporate R&D[R].

BABINA T, FEDYK A, HE A X, et al., 2022. Firm investments in artificial intelligence technologies and changes in workforce composition [M]//BASU S, ELDRIDGE L, HALTIWANGER J. Technology, productivity, and economic growth. Chicago: University of Chicago Press.

BABINA T, OUIMET P, ZARUTSKIE R, 2020. IPOs, human capital, and labor reallocation: SSRN 2692845[R].

BAE K H, KANG J K, WANG J, 2011. Employee treatment and firm leverage: a test of the stakeholder theory of capital structure[J]. Journal of financial economics, 100(1): 130-153.

BAGHAI R P, SILVA R C, THELL V, et al., 2021. Talent in distressed firms: investigating the labor costs of financial distress[J]. The journal of finance, 76(6): 2907-2961.

BAGHAI R, SILVA R, YE L, 2019. Teams and bankruptcy[R]. Swedish House of Finance Research Paper: 17-19.

BAI J J, ELDEMIRE-POINDEXTER A, SERFLING M, 2021. Growing pains: the effect of labor mobility on corporate investment over the business cycle[R].

BAI J, FAIRHURST D, SERFLING M, 2020. Employment protection, investment, and firm growth [J]. The review of financial studies, 33(2): 644-688.

BAI J, MASSA M, WAN C, et al., 2022. Local labor market concentration and capital structure decisions [R]. INSEAD Working Paper No. 2022/40/FIN, Northeastern U. D'Amore-McKim School of Business Research Paper No. 4123584.

BALI T G, BAE J W, SHARIFKHANI A, et al., 2021. Labor market networks and asset returns: SSRN 3951333[R].

BANDIERA O, BARANKAY I, RASUL I, 2007. Incentives for managers and inequality among workers: evidence from a firm-level experiment[J]. The quarterly journal of economics, 122 (2): 729-773.

BANKER R D, BYZALOV D, CHEN L T, 2013. Employment protection legislation, adjustment costs and cross-country differences in cost behavior[J]. Journal of accounting and economics, 55 (1): 111-127.

BARNETT S A, SAKELLARIS P, 1999. A new look at firm market value, investment, and adjustment costs[J]. Review of economics and statistics, 81(2): 250-260.

BARTELSMAN E J, et al., 2016. Employment protection, technology choice, and worker allocation [J]. International economic review, 57(3): 787-826.

BARTH E, DAVIS J C, FREEMAN R B, et al., 2022. Twisting the demand curve: digitalization and the older workforce[Z].

BASSANINI A, BREDA T, CAROLI E, et al., 2013. Working in family firms: paid less but more secure? Evidence from French matched employer-employee data[J]. ILR review, 66(2): 433-466.

BATES T W, DU F, WANG J J, 2020. Workplace automation and corporate financial policy: SSRN 3556935[R].

BAUER R, DERWALL J, HANN D, 2009. Employee relations and credit risk: SSRN 1483112[R].

BEATTY A, 1995. The cash flow and informational effects of employee stock ownership plans[J]. Journal of financial economics, 38(2): 211-240.

BEAUMONT P, HEBERT C, LYONNET V, 2021. Build or buy? Human capital and corporate diversification[R]. Fisher College of Business Working Paper, (2019-03), 018.

BECK T, LEVINE R, LOAYZA N, 2000. Finance and the sources of growth[J]. Journal of financial economics, 58(1-2): 261-300.

BECKER G S, MURPHY K M, 1992. The division of labor, coordination costs, and knowledge[J]. The quarterly journal of economics, 107(4): 1137-1160.

BECKMANN M, CORNELISSEN T, KRÄKEL M, 2017. Self-managed working time and employee effort: theory and evidence[J]. Journal of economic behavior & organization, 133: 285-302.

BELL B, MACHIN S, 2018. Minimum wages and firm value[J]. Journal of labor economics, 36(1): 159-195.

BELO F, GALA V D, SALOMAO J, et al., 2022. Decomposing firm value[J]. Journal of financial economics, 143(2): 619-639.

BELO F, LI J, LIN X, et al., 2017. Labor-force heterogeneity and asset prices: the importance of skilled labor[J]. The review of financial studies, 30(10): 3669-3709.

BELO F, LIN X, BAZDRESCH S, 2014. Labor hiring, investment, and stock return predictability in the cross section[J]. Journal of political economy, 122(1): 129-177.

BELOT M, et al., 2007. Welfare-improving employment protection[J]. Economica, 74(295): 381-396.

BELOT M, KIRCHER P, MULLER P, 2018. How wage announcements affect job search-a field experiment[J]. American economic journal: macroeconomics, 14(4): 1-67.

BEN-NER A, JONES D C, 1995. Employee participation, ownership, and productivity: a theoretical framework[J]. Industrial relations: a journal of economy and society, 34(4): 532-554.

BENA J, ORTIZ-MOLINA H, SIMINTZI E, 2021. Shielding firm value: employment protection and process innovation[J]. Journal of financial economics, 146(2): 637-664.

BENDER S, BLOOM N, CARD D, et al., 2018. Management practices, workforce selection, and productivity[J]. Journal of labor economics, 36(S1): S371-S409.

BENMELECH E, ZATOR M, 2022. Robots and firm investment: No. w29676[R]. National Bureau of Economic Research.

BENMELECH E, BERGMAN N K, ENRIQUEZ R J, 2012. Negotiating with labor under financial distress[J]. The review of corporate finance studies, 1(1): 28-67.

BENMELECH E, BERGMAN N K, KIM H, 2022. Strong employers and weak employees how does employer concentration affect wages?[J]. Journal of human resources, 57(S): S200-S250.

BENMELECH E, BERGMAN N K, SERU A, 2021. Financing labor[J]. Review of finance, 25(5): 1365-1393.

BENMELECH E, FRYDMAN C, PAPANIKOLAOU D, 2019. Financial frictions and employment during the great depression[J]. Journal of financial economics, 133(3): 541-563.

BEN-NASR H, 2019. Do unemployment benefits affect the choice of debt source?[J]. Journal of corporate finance, 56: 88-107.

BEN-NASR H, ALSHWER A A, 2016. Does stock price informativeness affect labor investment efficiency?[J]. Journal of corporate finance, 38: 249-271.

BEN-NASR H, GHOUMA H, 2018. Employee welfare and stock price crash risk[J]. Journal of corporate finance, 48: 700-725.

BENNETT B, STULZ R, WANG Z, 2020. Does the stock market make firms more productive?[J]. Journal of financial economics, 136(2): 281-306.

BERG F, KÖLBEL J F, RIGOBON R, 2022. Aggregate confusion: the divergence of ESG ratings[J]. Review of finance, 26(6): 1315-1344.

BERGOLO M, CRUCES G, 2014. Work and tax evasion incentive effects of social insurance programs: evidence from an employment-based benefit extension[J]. Journal of public economics, 117: 211-228.

BERK J B, STANTON R, ZECHNER J, 2010. Human capital, bankruptcy, and capital structure[J]. Journal of finance, 65(3): 891-926.

BERNSTEIN S, 2015. Does going public affect innovation?[J]. The journal of finance, 70(4): 1365-1403.

BERNSTEIN S, SHEEN A, 2016. The operational consequences of private equity buyouts: evidence from the restaurant industry[J]. The review of financial studies, 29(9): 2387-2418.

BERTRAND M, MULLAINATHAN S, 2001. Are CEOs rewarded for luck? The ones without principals are[J]. The quarterly journal of economics, 116(3): 901-932.

BERTRAND M, MULLAINATHAN S, 2003. Enjoying the quiet life? Corporate governance and managerial preferences[J]. Journal of political economy, 111: 1043-1075.

BESLEY T, BURGESS R, 2004. Can labor regulation hinder economic performance? Evidence from

India[J]. The quarterly journal of economics, 119(1): 91-134.

BICK A, BLANDIN A, MERTENS K, 2021. Work from home before and after the Covid-19 outbreak: SSRN 3786142[R].

BIRD R C, KNOPF J D, 2009. Do wrongful-discharge laws impair firm performance?[J]. The journal of law and economics, 52(2): 197-222.

BIZJAK J M, KALPATHY S L, MIHOV V T, et al., 2021. CEO political leanings and store-level economic activity during COVID-19 crisis: effects on shareholder value and public health[J]. The journal of finance, 77(5): 2949-2986.

BLACK S E, LYNCH L M, 2001. How to compete: the impact of workplace practices and information technology on productivity[J]. Review of economics and statistics, 83(3): 434-445.

BLAU F D, CURRIE J M, CROSON R T, et al., 2010. Can mentoring help female assistant professors? Interim results from a randomized trial[J]. American economic review, 100(2): 348-352.

BLOOM N, EIFERT B, MAHAJAN A, et al., 2013. Does management matter? Evidence from India[J]. The quarterly journal of economics, 128(1): 1-51.

BLOOM N, LIANG J, ROBERTS J, et al., 2015. Does working from home work? Evidence from a Chinese experiment[J]. The quarterly journal of economics, 130(1): 165-218.

BLOOM N, SADUN R, VAN REENEN J, 2012. Americans do IT better: US multinationals and the productivity miracle[J]. American economic review, 102(1): 167-201.

BODMER F, 2002. The effect of reforms on employment flexibility in Chinese SOEs, 1980-94[J]. Economics of transition, 10(3): 637-658.

BOLTZ M, COCKX B, DIAZ A M, et al., 2020. How does working-time flexibility affect workers' productivity in a routine job? Evidence from a field experiment[J]. British journal of industrial relations, 61(1): 159-187.

BORISOV A, ELLUL A, SEVILIR M, 2021. Access to public capital markets and employment growth[J]. Journal of financial economics, 141(3): 896-918.

BOUCLY Q, SRAER D, THESMAR D, 2011. Growth LBOs[J]. Journal of financial economics, 102(2): 432-453.

BOUSTANIFAR H, 2014. Finance and employment: evidence from US banking reforms[J]. Journal of banking & finance, 46: 343-354.

BOVA F, 2013. Labor unions and management's incentive to signal a negative outlook[J]. Contemporary accounting research, 30(1): 14-41.

BOVA F, YANG L, 2017. Employee bargaining power, inter-firm competition, and equity-based compensation[J]. Journal of financial economics, 126(2): 342-363.

BOVA F, DOU Y, HOPE O K, 2015. Employee ownership and firm disclosure[J]. Contemporary accounting research, 32(2): 639-673.

BOVA F, KOLEV K, THOMAS J K, et al., 2015. Non-executive employee ownership and corporate risk[J]. The accounting review, 90(1): 115-145.

BOWEN R M, CALL A C, RAJGOPAL S, 2010. Whistle-blowing: target firm characteristics and economic consequences[J]. The accounting review, 85(4): 1239-1271.

BRADLEY D, KIM I, TIAN X, 2017. Do unions affect innovation?[J]. Management science, 63(7): 2251-2271.

BRAV A, JIANG W, KIM H, 2015. Recent advances in research on hedge fund activism: value creation and identification[J]. Annual review of financial economics, 7: 579-595.

BRAV A, JIANG W, KIM H, 2015. The real effects of hedge fund activism: productivity, asset allocation, and labor outcomes[J]. The review of financial studies, 28(10): 2723-2769.

BRESNAHAN T F, BRYNJOLFSSON E, HITT L M, 2002. Information technology, workplace organization, and the demand for skilled labor: firm-level evidence[J]. The quarterly journal of economics, 117(1): 339-376.

BRONARS S G, DEERE D R, 1991. The threat of unionization, the use of debt, and the preservation of shareholder wealth[J]. The quarterly journal of economics, 106(1): 231-254.

BROWN J, MATSA D A, 2016. Boarding a sinking ship? An investigation of job applications to distressed firms[J]. The journal of finance, 71(2): 507-550.

BUSTELO M, DIAZ A M, LAFORTUNE J, et al., 2020. What is the price of freedom? Estimating women's willingness to pay for job schedule flexibility[R].

CAGGESE A, CUNAT V, METZGER D, 2019. Firing the wrong workers: financing constraints and labor misallocation[J]. Journal of financial economics, 133(3): 589-607.

CAGGESE A, CUÑAT V, 2008. Financing constraints and fixed-term employment contracts[J]. The economic journal, 118(533): 2013-2046.

CALL A C, KEDIA S, RAJGOPAL S, 2016. Rank and file employees and the discovery of misreporting: the role of stock options[J]. Journal of accounting and economics, 62(2-3): 277-300.

CALL A C, MARTIN G S, SHARP N Y, et al., 2018. Whistleblowers and outcomes of financial misrepresentation enforcement actions[J]. Journal of accounting research, 56(1): 123-171.

CALL A C, et al., 2017. Employee quality and financial reporting outcomes[J]. Journal of accounting and economics, 64(1): 123-149.

CAMPELLO M, et al., 2010. The real effects of financial constraints: evidence from a financial crisis[J]. Journal of financial economics, 97(3): 470-487.

CAMPELLO M, GAO J, QIU J, et al., 2018. Bankruptcy and the cost of organized labor: evidence from union elections[J]. The review of financial studies, 31(3): 980-1013.

CARTER M E, LYNCH L J, 2004. The effect of stock option repricing on employee turnover[J]. Journal of accounting and economics, 37(1): 91-112.

CASKEY J, OZEL N B, 2017. Earnings expectations and employee safety[J]. Journal of accounting and economics, 63(1): 121-141.

CHANG S, 1990. Employee stock ownership plans and shareholder wealth: an empirical investigation[J]. Financial management, 19(1): 48-58.

CHANG X, FU K, LOW A, et al., 2015. Non-executive employee stock options and corporate innovation[J]. Journal of financial economics, 115(1): 168-188.

CHAPLINSKY S, NIEHAUS G, 1994. The role of ESOPs in takeover contests[J]. The journal of finance, 49(4): 1451-1470.

CHAPLINSKY S, NIEHAUS G, VAN DE GUCHT L, 1998. Employee buyouts: causes, structure, and consequences[J]. Journal of financial economics, 48(3): 283-332.

CHAVA S, et al., 2015. Labor constraint and the impact on firm investment: evidence from right-to-work laws[EB/OL]. (2015-09-30). https://ssrn.com/abstract=2666776.

CHE Y, ZHANG L, 2017. Human capital, technology adoption and firm performance: impacts of China's higher education expansion in the late 1990s[J]. The economic journal, 128(614): 2282-2320.

CHEMMANUR T J, CHENG Y, ZHANG T, 2013. Human capital, capital structure, and employee pay: an empirical analysis[J]. Journal of financial economics, 110(2): 478-502.

CHEN D, GAO H, MA Y, 2021. Human capital-driven acquisition: evidence from the inevitable disclosure doctrine[J]. Management science, 67(8): 4643-4664.

CHEN H J, et al., 2012. Do non-financial stakeholders affect the pricing of risky debt? Evidence from unionized workers[J]. Review of finance, 16(2): 347-383.

CHEN H J, KACPERCZYK M, ORTIZ-MOLINA H, 2011. Labor unions, operating flexibility, and the cost of equity[J]. Journal of financial and quantitative analysis, 46(1): 25-58.

CHEN J, LEUNG W S, EVANS K P, 2016. Are employee-friendly workplaces conducive to innovation? [J]. Journal of corporate finance, 40: 61-79.

CHEN R, CHEN Y, 2011. The potential of social identity for equilibrium selection[J]. American economic review, 101(6): 2562-2589.

CHEN Y, FARZAN R, KRAUT R, et al., 2019. Motivating contributions to public information goods: a personalized field experiment on Wikipedia[R].

CHEN Y, HARPER F M, KONSTAN J, et al., 2010. Social comparisons and contributions to online communities: a field experiment on movieLens[J]. American economic review, 100(4): 1358-1398.

CHENG L, 2017. Organized labor and debt contracting: firm-level evidence from collective bargaining [J]. The accounting review, 92(3): 57-85.

CHINO A, 2016. Do labor unions affect firm payout policy? Operating leverage and rent extraction effects[J]. Journal of corporate finance, 41: 156-178.

CHODOROW-REICH G, 2014. The employment effects of credit market disruptions: firm-level evidence from the 2008-9 financial crisis[J]. The quarterly journal of economics, 129(1): 1-59.

CHOUDHARY P, RAJGOPAL S, VENKATACHALAM M, 2009. Accelerated vesting of employee stock options in anticipation of FAS 123-R[J]. Journal of accounting research, 47(1): 105-146.

CHRISTENSEN H B, FLOYD E, LIU L Y, et al., 2017. The real effects of mandated information on social responsibility in financial reports: evidence from mine-safety records[J]. Journal of accounting and economics, 64(2-3): 284-304.

CHUNG R, LEE B B H, LEE W J, et al., 2016. Do managers withhold good news from labor unions? [J]. Management science, 62(1): 46-68.

CHYZ J A, LEUNG W S C, LI O Z, et al., 2013. Labor unions and tax aggressiveness[J]. Journal of financial economics, 108(3): 675-698.

CINGANO F, LEONARDI M, MESSINA J, et al., 2010. The effects of employment protection legislation and financial market imperfections on investment: evidence from a firm-level panel of EU countries[J]. Economic policy, 25(61): 117-163.

COFF R W, 2002. Human capital, shared expertise, and the likelihood of impasse in corporate acquisitions[J]. Journal of management, 28(1): 107-128.

COHN J B, WARDLAW M I, 2016. Financing constraints and workplace safety[J]. The journal of finance, 71(5): 2017-2058.

COHN J, NESTORIAK N, WARDLAW M, 2021. Private equity buyouts and workplace safety[J]. The review of financial studies, 34(10): 4832-4875.

CONNOLLY R A, HIRSCH B T, HIRSCHEY M, 1986. Union rent seeking, intangible capital, and market value of the firm[J]. Review of economics and statistics, 68(4): 567-577.

CONTI R, 2014. Do non-competition agreements lead firms to pursue risky R&D projects? [J]. Strategic management journal, 35(8): 1230-1248.

CORE J E, GUAY W R, 2001. Stock option plans for non-executive employees[J]. Journal of financial economics, 61(2): 253-287.

CRONQVIST H, HEYMAN F, NILSSON M, et al., 2009. Do entrenched managers pay their workers more? [J]. The journal of finance, 64(1): 309-339.

CUI C, JOHN K, PANG J, et al., 2018. Employment protection and corporate cash holdings: evidence from China's labor contract law[J]. Journal of banking & finance, 92: 182-194.

DASGUPTA S, SENGUPTA K, 1993. Sunk investment, bargaining and choice of capital structure [J]. International economic review, 34(1): 203-220.

DAVIS S J, HALTIWANGER J, HANDLEY K, et al., 2014. Private equity, jobs, and productivity [J]. American economic review, 104(12): 3956-3990.

DAVIS S J, HALTIWANGER J, HANDLEY K, et al., 2021. The economic effects of private equity buyouts: SSRN 3465723[R].

DEANGELO H, DEANGELO L, 1991. Union negotiations and corporate policy: a study of labor concessions in the domestic steel industry during the 1980s[J]. Journal of financial economics, 30(1): 3-43.

DEHAAN E, LI N, ZHOU F, 2022. Financial reporting and employee job search[R]. Jacobs Levy Equity Management Center for Quantitative Financial Research Paper, Rotman School of Management Working Paper, 3868281.

DENNY K, NICKELL S J, 1992. Unions and investment in British industry[J]. The economic journal, 102(413): 874-887.

DESSAINT O, GOLUBOV A, VOLPIN P, 2017. Employment protection and takeovers[J]. Journal of financial economics, 125(2): 369-388.

DEVEREUX M P, GRIFFITH R, 1998. Taxes and the location of production: evidence from a panel of US multinationals[J]. Journal of public economics, 68(3): 335-367.

DEVOS E, RAHMAN S, 2018. Labor unemployment insurance and firm cash holdings[J]. Journal of corporate finance, 49: 15-31.

DEWENTER K L, MALATESTA P H, 2001. State-owned and privately owned firms: an empirical analysis of profitability, leverage, and labor intensity[J]. American economic review, 91(1): 320-334.

DEY A, WHITE J T, 2021. Labor mobility and antitakeover provisions[J]. Journal of accounting and economics, 71(2-3): 101388.

DEY A, HEESE J, PREZ-CAVAZOS G, 2021. Cash-for-information whistleblower programs: effects on whistleblowing and consequences for whistleblowers[J]. Journal of accounting research, 59(5): 1689-1740.

DI GIULI A, KOSTOVETSKY L, 2014. Are red or blue companies more likely to go green? Politics and corporate social responsibility[J]. Journal of financial economics, 111(1): 158-180.

DIERYNCK B, LANDSMAN W R, RENDERS A, 2012. Do managerial incentives drive cost behavior? Evidence about the role of the zero earnings benchmark for labor cost behavior in private Belgian firms[J]. The accounting review, 87(4): 1219-1246.

DINGEL J I, NEIMAN B, 2020. How many jobs can be done at home?[J]. Journal of public economics, 189: 104235.

DOMS M, LEWIS E, ROBB A, 2010. Local labor force education, new business characteristics, and firm performance[J]. Journal of urban economics, 67(1): 61-77.

DONANGELO A, 2014. Labor mobility: implications for asset pricing[J]. The journal of finance, 69(3): 1321-1346.

DONANGELO A, GOURIO F, KEHRIG M, et al., 2019. The cross-section of labor leverage and equity returns[J]. Journal of financial economics, 132(2): 497-518.

DONG X Y, PUTTERMAN L, 2003. Soft budget constraints, social burdens, and labor redundancy in China's state industry[J]. Journal of comparative economics, 31(1): 110-133.

DRACA M, MACHIN S, VAN REENEN J, 2011. Minimum wages and firm profitability[J]. American economic journal: applied economics, 3(1): 129-151.

DRAGO R, GARVEY G T, 1998. Incentives for helping on the job: theory and evidence[J]. Journal of labor economics, 16(1): 1-25.

DUBE A, GIULIANO L, LEONARD J, 2019. Fairness and frictions: the impact of unequal raises on quit behavior[J]. American economic review, 109(2): 620-663.

DUBE S, ZHU C, 2021. The disciplinary effect of social media: evidence from firms' responses to glassdoor reviews[J]. Journal of accounting research, 59(5): 1783-1825.

DYCK A, MORSE A, ZINGALES L, 2010. Who blows the whistle on corporate fraud?[J]. The journal of finance, 65(6): 2213-2253.

EDMANS A, 2011. Does the stock market fully value intangibles? Employee satisfaction and equity prices[J]. Journal of financial economics, 101(3): 621-640.

EILING E, 2013. Industry-specific human capital, idiosyncratic risk, and the cross-section of expected stock returns[J]. The journal of finance, 68(1): 43-84.

EISFELDT A L, PAPANIKOLAOU D, 2013. Organization capital and the cross-section of expected returns[J]. The journal of finance, 68(4): 1365-1406.

EL GHOUL S, GUEDHAMI O, KWOK C C, et al., 2011. Does corporate social responsibility affect the cost of capital?[J]. Journal of banking & finance, 35(9): 2388-2406.

ELLUL A, PAGANO M, 2019. Corporate leverage and employees' rights in bankruptcy[J]. Journal of financial economics, 133(3): 685-707.

ELLUL A, PAGANO M, SCHIVARDI F, 2018. Employment and wage insurance within firms: worldwide evidence[J]. The review of financial studies, 31(4): 1298-1340.

ERIKSSON T, KRISTENSEN N, 2014. Wages or fringes? Some evidence on trade-offs and sorting[J]. Journal of labor economics, 32(4): 899-928.

ERKENS D H, 2011. Do firms use time-vested stock-based pay to keep research and development investments secret? [J]. Journal of accounting research, 49(4): 861-894.

ERTUGRUL M, 2013. Employee-friendly acquirers and acquisition performance [J]. Journal of financial research, 36(3): 347-370.

FACCIO M, HSU H C, 2017. Politically connected private equity and employment[J]. The journal of finance, 72(2): 539-574.

FAIRLIE R, ROBB A, 2008. Race, families and business success: African-American, Asian, and white-owned businesses[M]. Cambridge: MIT Press.

FALATO A, LIANG N, 2016. Do creditor rights increase employment risk? Evidence from loan covenants[J]. The journal of finance, 71(6): 2545-2590.

FALATO A, KADYRZHANOVA D, SIM J, et al., 2020. Rising intangible capital, shrinking debt capacity, and the US corporate savings glut[J]. The journal of finance, 77(5): 2799-2852.

FALATO A, KIM H, VON WACHTER T, 2021. Shareholder power and the decline of labor[R].

FALEYE O, MEHROTRA V, MORCK R, 2006. When labor has a voice in corporate governance[J]. Journal of financial and quantitative analysis, 41(3): 489-510.

FALEYE O, REIS E, VENKATESWARAN A, 2013. The determinants and effects of CEO-employee pay ratios[J]. Journal of banking & finance, 37(8): 3258-3272.

FALK A, FISCHBACHER U, 2006. A theory of reciprocity[J]. Games and economic behavior, 54(2): 293-315.

FALLICK B, FLEISCHMAN C, REBITZER A J B, 2006. Job-hopping in silicon valley: some evidence concerning the micro-foundations of a high technology cluster[J]. Review of economics & statistics, 88(3): 472-481.

FALLICK B C, HASSETT K A, 1999. Investment and union certification [J]. Journal of labor economics, 17(3): 570-582.

FAN H, LIN F, TANG L, 2018. Minimum wage and outward FDI from China [J]. Journal of development economics, 135: 1-19.

FANG H, NOFSINGER J R, QUAN J, 2015. The effects of employee stock option plans on operating performance in Chinese firms[J]. Journal of banking & finance, 54: 141-159.

FATEMI A, FOOLADI I, TEHRANIAN H, 2015. Valuation effects of corporate social responsibility [J]. Journal of banking & finance, 59: 182-192.

FAUVER L, FUERST M E, 2006. Does good corporate governance include employee representation? Evidence from German corporate boards[J]. Journal of financial economics, 82(3): 673-710.

FAVILUKIS J, LIN X, 2016. Wage rigidity: a quantitative solution to several asset pricing puzzles [J]. The review of financial studies, 29(1): 148-192.

FAVILUKIS J, LIN X, ZHAO X, 2020. The elephant in the room: the impact of labor obligations on credit markets[J]. American economic review, 110(6): 1673-1712.

FEDYK A, HODSON J, 2020. Trading on talent: human capital and firm performance: SSRN 3017559[R].

FLAMHOLTZ E G, COFF R, 1994. Human resource valuation and amortization in corporate acquisitions: a case study[J]. Advances in management accounting, 3: 55-83.

FLAMMER C, KACPERCZYK A, 2019. Corporate social responsibility as a defense against knowledge spillovers: evidence from the inevitable disclosure doctrine[J]. Strategic management journal, 40(8): 1243-1267.

FLORY J A, LEIBBRANDT A, LIST J A, 2015. Do competitive workplaces deter female workers? A large-scale natural field experiment on job entry decisions[J]. The review of economic studies, 82(1): 122-155.

FLORY J A, LEIBBRANDT A, ROTT C, et al., 2021. Increasing workplace diversity evidence from a recruiting experiment at a Fortune 500 company[J]. Journal of human resources, 56(1): 73-92.

FLUG K, HERCOWITZ Z, 2000. Equipment investment and the relative demand for skilled labor: international evidence[J]. Review of economic dynamics, 3(3): 461-485.

FRAZIS H, GITTLEMAN M, JOYCE M, 2000. Correlates of training: an analysis using both employer and employee characteristics[J]. ILR review, 53(3): 443-462.

FUEST C, PEICHL A, SIEGLOCH S, 2018. Do higher corporate taxes reduce wages? Micro evidence from Germany[J]. American economic review, 108(2): 393-418.

FULGHIERI P, SEVILIR M, 2011. Mergers, spinoffs, and employee incentives[J]. The review of financial studies, 24(7): 2207-2241.

GAMBARDELLA A, RAASCH C, VON HIPPEL E, 2017. The user innovation paradigm: impacts on markets and welfare[J]. Management science, 63(5): 1450-1468.

GAN L, HERNANDEZ M A, MA S, 2016. The higher costs of doing business in China: minimum wages and firms' export behavior[J]. Journal of international economics, 100: 81-94.

GANCO M, ZIEDONIS R H, AGARWAL R, 2015. More stars stay, but the brightest ones still leave: job hopping in the shadow of patent enforcement[J]. Strategic management journal, 36(5): 659-685.

GAO H, ZHANG H, ZHANG J, 2018. Employee turnover likelihood and earnings management: evidence from the inevitable disclosure doctrine[J]. Review of accounting studies, 23(4): 1424-1470.

GAO L, ZHANG J H, 2015. Firms' earnings smoothing, corporate social responsibility, and valuation[J]. Journal of corporate finance, 32: 108-127.

GARCIA-GOMEZ P, MAUG E G, OBERNBERGER S, 2020. Private equity buyouts and employee health[R]. European Corporate Governance Institute-Finance Working Paper, 680.

GARMAISE M J, 2011. Ties that truly bind: noncompetition agreements, executive compensation, and firm investment[J]. Journal of law economics & organization, 27(2): 376-425.

GARMAISE M J, 2008. Production in entrepreneurial firms: the effects of financial constraints on labor and capital[J]. The review of financial studies, 21(2): 543-577.

GARVEY G T, SWAN P L, 1994. The economics of corporate governance: beyond the Marshallian firm[J]. Journal of corporate finance, 1(2): 139-174.

GEE L K, 2019. The more you know: information effects on job application rates in a large field experiment[J]. Management science, 65(5): 2077-2094.

GEHRKE B, MAUG E G, OBERNBERGER S, et al., 2021. Post-merger restructuring of the labor force[R]. European Corporate Governance Institute-Finance Working Paper, 753.

GHALY M, DANG V A, STATHOPOULOS K, 2017. Cash holdings and labor heterogeneity: the role of skilled labor[J]. The review of financial studies, 30(10): 3636-3668.

GHALY M, DANG V A, STATHOPOULOS K, 2015. Cash holdings and employee welfare[J]. Journal of corporate finance, 33: 53-70.

GIBBONS R, KATZ L F, 1991. Layoffs and lemons[J]. Journal of labor economics, 9(4): 351-380.

GIBBONS R, MURPHY K J, 1992. Optimal incentive contracts in the presence of career concerns: theory and evidence[J]. Journal of political economy, 100(3): 468-505.

GILJE E P, WITTRY M D, 2021. Is public equity deadly? Evidence from workplace safety and productivity tradeoffs in the coal industry: No. w28798[R]. National Bureau of Economic Research.

GIROUD X, MUELLER H M, 2017. Firm leverage, consumer demand, and employment losses during the great recession[J]. The quarterly journal of economics, 132(1): 271-316.

GOLDEN L, 2015. Irregular work scheduling and its consequences[R]. Economic Policy Institute Briefing Paper, 394.

GOLDIN C, 2014. A grand gender convergence: its last chapter[J]. American economic review, 104(4): 1091-1119.

GOLDIN C, KATZ L F, 1998. The origins of technology-skill complementarity[J]. The quarterly journal of economics, 113(3): 693-732.

GOMEZ R, TZIOUMIS K, 2006. What do unions do to executive compensation?: No. CEPDP0720 [R]. Centre for Economic Performance, London School of Economics and Political Science.

GORDON L A, POUND J, 1990. ESOPs and corporate control[J]. Journal of financial economics, 27(2): 525-555.

GORNALL W, GREDIL O, HOWELL S T, et al., 2021. Do employees cheer for private equity? The heterogeneous effects of buyouts on job quality[R].

GORTMAKER J, JEFFERS J, LEE M, 2021. Labor reactions to credit deterioration: evidence from LinkedIn activity: SSRN 3456285[R].

GORTON G, SCHMID F A, 2004. Capital, labor, and the firm: a study of German codetermination [J]. Journal of the European Economic Association, 2(5): 863-905.

GRAETZ G, MICHAELS G, 2018. Robots at work[J]. Review of economics and statistics, 100(5): 753-768.

GRAHAM J R, KIM H, LI S, et al., 2019. Employee costs of corporate bankruptcy: No. w25922 [R]. National Bureau of Economic Research.

GRAHAM J R, LANG M H, SHACKELFORD D A, 2004. Employee stock options, corporate taxes, and debt policy[J]. The journal of finance, 59(4): 1585-1618.
GREEN T C, HUANG R, WEN Q, et al., 2019. Crowdsourced employer reviews and stock returns [J]. Journal of financial economics, 134(1): 236-251.
GRIFFITH R, MACARTNEY G, 2014. Employment protection legislation, multinational firms, and innovation[J]. Review of economics and statistics, 96(1): 135-150.
GRUBER J, 1997. The consumption smoothing benefits of unemployment insurance[J]. American economic review, 87(1): 192.
GUERNSEY S, JOHN K, LITOV L P, 2020. Actively keeping secrets from creditors: evidence from the uniform trade secrets act[J]. Journal of financial and quantitative analysis, 57(7): 1-84.
GUISO L, PISTAFERRI L, SCHIVARDI F, 2005. Insurance within the firm[J]. Journal of political economy, 113(5): 1054-1087.
GUO J, HUANG P, ZHANG Y, et al., 2016. The effect of employee treatment policies on internal control weaknesses and financial restatements[J]. The accounting review, 91(4): 1167-1194.
GUTIÉRREZ E, LOURIE B, NEKRASOV A, et al., 2020. Are online job postings informative to investors? [J]. Management science, 66(7): 3133-3141.
HALES J, MOON JR J R, SWENSON L A, 2018. A new era of voluntary disclosure? Empirical evidence on how employee postings on social media relate to future corporate disclosures[J]. Accounting, organizations and society, 68: 88-108.
HALL R, 1993. A framework linking intangible resources and capabilities to sustainable competitive advantage[J]. Strategic management journal, 14(8): 607-618.
HALL R E, 2017. High discounts and high unemployment[J]. American economic review, 107(2): 305-330.
HALONEN-AKATWIJUKA M, HART O, 2020. Continuing contracts [J]. The journal of law, economics, and organization, 36(2): 284-313.
HAMERMESH D S, 1996. Labor demand[M]. Princeton, NJ: Princeton University Press.
HAMERMESH D S, PFANN G A, 1996. Adjustment costs in factor demand[J]. Journal of economic literature, 34(3): 1264-1292.
HAMM S J, JUNG B, LEE W J, 2018. Labor unions and income smoothing[J]. Contemporary accounting research, 35(3): 1201-1228.
HAMM S J, JUNG B, LEE W J, et al., 2022. Organized labor and inventory stockpiling[J]. The accounting review, 97(2): 241-266.
HANKA G, 1998. Debt and the terms of employment[J]. Journal of financial economics, 48(3): 245-282.
HANNAN R L, 2005. The combined effect of wages and firm profit on employee effort[J]. The accounting review, 80(1): 167-188.
HARDEN J W, HOYT W H, 2003. Do states choose their mix of taxes to minimize employment losses? [J]. National tax journal, 56(1): 7-26.
HART O, MOORE J, 1994. A theory of debt based on the inalienability of human capital[J]. The quarterly journal of economics, 109(4): 841-879.

HAU H, HUANG Y, WANG G, 2020. Firm response to competitive shocks: evidence from China's minimum wage policy[J]. The review of economic studies, 87(6): 2639-2671.

HE A X, LE MAIRE D, 2020. Mergers and managers: manager-specific wage premiums and rent extraction in M&As: SSRN 3481262[R].

HEESE J, PÉREZ-CAVAZOS G, 2019. Fraud allegations and government contracting[J]. Journal of accounting research, 57(3): 675-719.

HEESE J, PÉREZ-CAVAZOS G, 2020. When the boss comes to town: the effects of headquarters' visits on facility-level misconduct[J]. The accounting review, 95(6): 235-261.

HEESE J, PÉREZ-CAVAZOS G, 2021. The effect of retaliation costs on employee whistleblowing[J]. Journal of accounting and economics, 71(2-3): 101385.

HEESE J, KRISHNAN R, RAMASUBRAMANIAN H, 2021. The Department of Justice as a gatekeeper in whistleblower-initiated corporate fraud enforcement: drivers and consequences[J]. Journal of accounting and economics, 71(1): 101357.

HICKS J R, 1932. The theory of wages[M]. London: Macmillan.

HILARY G, 2006. Organized labor and information asymmetry in the financial markets[J]. Review of accounting studies, 11(4): 525-548.

HOCHBERG Y V, LINDSEY L, 2010. Incentives, targeting, and firm performance: an analysis of non-executive stock options[J]. The review of financial studies, 23(11): 4148-4186.

HOEPNER A G, OIKONOMOU I, SAUTNER Z, et al., 2018. ESG shareholder engagement and downside risk[R].

HONG H, KOSTOVETSKY L, 2012. Red and blue investing: values and finance[J]. Journal of financial economics, 103(1): 1-19.

HOTCHKISS E S, 1995. Postbankruptcy performance and management turnover[J]. The journal of finance, 50(1): 3-21.

HSU J W, MATSA D A, MELZER B T, 2018. Unemployment insurance as a housing market stabilizer[J]. American economic review, 108(5): 49-81.

HUANG K, LI M, MARKOV S, 2019. What do employees know? Evidence from a social media platform[J]. The accounting review, 95(2): 199-226.

HUANG Q, JIANG F, LIE E, et al., 2017. The effect of labor unions on CEO compensation[J]. Journal of financial and quantitative analysis, 52(2): 553-582.

HUDDART S, LANG M, 2003. Information distribution within firms: evidence from stock option exercises[J]. Journal of accounting and economics, 34(1-3): 3-31.

ILHAN E, SAUTNER Z, VILKOV G, 2021. Carbon tail risk[J]. The review of financial studies, 34(3): 1540-1571.

İMROHOROĞLU A, TÜZEL S, 2014. Firm-level productivity, risk, and return[J]. Management science, 60(8): 2073-2090.

ISRAELSEN R D, YONKER S E, 2017. Key human capital[J]. Journal of financial and quantitative analysis, 52(1): 175-214.

JEFFERS J, LEE M J, 2019. Corporate culture as an implicit contract[R/OL]. Unpublished working paper. http://dx.doi.org/10.2139/ssrn.3426060.

JEFFERS J, 2019. The impact of restricting labor mobility on corporate investment and entrepreneurship: SSRN 3040393[R].

JENSEN M C, 1986. Agency costs of the free cash flow[J]. American economic review, 76(2): 323-329.

JENSEN M C, MECKLING W H, 1976. Theory of the firm: managerial behavior, agency costs and ownership structure[J]. Journal of financial economics, 3(4): 305-360.

JERBASHIAN V, VILALTA-BUFI M, 2020. The impact of ICT on working from home: evidence from EU countries[R].

JIANG W, TANG Y, XIAO R J, et al., 2021. Surviving the FinTech disruption: No. w28668[R]. National Bureau of Economic Research.

JIAO Y, 2010. Stakeholder welfare and firm value[J]. Journal of banking & finance, 34(10): 2549-2561.

JIRAPORN P, JIRAPORN N, BOEPRASERT A, et al., 2014. Does corporate social responsibility (CSR) improve credit ratings? Evidence from geographic identification [J]. Financial management, 43(3): 505-531.

JOHN K, KNYAZEVA A, KNYAZEVA D, 2015. Employee rights and acquisitions[J]. Journal of financial economics, 118(1): 49-69.

JONES D C, KATO T, 1995. The productivity effects of employee stock-ownership plans and bonuses: evidence from Japanese panel data[J]. American economic review, 85(3): 391-414.

JUNG B, LEE W J, WEBER D P, 2014. Financial reporting quality and labor investment efficiency [J]. Contemporary accounting research, 31(4): 1047-1076.

KALE J R, RYAN JR H E, WANG L, 2019. Outside employment opportunities, employee productivity, and debt discipline[J]. Journal of corporate finance, 59: 142-161.

KAPLAN S, 1989. The effects of management buyouts on operating performance and value[J]. Journal of financial economics, 24(2): 217-254.

KARPUZ A, KIM K, OZKAN N, 2020. Employment protection laws and corporate cash holdings[J]. Journal of banking & finance, 111: 105705.

KATZ L F, KRUEGER A B, 2019. The rise and nature of alternative work arrangements in the United States, 1995-2015[J]. ILR review, 72(2): 382-416.

KEDIA S, PHILIPPON T, 2009. The economics of Fraudulent accounting[J]. The review of financial studies, 22(6): 2169-2199.

KELLIHER C, ANDERSON D, 2010. Doing more with less? Flexible working practices and the intensification of work[J]. Human relations, 63(1): 83-106.

KELLY E L, MOEN P, TRANBY E, 2011. Changing workplaces to reduce work-family conflict: schedule control in a white-collar organization [J]. American sociological review, 76(2): 265-290.

KESAVAN S, STAATS B R, GILLAND W, 2014. Volume flexibility in services: the costs and benefits of flexible labor resources[J]. Management science, 60(8): 1884-1906.

KHEDMATI M, SUALIHU M A, YAWSON A, 2020. CEO-director ties and labor investment efficiency[J]. Journal of corporate finance, 65: 101492.

KIM E H, OUIMET P, 2014. Broad-based employee stock ownership: motives and outcomes[J]. The journal of finance, 69(3): 1273-1319.

KIM E H, LI B Y, LU Y, et al., 2019. How seasoned equity offerings affect firms: evidence on technology, employment, and performance, employment, and performance[R].

KIM H, 2020. How does labor market size affect firm capital structure? Evidence from large plant openings[J]. Journal of financial economics, 138: 277-294.

KIM J B, ZHANG E X, ZHONG K, 2021. Does unionization affect the manager-shareholder conflict? Evidence from firm-specific stock price crash risk[J]. Journal of corporate finance, 69: 101991.

KIM Y, LI H, LI S, 2014. Corporate social responsibility and stock price crash risk[J]. Journal of banking & finance, 43: 1-13.

KLASA S, MAXWELL W F, ORTIZ-MOLINA H, 2009. The strategic use of corporate cash holdings in collective bargaining with labor unions[J]. Journal of financial economics, 92(3): 421-442.

KLASA S, ORTIZ-MOLINA H, SERFLING M, et al., 2018. Protection of trade secrets and capital structure decisions[J]. Journal of financial economics, 128(2): 266-286.

KLEINER M M, BOUILLON M L, 1988. Providing business information to production workers: correlates of compensation and profitability[J]. ILR review, 41(4): 605-617.

KLEINKNECHT A, 1998. Is labour market flexibility harmful to innovation? [J]. Cambridge journal of economics, 22(3): 387-396.

KOCH M, MANUYLOV I, SMOLKA M, 2021. Robots and firms[J]. The economic journal, 131 (638): 2553-2584.

KRISHNAN K, NANDY D K, PURI M, 2015. Does financing spur small business productivity? Evidence from a natural experiment[J]. The review of financial studies, 28(6): 1768-1809.

KRÜGER P, 2015. Corporate goodness and shareholder wealth[J]. Journal of financial economics, 115(2): 304-329.

KUEHN L A, SIMUTIN M, WANG J J, 2017. A labor capital asset pricing model[J]. The journal of finance, 72(5): 2131-2178.

LABINI P S, 1999. The employment issue: investment, flexibility and the competition of developing countries[J]. Banca nazionale del lavoro quarterly review, 52(210): 257-280.

LAGARAS S, 2017. Corporate takeovers and labor restructuring: SSRN 3222950[R].

LAGARAS S, 2019. M&as, employee costs and labor reallocation: SSRN 3560620[R].

LANDIER A, et al., 2009. Trade-offs in staying close: corporate decision making and geographic dispersion[J]. The review of financial studies, 22(3): 1119-1148.

LARRAIN M, STUMPNER S, 2017. Capital account liberalization and aggregate productivity: the role of firm capital allocation[J]. The journal of finance, 72(4): 1825-1858.

LAZEAR E P, ROSEN S, 1981. Rank-order tournaments as optimum labor contracts[J]. Journal of political economy, 89(5): 841-864.

LEE D S, MAS A, 2012. Long-run impacts of unions on firms: new evidence from financial markets, 1961—1999[J]. The quarterly journal of economics, 127(1): 333-378.

LEIBENSTEIN H, 1982. The prisoners' dilemma in the invisible hand: an analysis of intrafirm productivity[J]. American economic review, 72(2): 92-97.

LEL U, MILLER D, 2019. The labor market for directors and externalities in corporate governance: evidence from the international labor market[J]. Journal of accounting and economics, 68(1): 101222.

LETTERIE W, PFANN G, POLDER J M, 2004. Factor adjustment spikes and interrelation: an empirical investigation[J]. Economics letters, 85: 145-150.

LEVIT D, MALENKO N, 2016. The labor market for directors and externalities in corporate governance[J]. The journal of finance, 71(2): 775-808.

LI M, LU Y, PHILLIPS G M, 2019. CEOs and the product market: when are powerful CEOs beneficial? [J]. Journal of financial & quantitative analysis, 54(6): 2295-2326.

LI Q, LOURIE B, NEKRASOV A, et al., 2021. Employee turnover and firm performance: large-sample archival evidence[J]. Management science, 68(8): 5667-5683.

LI X, 2013. Productivity, restructuring, and the gains from takeovers[J]. Journal of financial economics, 109(1): 250-271.

LICHTENBERG F R, SIEGEL D, 1990. The effects of leveraged buyouts on productivity and related aspects of firm behavior[J]. Journal of financial economics, 27(1): 165-194.

LIN C, SCHMID T, XUAN Y, 2018. Employee representation and financial leverage[J]. Journal of financial economics, 127(2): 303-324.

LIU T, MAKRIDIS C, OUIMET P, et al., 2021. The distribution of non-wage benefits: maternity benefits and gender diversity: SSRN 3088067[R].

LIU Y, 2021. Labor-based asset pricing[R]. Working Paper, Yale University.

LOMMERUD K E, STRAUME O R, 2012. Employment protection versus flexicurity: on technology adoption in unionised firms[J]. The Scandinavian journal of economics, 114(1): 177-199.

MA Q, WHIDBEE D A, ZHANG W, 2019. Acquirer reference prices and acquisition performance[J]. Journal of financial economics, 132(1): 175-199.

MA W, OUIMET P, SIMINTZI E, 2016. Mergers and acquisitions, technological change and inequality[R]. European Corporate Governance Institute (ECGI)-Finance Working Paper, 485.

MACLEOD W B, MALCOMSON J M, 1993. Investments, holdup, and the form of market contracts[J]. American economic review, 83(4): 811-837.

MAHLSTEDT R, WEBER R, 2020. Risk sharing within and outside the firm: the disparate effects of wrongful discharge laws on expected stock returns[R].

MAKSIMOVIC V, TITMAN S, 1991. Financial policy and reputation for product quality[J]. The review of financial studies, 4(1): 175-200.

MALCOMSON J M, 1997. Contracts, hold-up, and labor markets[J]. Journal of economic literature, 35(4): 1916-1957.

MAO C X, WEATHERS J, 2019. Employee treatment and firm innovation[J]. Journal of business finance & accounting, 46(7-8): 977-1002.

MARX M, STRUMSKY D, FLEMING L, 2009. Mobility, skills, and the Michigan noncompete experiment[J]. Management science, 55(6): 875-889.

MARX M, 2011. The firm strikes back: non-compete agreements and the mobility of technical professionals[J]. American sociological review, 76(5): 695-712.

MAS A, PALLAIS A, 2020. Alternative work arrangements[R].

MASULIS R W, WANG C, XIE F, 2020. Employee-manager alliances and shareholder returns from acquisitions[J]. Journal of financial and quantitative analysis, 55(2): 473-516.

MATSA D A, 2010. Capital structure as a strategic variable: evidence from collective bargaining[J]. Journal of finance, 65(3): 1197–1232.

MAYNERIS F, PONCET S, ZHANG T, 2018. Improving or disappearing: firm-level adjustments to minimum wages in China[J]. Journal of development economics, 135: 20-42.

MCCARTHY S, OLIVER B, SONG S, 2017. Corporate social responsibility and CEO confidence[J]. Journal of banking & finance, 75: 280-291.

MERZ M, YASHIV E, 2007. Labor and the market value of the firm[J]. American economic review, 97(4): 1419-1431.

MESSINA J, VALLANTI G, 2007. Job flow dynamics and firing restrictions: evidence from Europe [J]. The economic journal, 117(521): F279-F301.

METCALF D, 2002. Unions and productivity, financial performance and investment: international evidence[Z]. LSE Research Online Documents on Economics.

MICHAELS R, PAGE T B, WHITED T M, 2019. Labor and capital dynamics under financing frictions[J]. Review of finance, 23(2): 279-323.

MICHELACCI C, QUADRINI V, 2005. Borrowing from employees: wage dynamics with financial constraints[J]. Journal of the European Economic Association, 3(2-3): 360-369.

MIDRIGAN V, XU D Y, 2014. Finance and misallocation: evidence from plant-level data [J]. American economic review, 104(2): 422-458.

MILES S, LARCKER D F, TAYAN B, 2021. Protests from within: engaging with employee activists [R].

MUELLER H M, OUIMET P P, SIMINTZI E, 2017. Within-firm pay inequality[J]. The review of financial studies, 30(10): 3605-3635.

MYERS B W, SARETTO A, 2016. Does capital structure affect the behavior of nonfinancial stakeholders? An empirical investigation into leverage and union strikes[J]. Management science, 62(11): 3235-3253.

MYERS S C, 1977. Determinants of corporate borrowing[J]. Journal of financial economics, 5(2): 147-175.

MYERS S C, MAJLUF N S, 1984. Corporate financing and investment decisions when firms have information that investors do not have[J]. Journal of financial economics, 13(2): 187-221.

NA K, 2020. CEOs' outside opportunities and relative performance evaluation: evidence from a natural experiment[J]. Journal of financial economics, 137(3): 679-700.

NICKELL S, NICOLITSAS D, 1999. How does financial pressure affect firms? [J]. European economic review, 43(8): 1435-1456.

NIEDERLE M, SEGAL C, VESTERLUND L, 2013. How costly is diversity? Affirmative action in light of gender differences in competitiveness[J]. Management science, 59(1): 1-16.

OCHOA M, 2013. Volatility, labor heterogeneity and asset prices [J]. Finance and economics discussion series, 71: 1-48.

ODGERS C W, BETTS J R, 1997. Do unions reduce investment? evidence from Canada[J]. ILR review, 51(1): 18-36.

OECD, 2004. OECD principles of corporate governance[M]. Paris: OECD Publishing: 11-14.

OFEK E, 1993. Capital structure and firm response to poor performance: an empirical analysis[J]. Journal of financial economics, 34(1): 3-30.

OHRN E, 2019. The effect of tax incentives on US manufacturing: evidence from state accelerated depreciation policies[J]. Journal of public economics, 180: 104084.

OLSSON M, TÅG J, 2017. Private equity, layoffs, and job polarization[J]. Journal of labor economics, 35(3): 697-754.

OLSSON M, TÅG J, 2021. What is the cost of privatization for workers?[R]. IFN Working Paper No. 1201.

OUIMET P, ZARUTSKIE R, 2020. Acquiring labor[J]. Quarterly journal of finance, 10(3): 2050011.

OYER P, SCHAEFER S, 2005. Why do some firms give stock options to all employees?: an empirical examination of alternative theories[J]. Journal of financial economics, 76(1): 99-133.

PAGANO M, VOLPIN P F, 2005. Managers, workers, and corporate control[J]. The journal of finance, 60(2): 841-868.

PAN Y, PIKULINA E S, SIEGEL S, et al., 2022. Do equity markets care about income inequality? Evidence from pay ratio disclosure[J]. The journal of finance, 77(2): 1371-1411.

PARK S, SONG M H, 1995. Employee stock ownership plans, firm performance, and monitoring by outside blockholders[J]. Financial management, 24(4): 52-65.

PEROTTI E C, SPIER K E, 1993. Capital structure as a bargaining tool: the role of leverage in contract renegotiation[J]. American economic review, 83(5): 131-1141.

PERRY T, SHIVDASANI A, 2005. Do boards affect performance? Evidence from corporate restructuring[J]. The journal of business, 78(4): 1403-1432.

PFEFFER J, 1994. Competitive advantage through people: unleashing the power of the work force[M]. Brighton, MA: Harvard Business Review Press.

PINDYCK R S, 1990. Irreversibility, uncertainty, and investment[R].

PINNUCK M, LILLIS A M, 2007. Profits versus losses: does reporting an accounting loss act as a heuristic trigger to exercise the abandonment option and divest employees?[J]. The accounting review, 82(4): 1031-1053.

PNG I P, 2017. Law and innovation: evidence from state trade secrets laws[J]. Review of economics and statistics, 99(1): 167-179.

PONTIFF J, SHLEIFER A, WEISBACH M S, 1990. Reversions of excess pension assets after takeovers[J]. The RAND journal of economics, 21(4): 600-613.

PÖSCHL J, FOSTER N, 2016. Productivity effects of knowledge transfers through labour mobility[J]. Journal of productivity analysis, 46(2-3): 169-184.

PRAGER E, SCHMITT M, 2021. Employer consolidation and wages: evidence from hospitals[J]. American economic review, 111(2): 397-427.

PRAHALAD C K, HAMEL G, 1990. The core competence of the corporation[M]//HAHN D, TAYLOR B. Strategische unternehmungsplanung. Berlin: Springer.

QIU B, WANG T, 2018. Does knowledge protection benefit shareholders? Evidence from stock market reaction and firm investment in knowledge assets[J]. Journal of financial and quantitative analysis, 53(3): 1341-1370.

QIU Y, SHEN T, 2017. Organized labor and loan pricing: a regression discontinuity design analysis[J]. Journal of corporate finance, 43: 407-428.

QIU Y, WANG T Y, 2021. Skilled labor risk and corporate policies[J]. Review of corporate finance studies, 10: 437-472.

RAO H, DRAZIN R, 2002. Overcoming resource constraints on product innovation by recruiting talent from rivals: a study of the mutual fund industry, 1986—1994[J]. Academy of management journal, 45(3): 491-507.

RAUH J D, 2006. Own company stock in defined contribution pension plans: a takeover defense?[J]. Journal of financial economics, 81(2): 379-410.

REITZ M, HIGGINS J, 2022. Leading in an age of employee activism[R]. MIT Sloan Management Review.

ROMER P M, 1987. Crazy explanations for the productivity slowdown[M]//FISCHER S. NBER macroeconomics annual 1987: volume 2. Cambridge: The MIT Press: 163-202.

RONG Z, WU B, 2020. Scientific personnel reallocation and firm innovation: evidence from China's college expansion[J]. Journal of comparative economics, 48(3): 709-728.

ROSETT J G, 2001. Equity risk and the labor stock: the case of union contracts[J]. Journal of accounting research, 39(2): 337-364.

ROUEN E, 2020. Rethinking measurement of pay disparity and its relation to firm performance[J]. The accounting review, 95(1): 343-378.

RUBACK R S, ZIMMERMAN M B, 1984. Unionization and profitability: evidence from the capital market[J]. Journal of political economy, 92(6): 1134-1157.

SAMILA S, SORENSON O, 2011. Noncompete covenants: incentives to innovate or impediments to growth[J]. Management science, 57(3): 425-438.

SANTOS T, VERONESI P, 2006. Labor income and predictable stock returns[J]. The review of financial studies, 19(1): 1-44.

SARALA R M, JUNNI P, COOPER C L, et al., 2016. A sociocultural perspective on knowledge transfer in mergers and acquisitions[J]. Journal of management, 42(5): 1230-1249.

SCHMALZ M C, 2018. Unionization, cash, and leverage: SSRN 3106798[R].

SCHULTZ T W, 1961. Investment in human capital[J]. American economic review, 51(1): 1-17.

SCHULTZ T W, 1990. Human capital investment[M]. New York: The Free Press.

SCOTT T W, 1994. Incentives and disincentives for financial disclosure: voluntary disclosure of defined benefit pension plan information by Canadian firms[R].

SERFLING M, 2016. Firing costs and capital structure decisions[J]. Journal of finance, 71(5): 2239-2286.

SHAPIRO C, STIGLITZ J E, 1984. Equilibrium unemployment as a worker discipline device[J].

American economic review, 74(3): 433-444.

SHARPE S A, 1994. Financial market imperfections, firm leverage, and the cyclicality of employment[J]. American economic review, 84(4): 1060-1074.

SHEN M, 2021. Skilled labor mobility and firm value: evidence from green card allocations[J]. The review of financial studies, 34(10): 4663-4700.

SHENG J, 2021. Asset pricing in the information age: employee expectations and stock returns: SSRN 3321275[R].

SHENG J, 2022. Asset pricing in the information age: employee expectations and stock returns[R/OL]. (2019-02-28). https://ssrn.com/abstract=3321275.

SHLEIFER A, SUMMERS L H, 1988. Breach of trust in hostile takeovers [M]//AVERBACH A. Corporate takeovers: causes and consequences. Chicago: University of Chicago Press: 33-68.

SIMINTZI E, VIG V, VOLPIN P, 2015. Labor protection and leverage[J]. The review of financial studies, 28(2): 561-591.

SMITH A, 1937. The wealth of nations(1776)[M]. New York: The Modern Library.

SOCKIN J, SOCKIN M, 2021. Variable pay and risk sharing between firms and workers[R].

SPALIARA M E, 2009. Do financial factors affect the capital-labour ratio? Evidence from UK firm-level data[J]. Journal of banking & finance, 33(10): 1932-1947.

SRAER D, THESMAR D, 2007. Performance and behavior of family firms: evidence from the French stock market[J]. Journal of the European Economic Association, 5(4): 709-751.

STARR E, BALASUBRAMANIAN N, SAKAKIBARA M, 2018. Screening spinouts? How noncompete enforceability affects the creation, growth, and survival of new firms[J]. Management science, 64(2): 552-572.

STARR E, 2019. Consider this: training, wages, and the enforceability of covenants not to compete [J]. ILR review, 72(4): 783-817.

STARR E, PRESCOTT J J, BISHARA N, 2021. Noncompete in the US labor force[J]. Journal of law and economics, 64(1): 53-84.

SULLIVAN D, VON WACHTER T, 2009. Job displacement and mortality: an analysis using administrative data[J]. The quarterly journal of economics, 124(3): 1265-1306.

SUN Q, ZHANG M X, 2019. Financing intangible capital[J]. Journal of financial economics, 133(3): 564-588.

SYMITSI E, STAMOLAMPROS P, DASKALAKIS G, 2018. Employees' online reviews and equity prices[J]. Economics letters, 162: 53-55.

TATE G A, YANG L, 2016. The human factor in acquisitions: cross-industry labor mobility and corporate diversification[R]. US Census Bureau Center for Economic Studies Paper No. CES-WP-15-31.

TATE G A, YANG L, 2015. The bright side of corporate diversification: evidence from internal labor markets[J]. The review of financial studies, 28: 2203-2249.

THOMAS J, WORRALL T, 1988. Self-enforcing wage contracts[J]. The review of economic studies, 55(4): 541-554.

TITMAN S, 1984. The effect of capital structure on a firm's liquidation decision [J]. Journal of financial economics, 13(1): 137-151.

TITMAN S, WESSELS R, 1988. The determinants of capital structure choice[J]. The journal of finance, 43(1): 1-19.

TO T Y, NAVONE M, WU E, 2018. Analyst coverage and the quality of corporate investment decisions[J]. Journal of corporate finance, 51: 164-181.

TOPEL R H, 1984. Equilibrium earnings, turnover, and unemployment: new evidence[J]. Journal of labor economics, 2(4): 500-522.

TOPEL R, 1999. Labor market institutions and economic performance[M]//ASHENFELTER O C, CARD D. Handbook of labor economics: Volume 3. Amsterdam: Elsevier: 3029-3084.

TUZEL S, ZHANG M B, 2021. Economic stimulus at the expense of routine-task jobs[J]. The journal of finance, 76(6): 3347-3399.

VAFEAS N, VLITTIS A, 2018. Independent directors and defined benefit pension plan freezes[J]. Journal of corporate finance, 50: 505-518.

VERWIJMEREN P, DERWALL J, 2010. Employee well-being, firm leverage, and bankruptcy risk[J]. Journal of banking & finance, 34(5): 956-964.

WANG I, BENA J, LU G, 2022. Owner culture and pay inequality within firms: SSRN 4071250[R].

WANG Q, WONG T J, XIA L, 2008. State ownership, the institutional environment, and auditor choice: evidence from China[J]. Journal of accounting and economics, 46: 112-134.

WASYLENKO M, MCGUIRE T, 1985. Jobs and taxes: the effect of business climate on states'employment growth rates[J]. National tax journal, 38(4): 497-511.

WILDE J H, 2017. The deterrent effect of employee whistleblowing on firms' financial misreporting and tax aggressiveness[J]. The accounting review, 92(5): 247-280.

WILLIAMSON O E, 1985. The economic institution of capitalism: firms, markets, relational contracting[M]. New York: Free Press.

WRUCK K H, 1994. Financial policy, internal control, and performance Sealed Air Corporation's leveraged special dividend[J]. Journal of financial economics, 36(2): 157-192.

XING X, et al., 2016. Labor rights, venture capital, and firm performance[J]. Financial management, 46(1): 129-154.

YONKER S E, 2017. Do managers give hometown labor an edge?[J]. The review of financial studies, 30(10): 3581-3604.

YOUNGE K A, TONG T W, FLEMING L, 2015. How anticipated employee mobility affects acquisition likelihood: evidence from a natural experiment[J]. Strategic management journal, 36(5): 686-708.

ZATOR M, 2019. Digitization and automation: firm investment and labor outcomes: SSRN 3444966[R].

ZHANG M B, 2019. Labor-technology substitution: implications for asset pricing[J]. The journal of finance, 74(4): 1793-1839.

步丹璐, 王晓艳, 2014. 政府补助、软约束与薪酬差距[J]. 南开管理评论, 17(2): 23-33.

步丹璐, 张晨宇, 林腾, 2017. 晋升预期降低了国有企业薪酬差距吗?[J]. 会计研究(1): 82-88, 96.

蔡昉, 王美艳, 曲玥, 2009. 中国工业重新配置与劳动力流动趋势[J]. 中国工业经济(8): 5-16. DOI：10.19581/j.cnki.ciejournal.2009.08.001.

蔡昉, 2017. 中国经济改革效应分析——劳动力重新配置的视角[J]. 经济研究, 52(7): 4-17.

蔡昉, 2022. 刘易斯转折点——中国经济发展阶段的标识性变化[J]. 经济研究, 57(1): 16-22.

曹书军, 刘星, 傅蕴英, 2009. 劳动雇佣与公司税负：就业鼓励抑或预算软约束[J]. 中国工业经济(5): 139-149.

曹亚军, 毛其淋, 2009. 人力资本如何影响了中国制造业企业成本加成率？——来自中国"大学扩招"的证据[J]. 财经研究, 45(12): 138-150.

曾庆生, 陈信元, 2006. 国家控股、超额雇员与劳动力成本[J]. 经济研究(5): 74-86.

陈大鹏, 施新政, 陆瑶, 等, 2019. 员工持股计划与财务信息质量[J]. 南开管理评论, 22(1): 166-180.

陈德球, 董志勇, 2014. 社会性负担、融资约束与公司现金持有——基于民营上市公司的经验证据[J]. 经济科学(2): 68-78.

陈德球, 胡晴, 梁媛, 2014. 劳动保护、经营弹性与银行借款契约[J]. 财经研究, 40(9): 62-72. DOI：10.16538/j.cnki.jfe.2014.09.001.

陈德球, 刘经纬, 董志勇, 2013. 社会破产成本、企业债务违约与信贷资金配置效率[J]. 金融研究(11): 68-81.

陈冬华, 陈富生, 沈永建, 等, 2011. 高管继任、职工薪酬与隐性契约——基于中国上市公司的经验证据[J]. 经济研究, 46(S2): 100-111.

陈冬华, 范从来, 沈永建, 等, 2010. 职工激励、工资刚性与企业绩效——基于国有非上市公司的经验证据[J]. 经济研究, 45(7): 116-129.

陈冬华, 范从来, 沈永建, 2015. 高管与员工：激励有效性之比较与互动[J]. 管理世界(5): 160-171. DOI：10.19744/j.cnki.11-1235/f.2015.05.014.

陈凌, 李宏彬, 熊艳艳, 等, 2010. 企业规模对职工工资的影响：来自中国竞争性劳动力市场的证据[J]. 金融研究(2): 18-30.

陈晓辉, 刘志远, 隋敏, 等, 2021. 最低工资与企业投融资期限错配[J]. 经济管理, 43(6): 100-116.

陈媛媛, 张竞, 周亚虹, 2022. 工业机器人与劳动力的空间配置[J]. 经济研究, 57(1): 172-188.

陈运佳, 吕长江, 黄海杰, 等, 2020. 上市公司为什么选择员工持股计划？——基于市值管理的证据[J]. 会计研究(5): 91-103.

程虹, 王楚, 余凡, 2016. 劳动技能结构与企业全要素生产率——基于中国企业-员工匹配调查数据的实证研究[J]. 中南民族大学学报(人文社会科学版), 36(5): 137-144.

程虹, 2018. 管理提升了企业劳动生产率吗？——来自中国企业——劳动力匹配调查的经验证据[J]. 管理世界, 34(2): 80-92, 187.

戴蕙阳, 施新政, 陆瑶, 2021. 劳动力流动与企业创新[J]. 经济学报, 8(1): 159-188. DOI：10.16513/j.cnki.cje.20210310.001.

戴璐, 林黛西, 2018. 员工持股计划中的高管认购行为、业绩操纵与审计监督[J]. 审计研究(6): 90-96.

戴鹏毅，杨胜刚，袁礼，2021. 资本市场开放与企业全要素生产率[J]. 世界经济，44（8）：154-178.

戴园晨，黎汉明，1988. 工资侵蚀利润——中国经济体制改革中的潜在危险[J]. 经济研究（6）：3-11.

邓学芬，黄功勋，张学英，等，2012. 企业人力资本与企业绩效关系的实证研究——以高新技术企业为例[J]. 宏观经济研究（1）：73-79.

丁守海，2010. 最低工资管制的就业效应分析——兼论《劳动合同法》的交互影响[J]. 中国社会科学（1）：85-102，223.

董保华，2016.《劳动合同法》的十大失衡问题[J]. 探索与争鸣（4）：10-17.

杜鹏程，徐舒，张冰，2021. 社会保险缴费基数改革的经济效应[J]. 经济研究，56（6）：142-158.

方军雄，2011a. 高管权力与企业薪酬变动的非对称性[J]. 经济研究，46（4）：107-120.

方军雄，2011b. 劳动收入比重，真的一致下降吗？——来自中国上市公司的发现[J]. 管理世界（7）：31-41，188.

方森辉，毛其淋，2021. 人力资本扩张与企业产能利用率——来自中国"大学扩招"的证据[J]. 经济学（季刊），21（6）：1993-2016.

高良谋，卢建词，2015. 内部薪酬差距的非对称激励效应研究——基于制造业企业数据的门限面板模型[J]. 中国工业经济（8）：114-129.

耿云江，马影，2020. 非国有大股东对国企超额雇员的影响：成本效应还是激励效应[J]. 会计研究（2）：154-165.

宫汝凯，2020. 要素市场联动：最低工资与企业杠杆率[J]. 财经研究，46（12）：109-123.

郭剑花，杜兴强，2011. 政治联系、预算软约束与政府补助的配置效率——基于中国民营上市公司的经验研究[J]. 金融研究（2）：114-128.

郭蕾，肖淑芳，李雪婧，等，2019. 非高管员工股权激励与创新产出——基于中国上市高科技企业的经验证据[J]. 会计研究（7）：59-67.

韩晓梅，龚启辉，吴联生，2016. 薪酬抵税与企业薪酬安排[J]. 经济研究，51（10）：140-154.

何小钢，梁权熙，王善骝，2019. 信息技术、劳动力结构与企业生产率——破解"信息技术生产率悖论"之谜[J]. 管理世界，35（9）：65-80.

贺菊煌，1993. 产业结构的地区差异及其衡量[J]. 数量经济技术经济研究（8）：32-35.

胡宁，靳庆鲁，2018. 社会性负担与公司财务困境动态——基于ST制度的考察[J]. 会计研究（11）：28-35.

黄炳艺，陈书璜，蔡欣妮，2020. 劳动保护制度与公司资本结构关系研究——基于中国资本市场的经验证据[J]. 会计研究（9）：71-84.

黄桂田，张悦，2009. 国有公司员工持股绩效的实证分析——基于1302家公司的样本数据[J]. 经济科学（4）：86-94.

黄俊，李增泉，2014. 政府干预、企业雇员与过度投资[J]. 金融研究（8）：118-130.

贾珅，申广军，2016. 企业风险与劳动收入份额：来自中国工业部门的证据[J]. 经济研究，51（5）：116-129.

江伟，姚文韬，胡玉明，2016.《最低工资规定》的实施与企业成本粘性[J]. 会计研究（10）：56-62，97.

江轩宇,贾婧,2021. 企业债券融资与劳动收入份额[J]. 财经研究,47(7):139-153.

蒋灵多,陆毅,2017. 最低工资标准能否抑制新僵尸企业的形成[J]. 中国工业经济(11):118-136.

金岳,郑文平,2019. 最低工资提升了中国制造业企业资本存量吗?——基于非线性关系的检验[J]. 统计研究,36(12):68-80.

孔东民,项君怡,代昀昊,2017a. 劳动投资效率、企业性质与资产收益率[J]. 金融研究(3):145-158.

孔东民,徐茗丽,孔高文,2017b. 企业内部薪酬差距与创新[J]. 经济研究,52(10):144-157.

孔高文,刘莎莎,孔东民,2020. 机器人与就业——基于行业与地区异质性的探索性分析[J]. 中国工业经济(8):80-98. DOI:10.19581/j.cnki.ciejournal.2020.08.005.

雷宇,郭剑花,2017. 规则公平与员工效率——基于高管和员工薪酬粘性差距的研究[J]. 管理世界(1):99-111.

黎文靖,胡玉明,2012. 国企内部薪酬差距激励了谁?[J]. 经济研究,47(12):125-136.

李钢,沈可挺,郭朝先,2009. 中国劳动密集型产业竞争力提升出路何在——新《劳动合同法》实施后的调研[J]. 中国工业经济(9):37-46.

李广众,叶玉健,郑颖,2018. 资本结构与员工劳动生产率[J]. 管理科学学报,21(2):1-15.

李广子,刘力,2013. 社会目标、雇员规模与民营化定价[J]. 金融研究(1):177-191.

李汇东,唐跃军,左晶晶,2017. 政府干预、终极控制权与企业雇佣行为——基于中国民营上市公司的研究[J]. 财经研究,43(7):20-31.

李建强,高翔,赵西亮,2020. 最低工资与企业创新[J]. 金融研究(12):132-150.

李建强,赵西亮,2020. 劳动保护与企业创新——基于《劳动合同法》的实证研究[J]. 经济学(季刊),19(1):121-142.

李磊,王小霞,蒋殿春,等,2019. 中国最低工资上升是否导致了外资撤离[J]. 世界经济,42(8):97-120.

李唐,董一鸣,王泽宇,2018. 管理效率、质量能力与企业全要素生产率——基于"中国企业——劳动力匹配调查"的实证研究[J]. 管理世界,34(7):86-99,184.

李维安,李元祯,2020. 中国公司治理改革迈向新阶段[J]. 董事会(10):23-35.

李小荣,王文桢,2021. 资本市场开放与企业劳动力投资[J]. 中央财经大学学报(5):65-79.

李小荣,张丽男,2021. 供应商集中度与企业劳动力投资——基于"劳动经济学与金融"视角的研究[J]. 厦门大学学报(哲学社会科学版)(2):150-162.

李小瑛,赵忠,2012. 城镇劳动力市场雇佣关系的演化及影响因素[J]. 经济研究,47(9):85-98.

梁敦临(Nick Leung),倪以理(Joe Ngai),洪晟,等,2020. 乘风破浪,激流勇进:中国企业海外并购"新常态"[R/OL]. [2020-12-31]. https://www.mckinsey.com.cn/乘风破浪,激流勇进:中国企业海外并购新常态/.

梁莱歆,冯延超,2010. 民营企业政治关联、雇员规模与薪酬成本[J]. 中国工业经济(10):127-137.

廖冠民,沈红波,2014. 国有企业的政策性负担:动因、后果及治理[J]. 中国工业经济(6):96-108.

廖冠民，陈燕，2014. 劳动保护、劳动密集度与经营弹性：基于2008年《劳动合同法》的实证检验[J]. 经济科学(2)：91-103. DOI：10.19523/j.jjkx.2014.02.008.

廖冠民，宋蕾蕾，2020. 劳动保护、人力资本密集度与全要素生产率[J]. 经济管理，42(8)：17-33.

林灵，曾海舰，2020. 社会保险成本过高是否抑制企业投资？[J]. 管理科学学报，23(7)：57-75.

林炜，2013. 企业创新激励：来自中国劳动力成本上升的解释[J]. 管理世界(10)：95-105.

林毅夫，蔡昉，李周，1999. 比较优势与发展战略——对"东亚奇迹"的再解释[J]. 中国社会科学(5)：4-20，204.

林毅夫，蔡昉，李周，2012. 中国的奇迹：发展战略与经济改革[M]. 上海：格致出版社.

林毅夫，刘明兴，章奇，2004. 政策性负担与企业的预算软约束：来自中国的实证研究[J]. 管理世界(8)：81-89，127-156.

刘春，孙亮，2010. 薪酬差距与企业绩效：来自国企上市公司的经验证据[J]. 南开管理评论，13(2)：30-39，51.

刘冠生，2005. 城市、城镇、农村、乡村概念的理解与使用问题[J]. 山东理工大学学报(社会科学版)(1)：54-57.

刘贯春，陈登科，丰超，2017. 最低工资标准的资源错配效应及其作用机制分析[J]. 中国工业经济(7)：62-80.

刘海洋，林令涛，戴美虹，2019. 国有企业增进还是拖累社会就业？[J]. 南开经济研究(2)：62-77.

刘慧龙，张敏，王亚平，等，2010. 政治关联、薪酬激励与员工配置效率[J]. 经济研究，45(9)：109-121，136.

刘璟，袁诚，2012. 增值税转型改变了企业的雇佣行为吗？——对东北增值税转型试点的经验分析[J]. 经济科学(1)：103-114.

刘磊，刘益，黄燕，2004. 国有股比例、经营者选择及冗员间关系的经验证据与国有企业的治理失效[J]. 管理世界(6)：97-105，112.

刘啟仁，赵灿，2020. 税收政策激励与企业人力资本升级[J]. 经济研究，55(4)：70-85.

刘青松，肖星，2015. 败也业绩，成也业绩？——国企高管变更的实证研究[J]. 管理世界(3)：151-163.

刘巍，何威风，2020. 最低工资影响企业风险承担吗？[J]. 管理评论，32(11)：196-207.

刘晓光，刘嘉桐，2020. 劳动力成本与中小企业融资约束[J]. 金融研究(9)：117-135.

刘行，赵晓阳，2019. 最低工资标准的上涨是否会加剧企业避税？[J]. 经济研究，54(10)：121-135.

刘媛媛，刘斌，2014. 劳动保护、成本粘性与企业应对[J]. 经济研究，49(5)：63-76.

卢闯，唐斯圆，廖冠民，2015. 劳动保护、劳动密集度与企业投资效率[J]. 会计研究(6)：42-47，96.

陆瑶，施新政，刘璐瑶，2017. 劳动力保护与盈余管理——基于最低工资政策变动的实证分析[J]. 管理世界(3)：146-158.

陆正飞，王雄元，张鹏，2012. 国有企业支付了更高的职工工资吗？[J]. 经济研究，47(3)：28-39.

罗明津,铁瑛,2021. 企业金融化与劳动收入份额变动[J]. 金融研究(8):100-118.

罗长远,陈琳,2012. 融资约束会导致劳动收入份额下降吗?——基于世界银行提供的中国企业数据的实证研究[J]. 金融研究(3):29-42.

吕铁,王海成,2015. 劳动力市场管制对企业技术创新的影响——基于世界银行中国企业调查数据的分析[J]. 中国人口科学(4):32-46,127.

马连福,王元芳,沈小秀,2013. 国有企业党组织治理、冗余雇员与高管薪酬契约[J]. 管理世界(5):100-115,130. DOI:10.19744/j.cnki.11-1235/f.2013.05.008.

马双,甘犁,2013. 最低工资对企业在职培训的影响分析[J]. 经济学(季刊),13(4):1-26.

马双,张劼,朱喜,2012. 最低工资对中国就业和工资水平的影响[J]. 经济研究,47(5):132-146.

马新啸,汤泰劼,郑国坚,2020. 国有企业混合所有制改革与人力资本结构调整——基于高层次人才配置的视角[J]. 财贸经济,41(12):101-116. DOI:10.19795/j.cnki.cn11-1166/f.20201214.003.

马鑫,2022. 户籍限制与集团企业创新——基于人力资源配置的视角[J]. 中国经济问题(2):71-87.

毛捷,赵静,黄春元,2014. 增值税全面转型对投资和就业的影响——来自2008—2009年全国税收调查的经验证据[J]. 财贸经济(6):14-24.

毛其淋,2019. 人力资本推动中国加工贸易升级了吗?[J]. 经济研究,54(1):52-67.

孟庆斌,李昕宇,张鹏,2019. 员工持股计划能够促进企业创新吗?——基于企业员工视角的经验证据[J]. 管理世界,35(11):209-228.

缪毅,胡奕明,2016. 内部收入差距、辩护动机与高管薪酬辩护[J]. 南开管理评论,19(2):32-41.

倪骁然,朱玉杰,2016. 劳动保护、劳动密集度与企业创新——来自2008年《劳动合同法》实施的证据[J]. 管理世界(7):154-167.

聂辉华,方明月,李涛,2009. 增值税转型对企业行为和绩效的影响——以东北地区为例[J]. 管理世界(5):17-24,35.

宁光杰,林子亮,2014. 信息技术应用、企业组织变革与劳动力技能需求变化[J]. 经济研究,49(8):79-92.

宁光杰,张雪凯,2021. 劳动力流转与资本深化——当前中国企业机器替代劳动的新解释[J]. 中国工业经济(6):42-60.

宁向东,高文瑾,2004. 内部职工持股:目的与结果[J]. 管理世界(1):130-136.

潘红波,陈世来,2017. 《劳动合同法》、企业投资与经济增长[J]. 经济研究,52(4):92-105.

潘敏,袁歌骋,2019. 劳动保护与企业杠杆变动分化——基于《劳动合同法》实施的经验证据[J]. 经济理论与经济管理(10):71-84.

彭章,施新政,陆瑶,等,2021. 失业保险与公司财务杠杆[J]. 金融研究(8):152-171.

綦建红,付晶晶,2021. 最低工资政策与工业机器人应用——来自微观企业层面的证据[J]. 经济科学(4):99-114.

塞风,甄煜炜,1995. 我国实行最低工资制度若干问题研究[J]. 管理世界(3):198-203.

宋浩,王伟,2012. 国有控股、高管薪酬和超额雇员[J]. 经济学动态(1):48-51.

邵敏,包群,叶宁华,2013. 信贷融资约束对员工收入的影响——来自我国企业微观层面的经验证据[J]. 经济学(季刊),12(3):895-912.

邵敏,包群,2013. FDI 对我国国内劳工权益的影响——改善抑或是恶化?[J]. 管理世界(9):32-43.

邵文波,盛丹,2017. 信息化与中国企业就业吸纳下降之谜[J]. 经济研究,52(6):120-136.

沈昊,杨梅英,2019. 国有企业混合所有制改革模式和公司治理——基于招商局集团的案例分析[J]. 管理世界,35(4):171-182.

沈红波,华凌昊,许基集,2018. 国有企业实施员工持股计划的经营绩效:激励相容还是激励不足[J]. 管理世界,34(11):121-133.

沈艺峰,李培功,2010. 政府限薪令与国有企业高管薪酬、业绩和运气关系的研究[J]. 中国工业经济(11):130-139.

施新政,高文静,陆瑶,等,2019. 资本市场配置效率与劳动收入份额——来自股权分置改革的证据[J]. 经济研究,54(12):21-37.

舒尔茨,1990. 人力资本投资[M]. 北京:商务印书馆:23-24.

宋常,王丽娟,王美琪,2020. 员工持股计划与审计收费——基于我国 A 股上市公司的经验证据[J]. 审计研究(1):51-58,67.

宋锦,李实,2013. 中国城乡户籍一元化改革与劳动力职业分布[J]. 世界经济,36(7):28-47.

宋淑琴,陈澈,2021. 债务重组中债权人关注劳动力成本吗——基于破产的对比分析[J]. 会计研究(3):166-179.

苏桔芳,陈昌楠,蓝嘉俊,2021. "营改增"与劳动收入份额:来自中国上市公司的证据[J]. 财贸经济,42(1):44-61.

孙楚仁,田国强,章韬,2013. 最低工资标准与中国企业的出口行为[J]. 经济研究,48(2):42-54.

孙光德,董克用,2016. 社会保障概论[M]. 5 版. 北京:中国人民大学出版社.

孙早,侯玉琳,2019. 工业智能化如何重塑劳动力就业结构[J]. 中国工业经济(5):61-79.

唐珏,封进,2019. 社会保险缴费对企业资本劳动比的影响——以 21 世纪初省级养老保险征收机构变更为例[J]. 经济研究,54(11):87-101.

唐清泉,罗党论,2007. 政府补贴动机及其效果的实证研究——来自中国上市公司的经验证据[J]. 金融研究(6):149-163.

唐跃军,赵武阳,2009. 二元劳工市场、解雇保护与劳动合同法[J]. 南开经济研究(1):122-132,152.

田明,李辰,赖德胜,2019. 户籍制度改革与农业转移人口落户——悖论及解释[J]. 人口与经济(6):1-13.

汪伟,郭新强,艾春荣,2013. 融资约束、劳动收入份额下降与中国低消费[J]. 经济研究,48(11):100-113.

王欢欢,樊海潮,唐立鑫,2019. 最低工资、法律制度变化和企业对外直接投资[J]. 管理世界,35(11):38-51,230-231.

王晋斌,2005. 为什么中国上市公司的内部职工持股计划不成功[J]. 金融研究(10):97-109.

王珏,祝继高,2018. 劳动保护能促进企业高学历员工的创新吗?——基于 A 股上市公司的实证研究[J]. 管理世界,34(3):139-152,166,184.

王砾,代昀昊,孔东民,2017. 激励相容:上市公司员工持股计划的公告效应[J]. 经济学动态(2):37-50.

王娜,王跃堂,王亮亮,2013. 企业所得税影响公司薪酬政策吗?——基于企业所得税改革的经验研究[J]. 会计研究(5):35-42,95.

王小鲁,樊纲,胡李鹏,2019. 中国分省份市场化指数报告(2018)[M]. 北京:社会科学文献出版社.

王小霞,蒋殿春,李磊,2018. 最低工资上升会倒逼制造业企业转型升级吗?——基于专利申请数据的经验分析[J]. 财经研究,44(12):126-137.

王雄元,何捷,彭旋,等,2014. 权力型国有企业高管支付了更高的职工薪酬吗?[J]. 会计研究(1):49-56,95.

王雄元,黄玉菁,2017. 外商直接投资与上市公司职工劳动收入份额:趁火打劫抑或锦上添花[J]. 中国工业经济(4):135-154.

王岳平,1998. 十年来我国工业部门结构变动分析[J]. 管理世界(1):147-155.

王跃堂,倪婷婷,2015. 增值税转型、产权特征与企业劳动力需求[J]. 管理科学学报,18(4):18-37,48.

王跃堂,王国俊,彭洋,2012. 控制权性质影响税收敏感性吗?——基于企业劳动力需求的检验[J]. 经济研究,47(4):52-63.

魏天保,马磊,2019. 社保缴费负担对我国企业生存风险的影响研究[J]. 财经研究,45(8):112-126.

魏下海,董志强,刘愿,2013. 政治关系、制度环境与劳动收入份额——基于全国民营企业调查数据的实证研究[J]. 管理世界(5):35-46,187.

文雁兵,陆雪琴,2018. 中国劳动收入份额变动的决定机制分析——市场竞争和制度质量的双重视角[J]. 经济研究,53(9):83-98.

吴延兵,刘霞辉,2009. 人力资本与研发行为——基于民营企业调研数据的分析[J]. 经济学(季刊),8(4):1567-1590.

吴要武,2020. 70年来中国的劳动力市场[J]. 中国经济史研究(4):30-48.

吴育辉,张欢,于小偶,2021. 机会之地:社会流动性与企业生产效率[J]. 管理世界,37(12):74-93.

夏宁,董艳,2014. 高管薪酬、员工薪酬与公司的成长性——基于中国中小上市公司的经验数据[J]. 会计研究(9):89-95,97.

肖文,薛天航,2019. 劳动力成本上升、融资约束与企业全要素生产率变动[J]. 世界经济,42(1):76-94.

谢申祥,王晖,2021. 固定资产加速折旧政策的就业效应[J]. 经济学动态(10):100-115.

熊瑞祥,万倩,梁文泉,2021. 外资企业的退出市场行为——经济发展还是劳动力市场价格管制?[J]. 经济学(季刊),21(4):1391-1410.

徐细雄,刘星,2013. 放权改革、薪酬管制与企业高管腐败[J]. 管理世界(3):119-132.

许和连,王海成,2016. 最低工资标准对企业出口产品质量的影响研究[J]. 世界经济,39(7):73-96.

许和连,张彦哲,王海成,2020. 出口对企业遵守最低工资标准的影响研究[J]. 世界经济,43(2):99-121.

许红梅，李春涛，2020a. 劳动保护、社保压力与企业违约风险——基于《社会保险法》实施的研究[J]. 金融研究（3）：115-133.

许红梅，李春涛，2020b. 社保费征管与企业避税——来自《社会保险法》实施的准自然实验证据[J]. 经济研究，55(6)：122-137.

薛云奎，白云霞，2008. 国家所有权、冗余雇员与公司业绩[J]. 管理世界（10）：96-105.

杨德明，赵璨，2016. 超额雇员、媒体曝光率与公司价值——基于《劳动合同法》视角的研究[J]. 会计研究（4）：49-54，96.

杨飞，范从来，2020. 产业智能化是否有利于中国益贫式发展？[J]. 经济研究，55(5)：150-165.

杨青，王亚男，唐跃军，2018. "限薪令"的政策效果：基于竞争与垄断性央企市场反应的评估[J]. 金融研究（1）：156-173.

杨瑞龙，周业安，张玉仁，1998. 国有企业双层分配合约下的效率工资假说及其检验——对"工资侵蚀利润"命题的质疑[J]. 管理世界（1）：166-175.

杨薇，徐茗丽，孔东民，2019. 企业内部薪酬差距与盈余管理[J]. 中山大学学报（社会科学版），59(1)：177-187.

杨志强，王华，2014. 公司内部薪酬差距、股权集中度与盈余管理行为——基于高管团队内和高管与员工之间薪酬的比较分析[J]. 会计研究（6）：57-65，97.

杨治，路江涌，陶志刚，2009. 企业中政府控制的作用：来自集体企业改制的实证研究[J]. 管理世界（9）：116-123.

姚先国，周礼，来君，2005. 技术进步、技能需求与就业结构——基于制造业微观数据的技能偏态假说检验[J]. 中国人口科学（5）：47-53，95-96.

叶康涛，王春飞，祝继高，2013. 提高劳动者工资损害公司价值吗？[J]. 财经研究，39(6)：133-144.

叶林祥，GINDLING T H，李实，等，2015. 中国企业对最低工资政策的遵守——基于中国六省市企业与员工匹配数据的经验研究[J]. 经济研究，50(6)：19-32.

余明桂，王空，2022. 地方政府债务融资、挤出效应与企业劳动雇佣[J]. 经济研究，57(2)：58-72.

余永跃，2006. 中国劳动力资源配置的体制变迁：历史回顾和文献评述[J]. 中国人口科学（6）：86-92，96.

虞娅雅，廖冠民，2017. 劳动保护、行业下滑与企业贷款违约——基于2008《劳动合同法》的实证检验[J]. 中央财经大学学报（9）：43-52.

袁建国，程晨，后青松，2016. 政府失业治理、劳动力成本与企业盈余管理[J]. 管理科学，29(4)：2-16.

张会丽，赵健宇，陆正飞，2021. 员工薪酬竞争力与上市公司员工持股[J]. 金融研究（1）：169-187.

张杰，郑文平，翟福昕，2016. 融资约束影响企业资本劳动比吗？——中国的经验证据[J]. 经济学（季刊），15(3)：1029-1056.

张莉，李捷瑜，徐现祥，2012. 国际贸易、偏向型技术进步与要素收入分配[J]. 经济学（季刊），11(2)：409-428.

张敏，王成方，刘慧龙，2013. 冗员负担与国有企业的高管激励[J]. 金融研究（5）：140-151.

张明昂,施新政,纪珽,2021. 人力资本积累与劳动收入份额:来自中国大学扩招的证据[J]. 世界经济,44(2):23-47.

张楠,卢洪友,2017. 薪酬管制会减少国有企业高管收入吗——来自政府"限薪令"的准自然实验[J]. 经济学动态(3):24-39.

张庆昌,李平,2011. 生产率与创新工资门槛假说:基于中国经验数据分析[J]. 数量经济技术经济研究,28(11):3-21.

张蕊,管考磊,2016. 高管薪酬差距会诱发侵占型职务犯罪吗?——来自中国上市公司的经验证据[J]. 会计研究(9):47-54.

张雯,孙茂竹,张胜,2011. 企业产权、控制权转移与冗员负担——来自中国上市公司的经验证据[J]. 中国软科学(S2):229-238.

张小宁,2002. 经营者报酬、员工持股与上市公司绩效分析[J]. 世界经济(10):57-64.

张永冀,吕彤彤,苏治,2019. 员工持股计划与薪酬粘性差距[J]. 会计研究(8):55-63.

张昭,马草原,王爱萍,2020. 资本市场开放对企业内部薪酬差距的影响——基于"沪港通"的准自然实验[J]. 经济管理,42(6):172-191.

张正堂,2008. 企业内部薪酬差距对组织未来绩效影响的实证研究[J]. 会计研究(9):81-87.

赵健宇,陆正飞,2018. 养老保险缴费比例会影响企业生产效率吗?[J]. 经济研究,53(10):97-112.

赵瑞丽,何欢浪,2021. 最低工资标准对企业创新行为的影响——兼论企业间创新资源的再配置[J]. 南开经济研究(1):184-204.

赵勇,白永秀,2009. 知识溢出:一个文献综述[J]. 经济研究(1):144-156.

郑宝红,张兆国,2018. 企业所得税率降低会影响全要素生产率吗?——来自我国上市公司的经验证据[J]. 会计研究(5):13-20.

郑功成,2005. 社会保障概论[M]. 上海:复旦大学出版社.

钟宁桦,2012. 公司治理与员工福利:来自中国非上市企业的证据[J]. 经济研究,47(12):137-151.

钟笑寒,2006. 劳动力流动与工资差异[J]. 中国社会科学,1:34-46.

周冬华,黄佳,赵玉洁,2019. 员工持股计划与企业创新[J]. 会计研究(3):63-70.

周明海,肖文,姚先国,2010. 企业异质性、所有制结构与劳动收入份额[J]. 管理世界(10):24-33.

周权雄,朱卫平,2010. 国企锦标赛激励效应与制约因素研究[J]. 经济学(季刊),9(2):571-596.

朱冰,2020.《劳动合同法》和公司并购绩效——基于双重差分模型的实证检验[J]. 会计研究(6):108-133.

朱琳,江轩宇,伊志宏,2022. 卖空约束放松与企业劳动收入份额[J]. 财经研究,48(4):139-153.